学芸文庫

民主主義の革命

ヘゲモニーとポスト・マルクス主義

エルネスト・ラクラウ　シャンタル・ムフ
西永 亮　千葉 眞 訳

筑摩書房

目次

凡例

一――全体的に訳語は統一してあるが、二、三の用語は文脈と意味連関に応じて、異なる訳語が当てられている場合がある。たとえば、'libertarianism'は「自由放任主義」もしくは「解放主義」と訳し分けられている。本書の中枢的概念である'antagonism'は「敵対」ないし「敵対関係」と訳し分けられ、もう一つの重要な地勢学に関する用語である'terrain'は「地形」、「地点」、「領域」など、文脈に応じて訳し分けられている。

二――重要と思われる概念や用語には（　）として原語を補足した。

三――段落のとり方は、原著であまり長い場合には、あえて二分、三分した箇所がある。

四――強調文を示すイタリックで表記された箇所ないし文章は、傍点でその旨を示した。またラテン語や外国語（英語以外）の用語や表現もイタリックで示される場合が多いが、この場合も原則として傍点で示している。また引用符が付されてある用語は「　」で示している。

五――議論の流れと要旨に関する理解を促すために、訳者自身が短く補足語や訳注を〔　〕で付加した箇所が多くある。

六――本文および注における引用文については、邦訳書のあるものは基本的に参照させていただいた。しかし、訳者自身の責任で独自の訳文を掲載させていただいた箇所も多くある。

七――注は原著の方式を踏襲しているが、人名や題名などの誤記は訂正し、また不統一な表記方式もできるだけ統一をはかるように心がけた。なお邦訳書が確認できたものはそれを付記した。

民主主義の革命——ヘゲモニーとポスト・マルクス主義

HEGEMONY AND SOCIALIST STRATEGY (2nd edition)
by Ernesto Laclau & Chantal Mouffe

First published by Verso 1985
This second edition first published by Verso 2001
Japanese translation published by arrangement with Verso,
The Imprint of New Left Books Ltd.
through The English Agency (Japan) Ltd.

第二版への序文

本書（原題『ヘゲモニーと社会主義的戦略』〔*Hegemony and Socialist Strategy*〕）は、もともと一九八五年に出版された。それ以来、本書は、アングロサクソンの世界だけでなく、他の地域においても数多くの重要な理論的および政治的議論の中心に位置づけられてきた。現代の光景は、その時点から大幅に様変わりした。もっとも重要な展開のみに言及するとすれば、冷戦の終焉とソヴィエト連邦の解体を挙げるだけで十分である。それに社会構造の劇的変化を当然加えるべきだが、これこそ、社会的・政治的アイデンティティーの構成における新しいパラダイムの根底に横たわるものである。本書が最初に書かれた一九八〇年代初頭と現在との時代的な隔たりを認識するためには、当時、ユーロコミュニズムが、いまだにレーニン主義と社会民主主義を超える有望な政治的プロジェクトとして見なされていた事実を想起するだけで十分である。さらに想起すべきは、そのとき以来、もっぱら左翼知識人の考察の対象となってきたのは、新しい社会運動、多文化主義、経済のグローバル化と脱領土化、ポストモダン（脱近代）に関連する一連の問題をめぐるものであったことである。ホブズボームの言い方を借りれば、「短い二〇世紀」は一九九〇年代初めのある時点で終わり、今日、私たちは、実質的に新しい秩序の諸問題に直面しなければならないといえるであろう。

こうした時代転換の巨大さを考えるとき、近年の著作とはいえない本書を改めて読み進めるなかで、私たちは、そこで展開された知的・政治的パースペクティヴのうちで疑問視する必要のあるものがほとんどないことに、一種の驚きを禁じることができなかった。本書の刊行以来、生起した出来事のほとんどは、そこに提示した構図を物の見事に映し出すものばかりであったからである。また、本書の刊行時に私たちの関心の中心にあったことが、現代の議論においてさらに重要性を増し加えてきたのである。本書で採用された理論的パースペクティヴは、グラムシの枠組みおよびヘゲモニーというカテゴリーの中枢性に基礎をおくものであった。今となって、それは、現代の諸問題に対してきわめて適切なアプローチを示していたとすらいえるであろう。そのアプローチは、政治的主体性、デモクラシー、グローバル化した経済の傾向や政治的帰結に関する近年の議論にしばしば付随した知的装置よりも、はるかに適切なものであったといえよう。こうした理由から、以下において私たちは、第二版の紹介を兼ねつつ、本書の理論的営為のいくつかの中枢的論点を要約し、デモクラシーに関する議論の最近の諸傾向に対して本書の政治的結論のいくつかをあえて対峙させてみたいと思う。

初めに本書の知的プロジェクトならびに執筆上の理論的パースペクティヴについて、いくばくかのことを述べることから始めてみたい。一九七〇年代中葉、マルクス主義の理論化は、明らかに一種の袋小路に陥っていた。一九六〇年代の著しく豊潤で創造的な時代の後に、マルクス主義の拡がりの限界はあまりにも明瞭であった。当時、マルクス主義の興隆の爆心地には、アルチュセール主義のみならず、グラムシへの関心の復活、フランクフルト学派の理論家たちの仕事などが見られたが、やがてすぐにその陰りが見え始めたのである。その背景には、現代資本主義の当時の活力あふれる実態と、マルクス主義が正統的にみずからのカテゴリーのもとに包摂しえた理論的成果とのあいだの乖離がますます拡がってしまうという現実があった。そのことを認識するためは、「最終的審級における決定性」や「相対的自律性」といった概念をめぐって、必死にでっち上げられた曲解の数々を想起すれば十分であろう。こうした状況は、全体的にみると二つのタイプの態度を引き起こした。一つは、これらの変化を否認して、戸惑いながらも正統派の地下の防御壕に退却することであった。もう一つは、暫定的な仕方で、新しい諸潮流に関する記述的分析をつけ加えることで、大部分は変わらずじまいの一連の理論に、それらの分析を――統合することなく――単純に並記するにとどめることであった。

マルクス主義的伝統に対する私たちの取り組み方は前述の二つのタイプとはまったく異なっているが、それはおそらく、「沈殿（sedimentation）」と「再活性化（reactivation）」

とのフッサールの区別を用いてよく表現できるであろう。沈殿の理論的カテゴリーはその当初の制度化の行為を隠蔽するものである一方、再活性化の契機はそれらの行為をふたたび可視化させる。私たちにとって、この点でフッサールとは反対の立場であるが、再活性化は、マルクス主義の一連のカテゴリーが確立しようと試みた総合の当初の偶然性を示すはずであった。私たちは、「階級」、三層レヴェル（経済、政治、イデオロギー）、または沈殿した物神化としての生産諸力と生産諸関係との矛盾といった諸概念と取り組む代わりに、これらの言説作用を可能にさせている必要条件を再生させようと試みた。さらに私たちは、現代資本主義において前述の各概念を継続的に使用できるかできないかといった、一連の問題について自問したのである。この作業の結果、マルクス主義的理論化の分野が、マルクス＝レーニン主義によってマルクス主義の歴史として提示された一枚岩的な服装倒錯以上に、はるかに両義性と多様性に満ちたものであることを認識させられた。次の事実は明白に言明されなければならない。すなわち、レーニン主義の持続的な理論的効果は、マルクス主義の多様性の分野を、驚くべき仕方で縮減させたことにこそある、と。

第二インターナショナルの時期の終わり頃には、マルクス主義の言説的行為が作動した分野は次第に多様化していった。とりわけ、オーストリア・マルクス主義においては、知識人問題から民族問題にいたるまで、労働価値説の内的矛盾から社会主義と倫理との関係にいたるまで、議論の範域は広汎に拡充されていった。けれども、国際的労働者運動の分裂およびソヴィエトの経験をめぐる革命陣営の再編は、こうした創造的プロセスに断絶をもたらした。ルカーチのような痛ましい事例は極端なものだが、けっして孤立したものではなかった。ルカーチは、理論的－政治的地平の確立に無視することのできない知的熟成を与えたが、第三インターナショナルの因襲的な考え方や慣習の全体構造を超克することはできなかった。次のことは指摘しておく価値がある。後期資本主義の状況において社会主義的戦略が対峙することになった問題の多くは、その核心においてオーストリア・マルクス主義の理論化においてすでに取り込まれていた。だが、それらは戦間期にほとんど継承されないまま放置された。ムッソリーニ支配下の監獄で著述に従事したグラムシの孤立した事例のみが新たな出発点となり、陣地戦、歴史的ブロック、集合的意志、ヘゲモニー、知的・道徳的リーダーシップといった斬新な概念の兵器庫を供給した。これらの諸概念こそ、本書における私たちの省察の出発点となった。

これら一連の新しい問題や展開に照らして、マルクス主義の諸カテゴリーを再訪（再活性化）することは、必然的にマルクス主義の脱構築をもたらす。つまり、そうした試みは、それらの可能性の条件のいくつかを除去しつつ、さらに新しい可能性を育成することを意味している。これらの新しい可能性は、カテゴリーの適用としか特徴づけられない、あらゆる旧来の手法を乗り越えるものなのである。ヴィトゲンシュタインを通じて認識できるようになったのは、「規則の適用」といったものはないこと、いったん適用されると、その適用行為が規則それ自体の一部となってしまうことである。

現代の諸問題に照らしてマルクス主義理論を再読解するという試みは、必ずやその理論の中枢的カテゴリーの脱構築を含意する。これこそ、私たちの「ポスト・マルクス主義」と呼ばれたものである。私たちはこのラベルを発案したわけではない。この表現は、本書第一版の序論において、（ラベルとしてではなく）若干言及したにすぎなかった。しかし、この「ポスト・マルクス主義」というラベルは、本書第一版を特徴づける概念として一般的に流布されていった。それがゆえに、このラベルが適切に理解されるならば、私たちはそれに反対しないと言うことができる。この「ポスト・マルクス主義」という表現は、一つの知的伝統を再専有していくプロセスと同時に、その伝統を超え出るプロセスの双方を意味している。この課題を遂行していくなかで、それが、マルクス主義内部の歴史としてのみ把捉されてはならないことを、指摘しておくことは重要である。現代社会を理解するうえで決定的に重要である数多くの社会的敵対関係や争点は、マルクス主義にとって外在的な言説的行為の分野に帰属しており、マルクス主義のカテゴリーの枠組みでは再概念化できないものばかりである。とりわけ、それらの社会的敵対関係や争点の分野の存在それ自体が、閉じられた理論体系としてのマルクス主義を疑問の眼に晒し、社会的分析のための新しい出発点を要請する場合に、それは自明となる。

この関連で、とくに強調しておきたい一つの局面がある。つまり、研究分野の存在的

（ontic）内容におけるあらゆる実質的変化が、同時に一箇の新しい存在論的（ontological）パラダイムをもたらすということである。アルチュセールは、かつてよく次のように述べていた。プラトン哲学の背後にはギリシアの数学があったし、一七世紀合理主義の背後にはガリレイの物理学があったのであり、またカント哲学の背後にはニュートンの理論があった。この議論を超越論的な仕方で述べるならば、次のようになろう。厳密に存在論的な問いが、実体はどのようなものでなければならないのかを問う限りにおいて、個別分野の客観性が可能となる。一方における新分野（諸対象）の包摂と、他方、客観性の一般分野内で想定可能なものをある特定の時点で統御する一般的な存在論的カテゴリーとのあいだには、相互的なフィードバックのプロセスがある。たとえば、フロイト主義に内在する存在論は、生物学的パラダイムとは異なっており、これとは整合しない。こうした観点からいえば、マルクス主義からポスト・マルクス主義への転換において、その変化は存在的であるだけでなく、存在論的でもあるというのが、私たちの確信である。グローバル化された情報社会の問題群は、マルクス主義の言説的行為の分野を統御している二つの存在論的パラダイム——つまり、初めはヘーゲル主義、後には自然主義——内部においては、想定不可能な事柄である。

　私たちのアプローチは政治的節合（articulation）の契機を特権化する点に根拠づけられており、政治的分析の中枢的カテゴリーは、私たちの見方においては、ヘゲモニーである。その場合、前述の超越論的な問いを繰り返すならば、ヘゲモニー的関係が可能となるためには、実体間の関係はどのようなものであらねばならないのだろうか。その先決条件そのものとは、個別的な社会的勢力が、みずからとは根本的に不釣り合いな全体性の再現前を引き受けることである。そうした「ヘゲモニー的普遍性」の形態は、政治的共同体が到達できる唯一のものにほかならない。こうした観点から、私たちの分析は、普遍性がその社会的分野に直接的で非ヘゲモニー的に媒介された表現を見出している諸分析からは区別されねばならない。私たちの分析はまた、ポストモダニズムのいくつかの形態において想定されているように、諸種の個別性がそれら相互の媒介を経ることなくただ加算されていくだけの諸分析からも区別されねばならない。しかし、もしヘゲモニーの再現前の関係が可能であるべきならば、その存在論的地位が定義されなければならない。まさにこの点においてこそ、私たちの分析にとって、言説的空間として把握される社会的なものの概念が、つまり、物質主義的ないし自然主義的パラダイムでは絶対に想定不可能な再現前の関係を可能にする考え方が、至高の重要性を獲得する。

他の諸著作において私たちが明らかにしたのは、「言説」のカテゴリーが、分析哲学、現象学、構造主義という二〇世紀の三つの主要な知的潮流に立ち戻る現代思想にその系譜をもつという事実である。これらの三つの知的潮流によれば、二〇世紀は直接性の幻想をもって開始したのであった。すなわち、直接性の幻想とは、事物それ自体――つまり、それら三つの知的潮流にそれぞれ応じて挙げれば、指示対象、現象および記号――に対して言説を媒介することなく接近できるという思いこみである。しかしながら、これら三つの知的潮流はことごとく、この直接性の幻想をある段階では解消し、何らかの言説的媒介によって代替していかねばならなかった。このことは、分析哲学では後期ヴィトゲンシュタインの仕事によって生起したのであり、現象学ではハイデガーの実存主義的分析をもって、さらに構造主義では記号に対するポスト構造主義的批判によって導出されたのだった。私たちの見解にしたがえば、同様のことはまた、認識論においても移行的検証主義――ポパー、クーン、ファイヤーアーベント――をもって生起した。同様のことは、さらにマルクス主義ではグラムシの仕事をもって開始され、そこでは古典的マルクス主義の階級的アイデンティティーの十全性が、非弁証法的媒介を通じて構成されるヘゲモニー的アイデンティティーによって代替されねばならなかった。

これらの知的潮流はいずれも、ある程度私たちの思想に貴重な知識を供給してくれたが、とくにポスト構造主義の地形〔terrain／グラムシのヘゲモニーや陣地戦の概念に由来する本書の地勢学的《トポグラフィー》な鍵用語で、しばしば戦略上の重要な領域を含意し、比喩的にも使用〕は、私たちの理論的考察の主たる源泉となった。ポスト構造主義の分野でも、とりわけ脱構築主義とラカンの理論とは、私たちのヘゲモニーへのアプローチの定式化において決定的な重要性を賦与した。脱構築に由来する決定不可能性の概念はきわめて貴重であった。

デリダの仕事に示されたように、決定不可能なものがこれまで構造的決定性によって支配されてきた分野に遍在するとしたならば、ヘゲモニーは決定不可能な地形においてなされる決定の理論として見ることができよう。偶然性の深層レヴェルは、ヘゲモニー的――すなわち、偶然的な――節合を要求している。つまり、換言すれば、再活性化の契機とは、それ自体の源泉と動機づけを、それ自体以外にはどこにももっていない政治的制度化の行為を復元すること以外の何ものでもないことを意味している。こうしたデリダ的な脱構築と必ずしも無関係ではない理由に基づいて、ラカンの理論は、ヘゲモニー理論の定式化に枢要な道具を供給してくれたといえよう。このようにして、「詰め物の縫い目（point de capiton）」――私たちの用語法では「結節点」――のカテゴリー、すなわち、主要な記号表現とは、ある特定の言説的分野において一つの「普遍的な」構造化の機能を担う特有の要素を意味している。その場合、その要素の特有性それ自体は、そうした普遍的な構造化の機能を先行的に決定することはないのである。そして実際にはその言説的分野がいかなる組織をもっているとしても、その組織は前述のような「普遍的な」構造化の機能の結果にすぎない。類似した仕方で、主体化に先立つ主体の概念は、「アイデンティティー化」のカテゴリーの中枢性を設定し、そうした意味でヘゲモニーの移行について考察することを可能にする。このヘゲモニーの移行は、政治的節合に完全に依存しており、「階級的利害」といった政治的分野の外部で構成されたいかなる実体にもまったく依存していない。

実際には、政治的ヘゲモニーの節合が、それらが再現すると主張する利害を遡及的に作り出すのである。

「ヘゲモニー」は、その可能性が成り立つためのきわめて厳密な要件をもっている。このことは、関係がヘゲモニー的と把捉されるための要件は何であるのかという観点からも妥当するし、またヘゲモニー的主体の構築という観点からみてもそうである。第一の観点についていえば、既述した構造的決定不可能性の次元は、ヘゲモニーの要件そのものであるといえよう。もしかりに社会的客観性が、純粋に社会学的な社会構想におけるように、その内的法則を通じて、実在するいかなる構造的配置をも決定づけるものであれば、偶然的なヘゲモニー的再節合の余地はまったくないことになる。さらにその場合、実際には自律的な行為様式としての政治が成り立つ余地もまったくなくなる。ヘゲモニーをもつためには、その要件として、それ自体の本質が何らかの配置の様式に組み込まれることを前もって決定づけることのないいくつかの要素が、それにもかかわらず、外部での実践ないし節合的な実践の結果、結合することが必要となる。原初の制度化の諸行為がそれらの個別的偶然性において可視的であることこそ、この点ではあらゆるヘゲモニー形成体の要件である。しかし、偶然的な節合について語ることは、「政治」の中枢的次元を表現することである。社会の構造体的組織における政治的契機のこのような特権化は、私たちのアプローチの本質的な局面である。

本書が明らかにしようと試みているのは、歴史的にヘゲモニーのカテゴリーが、その起源においてロシアの社会民主主義においてどのように練り上げられていったのか、という問題である。すなわち、ロシアにおける資本主義の遅咲きの展開で派生した構造的断絶、つまり、行為者と民主主義的課題との構造的断絶によって、自律的政治的介入が可能とされたのであったが、ロシアの社会民主主義は、そうした自律的な政治的介入の問題を提起する一つの試みであったのだ。本書はまた、後の帝国主義の時代に「複合的で不均等な発展」の概念が、いかにヘゲモニーのカテゴリーを、政治の全般的状況に拡張していったのかを明らかにする。同時に本書は、このヘゲモニーの次元が、グラムシによって、いかに歴史的行為者――このヘゲモニーの次元のゆえに、歴史的行為者はたんなる階級的行為者であることをやめる――の主体性を構成するものとして編成されていったのか、を示している。さらにつけ加えることができると思われるのは、こうした偶然性の次元とそれに付随してみられた政治的なものの自律化が、現代世界でますます可視的なものとされていったという事実である。というのも、先進的資本主義的状況においてヘゲモニーの再節合は、グラムシの時代における以上にはるかに一般化したからである。

次に、ヘゲモニー的主体性に関する私たちの議論は、近年とくに中心的な問題として浮上してきた普遍主義と個別主義との関係に関する全般的論争と連動している。ヘゲモニー的関係は明らかに普遍主義的次元をもっているが、それはきわめて特殊なタイプの普遍主義であり、その主たる特徴を指摘しておくことは重要である。その普遍主義は、ホッブズの『リヴァイアサン』の場合のように、契約上の決断による結果ではない。というのも、ヘゲモニー上のつながりは、ヘゲモニー的主体のアイデンティティーを変革するものだからである。その普遍主義は、ヘーゲルの「普遍的階級」概念の場合のように、必ずしも公共的空間に関連づけられているわけではない。というのも、ヘゲモニー的再節合は、市民社会のレヴェルで始まるものだからである。その普遍主義はまた最後に、普遍的階級としてのプロレタリアートというマルクスの考え方とも同じではない。というのも、その普遍主義は、国家の消滅および政治の終焉へと導かれる究極的な人間的宥和に由来するものではないからである。逆にヘゲモニー的関連とは、その構成からして政治的なものにほかならない。

そうした場合、ヘゲモニーに固有で特有な普遍性とはいったい何であるのか。その普遍性は、私たちが差異の論理と呼ぶところのものと、等価性の論理と呼ぶところのものとの特定の弁証法から生じる、と私たちは本論で論じている。社会的行為者たちは、社会的組織を構成している言説内部において相互に異なる位置をとることになる。その意味で彼らはすべて、厳密にいえば、個別的な存在者なのである。他方で、社会のなかに内的境界を創造する社会的敵対関係がある。たとえば、抑圧的勢力に抗して、複数の個別的集団が相互に等価性の関係を彼ら自身のあいだに設立するような場合である。しかしながら、等価性の関係を構成している相互に異なるもろもろの個別主義にすぎないものを乗り越えて、その連鎖の全体性を再現前させることが必然的になる。そうした再現前のための手段はいったい何であるのか。それは、私たちの行論が示すように、その内実が分裂している唯一の個別的なものである。というのもそれは、それ自体の個別性を失うことなく、それを越える普遍性（つまり、等価性的連鎖の普遍性）の再現前においてみずからの内実を変革していくからである。こうした関係によって、ある特定の個別性がそれ自体とまったく不釣り合いな普遍性の再現前を担うのであり、この関係こそ、私たちがヘゲモニー的関係と呼ぶところのものである。その結果、この普遍性とは汚染された普遍性にほかならないのである。⑴それは、普遍性と個別性とのこの解消できない緊張のなかに生きなければならない。⑵そのヘゲモニー的普遍性の機能は永続的に取得されたものではなく、逆につねに元に戻ることのできるものである。

ここで私たちは、明らかにいくつかの点でグラムシ的直観を過度に徹底化してしまったかもしれない。しかし、この種のことが、協同組合的階級とヘゲモニー的階級とのグラムシの区別においては含意されていたといえよう。私たちの汚染された普遍性の概念は、たとえばハーバーマスの普遍性の概念とは袂を分かつのである。その理由は、ハーバーマスにとって普遍性はそれ自体、いかなるヘゲモニー的節合からも独立した、みずからの内実をもっているからである。しかしまた、私たちの概念は、リオタールの個別主義において、おそらくもっとも純粋な形で代表されているもう一つの極端な事例とも異なっている。リオタールの社会の概念は、複数の調停不可能な言語ゲームのただなかにあるものとして捉えられ、さらにその相互連関はルール違反（tort）としてしか把握されえない。しかし、そうだとすれば、いかなる政治的再節合も不可能なものとされてしまう。

結果として私たちのアプローチは、普遍性を一箇の政治的普遍性として捉えるものであり、その意味で社会内の内的境界に依拠するものと見なすものである。このことは、おそらく本書のもっとも中枢的な議論、すなわち、敵対（antagonism）の概念に結びついた議論へと私たちを導くことになる。私たちの見方ではあるが、実在する対立関係（カントの「現実的対立（Realrepugnanz）」）や弁証法的矛盾が、「社会的敵対（social antagonism）」と私たちが呼ぶところの特定の関係を十分には説明することができない理由が、説明されている。私たちのテーゼは、敵対とは客観的な関係ではなく、すべての客観性の限界を開示してやまない関係だということである。社会とは、こうした限界の周囲に構成されているものにほかならない。そしてそれらは敵対的な限界である。この敵対的限界の概念は、字義通りに理解されねばならない。すなわち、ここには敵対関係を通じてみずからを実現していく「理性の狡智」は存在しないのである。また、ここにはもろもろの敵対を、諸規則の体系に屈従させずにはおかない何らかの種類の上位のゲームが存在するわけでもない。こうした理由により私たちは、政治的なものを、上部構造としてではなく、一箇の社会的なものの存在論という地位を有するものとして把握する。
この議論から次の論点が紡ぎ出されることになる。すなわち、私たちにとって社会的分断は、政治の可能性に固有なものというだけでなく、本書の末尾で議論しているように、デモクラシーの政治の可能性そのものにおいて固有のものである。

私たちは、前述の論点を強調しておきたいと思う。事実、理論的レヴェルと政治的レヴェルの双方において、敵対は私たちのアプローチにおいて現在の関心事の中心に位置している。このことは、逆説的に思われるかもしれない。とくに本書の出版後の十五年間に生起した深遠な変化の主たる帰結の一つは、左翼の政治的言説から敵対の概念が消去されたことであった事実を考慮に入れるならば、そのように思われるであろう。しかし、この事実を進歩と見る人々とは異なり、ここにこそ、主たる問題が横たわっている、と私たちは考えている。こうしたことが、どのようにして、またなぜ生起したのか、ということを検討してみよう。

ソヴィエト・モデルの崩壊は、民主的社会主義政党に新鮮な刺激を与えるであろうと考える向きもあった。というのも、旧来の敵対者が提起していた、社会主義的プロジェクトの否定的イメージから、社会主義者はやっとのことで解放されたと思われたからである。しかしながら、ソヴィエト共産主義という変種の挫折とともに、社会主義の観念そのものが信用を失墜させてしまった。新鮮な生命を供給されるどころか、社会民主主義は混乱の淵に投げ込まれてしまったのである。私たちがこの十年で目撃したのは、社会主義的プロジェクトの改鋳ではなく、新自由主義（ネオ・リベラリズム）の勝利であった。新自由主義のヘゲモニーの浸透はきわめて大きなものであり、左翼のアイデンティティーそのものにも深遠な影響を与えた。左翼運動のプロジェクトは、一九八〇年代初めに本書を執筆していた時と比較しても、今日、より深い危機に直面している、とすら議論できるであろう。「近代化」の主張のもとに、諸国のより多くの社会民主党がみずからの左翼としてのアイデンティティーを放棄し、自分たちを「中道左派」として婉曲的に再定義している。彼らの主張によれば、左翼および右翼という概念自体がすでに時代遅れになったのであり、必要とされるのは「ラディカルな中道」の政治である。「第三の道」として提起されているものの基本的主張は、共産主義の没落と、情報社会の出現とグローバル化のプロセスに関連づけられた社会経済的変革とによって、諸種の敵対関係は消散したというものである。境界のない政治が今では可能となったのであり、社会のあらゆる人に有利な解決策が見出される「ウィン・ウィンの政治」がここでは可能となったといわれる。このことが含意しているのは、政治はもはや社会的分断をめぐって構造化されるものではないということであり、また政治的問題はたんに技術的なものであるということである。

ウルリッヒ・ベックとアンソニー・ギデンズ――この新しい政治の理論家たち――によれば、私たちは現在、「われわれ対彼ら」という政治の対立的モデルがもはや適用しえない「再帰的近代化」の状況を生きているのだと理解される。対立的モデルとは完全に異なる仕方で政治を構想する必要のある、新しい時代にはいった、と彼らは主張する。ラディカルな政治は、「生」の諸問題にかかわるべきであり「生成的（generative）」であるべきであって、人々と集団とに任せてことがおのずと起きるようにしていく必要がある。そしてデモクラシーは「対話」形式において構想されるべきであり、論争的問題は相互に相互の声を注意深く聴くことによって解決されるのである。

今日、「民主主義の民主化」ということがしきりに言われるようになった。そうした展望は原理的に何ら問題ではないといえるし、一見すると、私たちの「ラディカルで複数的なデモクラシー」（radical and plural democracy）の考え方と軌を一にするように見える。しかし、そこには決定的な相違がみられる。というのも、私たちの擁護しているデモクラシーのラディカル化の過程が中立的地形において生起するとは、私たちには断じて想定できないことだからである。それだけでなく、デモクラシーのラディカル化が生起する位相がまったく影響されることがないとは想定できないし、むしろそれは権力の既存の関係に深遠な変革を惹起すると考えているからである。私たちにとっての目的は、新しいヘゲモニーの確立である。そのためには新しい政治的境界の創造が要請され、その消滅が要請されるのではない。左翼勢力がついに多元主義と自由民主主義の諸制度の重要性に取り組み始めたのは、明らかによいことだ。しかし問題は、そのことが、現在のヘゲモニー的秩序の変革へのいっさいの試みの放棄を意味するとの誤った信念が、そこに伴っていることである。そこから派生するのは、合意の神聖化、左翼と右翼との境界の違いの曖昧化、中道への移行である。

しかし、このシナリオは、共産主義の没落から誤った結論を引き出すことにほかならない。もちろん、自由民主主義は、革命を通じて完全に新しい社会を創造するために破壊されるべき敵であるわけではない。このことを理解するのは、重要である。このことは実際に、私たちがすでに本書において議論していたことであった。本書において私たちは、左翼のプロジェクトを、デモクラシーの「ラディカル化」という形で再定義する必然性を主張したのである。私たちの見方においては、「現存する」自由民主主義の問題点は、万人に対する自由と平等の原理に具現化された構成的価値にあるのではなく、これらの価値の実現を再規定し制限する権力体系にこそある。それゆえに、私たちの「ラディカルで複数的なデモクラシー」のプロジェクトこそ、「民主主義の革命」を深化させるための新たな舞台として構想されたのである。このプロジェクトはつまり、平等と自由のためのデモクラシーの闘争を、さらに広汎な社会的諸関係へと拡張していくこととして構想されている。

けれども、ジャコバン派的な政治の友／敵モデルをデモクラシーの政治の適切なパラダイムとして受け取ることの拒否が、おのずと自由主義的政治を導出することになるとは、私たちは考えなかった。この場合、自由主義的政治は、たとえ強調点が「対話の」次元におかれたにせよ、デモクラシーを中立的地形において行なわれる、たんなる利益追求の競争として把握する。しかし、まさしくこれこそ、数多くの左翼系の政党が、今日、民主主義的プロセスを認識するやり方なのである。こうした理由から、これらの左翼系の政党は、権力関係の構造を把捉できないでおり、まして新しいヘゲモニーを確立する可能性を構想できないでいる。その結果、社会民主主義――その右派的な類型および左派的な類型の双方――において、かつてはつねにみられた反資本主義的契機は、今日、その近代化されたと思しき諸理論では根絶されてしまった。したがって、社会民主主義のこれらの言説において、既存の経済秩序に対する可能なオルタナティヴ（他の選択肢）への言及が、欠落してしまっている。そこでは既存の経済秩序が、唯一可能な秩序であると受け止められている。あたかもそれは、市場経済との全般的な断絶を幻想的なものと承認し、それを承認することで市場の諸勢力を規制する諸種の異なった様式の可能性も必然的に消失したかのようである。そしてそれは、市場の諸勢力の論理の全体的受容に対するオルタナティヴは存在しないという立場を表明するものであった。

「オルタナティヴ不在の教理」の通常の正当化の論拠は、グローバル化だった。その際、再配分型の社会民主主義的政策に対してなされた一般的反論は、次のようなものであった。すなわち、地球規模の市場は新自由主義的路線からの逸脱をどうしても許さない状況下で、各国政府に許されているのは金融上の厳格な引き締め政策のみであり、それだけが現代世界における唯一の現実的可能性である、と。こうした議論が当然視しているイデオロギー的地形は、数年の新自由主義的ヘゲモニーの結果として作り出されたものであった。同時にそれは、錯綜していた状況を一箇の歴史的必然にまで作り変えてしまったのである。グローバル化は、もっぱら情報革命によって駆動されたものとして提示された。そしてグローバル化の趨勢は、その政治的次元から切り離されて、万人がそれに屈服しなければならない運命として提示された。それゆえに、今日ではもはや左翼的ないしは右翼的経済政策というのはなく、ただ好ましい経済政策と悪しき経済政策とがあるだけだと説明される。

ヘゲモニー的関係に照らして考察するとは、そうした誤謬と決別することである。事実、本書では、ヘゲモニーのカテゴリーの精緻化によって、いわゆる「グローバル化された世界」を吟味検証することを試みている。そうすることで、現在の状況は、唯一の自然で可能な社会的秩序であるのではまったくなく、権力関係のある一定の組織化を示すものだ、という理解を促すための手助けになるだろう。資本主義的企業と国民国家との関係における深遠な変化を惹起しえたのは、特定の社会的勢力の側におけるヘゲモニー上の移行の結果である。このヘゲモニーに挑戦し打倒する可能性はある。左翼陣営は、新自由主義的秩序に対してただ人間尊重的な仕方で何とか対応しようとするのではなく、それに対する信頼できるオルタナティヴを精緻化する作業を立ち上げるべきである。もちろん、このためには新しい政治的境界を描き上げることが必要となるし、また対抗者（adversary）の定義なしにはラディカルな政治はありえないということを承認する必要がある。すなわち、そのためには、敵対ということを根絶することはできないという事実を受容することが肝腎なのである。

本書で展開された理論的パースペクティヴが政治的なものの中枢性の復権に貢献しうる方法として、もう一つ別のやり方がある。それは、現在、革新的政治のもっとも期待できる洗練されたヴィジョンとして提示されている理論の欠陥を明るみに出すことである。つまり、その批判すべき理論とは、ハーバーマスと彼の追随者たちによって提起されている「審議的（熟議）民主主義（deliberative democracy）」モデルである。私たちが主張するラディカル・デモクラシーの構想と彼らが擁護するラディカル・デモクラシーのそれとのあいだにはいくつかの類似性が実際に存在しているので、両者のアプローチを比較考量することは有益である。彼らと同様に、私たちも民主主義の利益集約型モデルを批判している。この民主主義モデルは、民主主義的プロセスを、選択された政策の実現を請け負う指導者たちの選出を目的とする投票に示された利益や選好の総和に還元してしまう。彼らと同様、私たちも、これはデモクラシーの政治に関する貧弱な考え方であると反対を表明している。この考え方にあっては、政治的アイデンティティーとは、前もって与えられた所与のものではなく、公共的領域での論争を通じて構成され再構成されるという事実が、承認されていない。政治とはたんに既存の利益を提示することにあるのではなく、むしろ政治は政治主体の形成において決定的な役割を果たすと、私たちは論じている。これらの主題について、私たちはハーバーマス主義者たちと一致している。さらにまた私たちは、民主主義社会が包摂する多様な声に耳を傾け、民主主義的闘争の範域を拡大していく必要性について、彼らと同一の地歩に立つのである。

しかしながら、私たちの見解とハーバーマス主義者たちのそれとのあいだには、重要な点で差異がみられる。それらの差異は、それぞれの構想に内実を与えている理論的枠組みに関連している。私たちの仕事において敵対の概念が果たす中枢的な役割は、最終的な和解やあらゆる種類の合理的コンセンサスや完全に包括的な「われわれ」といった可能性をはじめから除外しているといえよう。私たちにとって、排他性のない合理的議論からなる公共的領域というのは、概念上の不可能性にほかならない。私たちの見方にあっては、紛争と分裂とは、不幸にも除去することができない妨害物でもなければ、集団間の調和の完全な実現を不可能にする経験的な障害物でもない。通常、調和を成し遂げることができないのは、各人が各人の合理的な自己にしたがって行為するために、各人の個別性を完全に払いのけることが不可能だからである、と説明される。しかしまた、調和は、それにもかかわらず、各人がその実現にむけて努力する理想そのものである、と理解される。事実、紛争と分裂なくして、複数主義的な民主政治は不可能である、と私たちは主張する。紛争の最終解決はついに可能であると信ずることは、たとえそれが合理的コンセンサスという統制的理念への漸近的《ぜんきんてき》アプローチであると理解されたとしても、デモクラシーのプロジェクトに必要な地平を供給するものではなく、むしろそれを危機に陥れるものである。そのように考えられるとき、複数主義的デモクラシーは「みずからを否認してしまう理想」と化す。というのも、その実現は同時に必然的にその解体となるからである。こうした理由によって、コンセンサスのいかなる形態もヘゲモニー的節合の結果であること、またそれはつねにその完全な実現を妨げる「外部」をもっていることを承認することこそ、デモクラシーの政治にとって肝腎であることを強調しておきたい。ハーバーマス主義者たちと異なり、私たちは、こうした「外部」の存在をデモクラシーのプロジェクトを腐食させるものと捉えず、むしろその可能性の条件そのものと理解している。

左翼にとってもっとも緊急な課題であると私たちが認識している方法について、最後に一言述べておきたい。近年、「階級闘争に戻れ」という声を何度か耳にした。彼らの主張によれば、左翼はあまりに密接に「文化的」問題にみずからかかわりすぎたのであり、また経済的不平等に対する闘争を放棄してしまった。彼らがいうには、「アイデンティティの政治」への没頭をやめて、ふたたび労働者階級の要求に耳を傾ける時である。このような批判をどのように考えたらよいだろうか。左翼がかつて「新しい社会運動」の闘争を考慮していないと批判を受けたときに、私たちの省察の背景となった状況とは正反対の脈絡に、今日、私たちはおかれているということなのか。たしかに左翼の諸政党の近年の進化の過程を通じて明らかなことは、それらの左翼政党は主として中産階級に関心を注いできたのであり、その点で労働者たちには不利な状況を作り上げてきたという事実である。しかし、このことは、それらの左翼政党が新自由主義に対するオルタナティヴを構想することができず、「柔軟性」の命法を無批判に受容したからであり、ここで想定されるように「アイデンティティー」問題への没頭のためではなかった。解決策は、「文化的」闘争を放棄し、「現実」政治に立ち戻ることではない。本書の中心的思想の一つは、さまざまな形態の従属に抵抗している諸種の民主主義的闘争のあいだに等価性の連鎖を作り上げる必要性であった。セクシズム、人種主義、性的差別に対する闘争や環境保護の問題は、新しい左翼的ヘゲモニーのプロジェクトにおいて、労働者の闘争と節合される必要がある、と私たちは論じたのである。近年、よく見かける用語法で表現するとすれば、左翼は、「再配分」と「承認」の双方の問題と取り組む必要がある、と私たちは主張した。これこそ、私たちが「ラディカルで複数的なデモクラシー」によって意味したところである。

こうしたプロジェクトは、今日でもかつてと同様に意義深いものである。そのことは、それを実現することがより容易になったということを意味しない。それどころか事実、デモクラシーを「ラディカル化する」ことを考えるよりも優先されるべき第一義的な課題は、内部からデモクラシーを陰険な仕方で脅かす諸勢力に対してそれを擁護することのように思われる場合もある。共産主義という対抗者に対するデモクラシーの勝利は、みずからの諸制度をさらに強化したというよりも、それらの弱体化に寄与したように思われる。民主主義的プロセスへの不満は心配させるほどの規模で高まっており、政治的階級についてのシニシズムは広汎に浸透しており、これらは議会制への市民の基本的信頼を掘り崩しつつある。自由民主主義社会における政治の現状について、明らかに喜ぶべき地歩がまったくなくなってしまっている。

いくつかの国々では、こうした状況が、右翼のポピュリスト的扇動家たちによって巧みにも利用されてきた。ハイダーやベルルスコーニといった人々の成功は、そうしたレトリックがかなり多くの支持者を引き寄せることができることの証左となっている。左翼がヘゲモニー闘争を放棄し、中道の地歩の獲得を主張する限りにおいて、こうした状況を逆転させる希望はほとんどないといえよう。たしかに、国境を越えた多国籍企業が地球全体にその影響力を振るう努力に対しては、一連の抵抗運動が起こり始めていることを、私たちは目撃しつつある。しかし、社会的諸関係の組織化に関してそれらの運動とは異なる方法となりえるもののヴィジョンがないならば、つまり、市場の諸勢力の圧制に対して政治の中枢性を復権するヴィジョンがないならば、それらの運動は防御的性質を帯びるにとどまることになろう。もしかりに諸種の民主主義的闘争のあいだに等価性の連鎖を打ち立てようとするならば、境界を樹立し、対抗者を定義する必要がある。しかし、それだけでは十分ではない。人々は何のために闘っているのかを知る必要があり、いかなる種類の社会を打ち立てたいのかを認識する必要がある。このことは、左翼に対して権力関係の性質ならびに政治の力学について適切な理解を要求してくる。ここで重要なのは、新しいヘゲモニーの構築である。したがって、私たちのモットーは「ヘゲモニーの闘争に立ち戻れ」ということになる。

二〇〇〇年一一月

エルネスト・ラクラウ
シャンタル・ムフ

序論

今日、左翼思想は岐路に立ちいたっている。過去の「自明な真理」――つまり、分析と政治的推論の古典的形態、紛争における諸勢力の性質、左翼の闘争や目標の意味そのもの――は、雪崩を打ったような幾多の歴史的変容によって、深刻な挑戦を受けてきた。その結果、それらの真理が依拠してきた基盤は、ずたずたに切り裂かれてしまったのである。これらの変容のうちのいくつかは、明らかに次の一連の出来事にみられた失敗や幻滅に対応している。すなわち、ブダペストからプラハとポーランドでのクーデター、カブールからヴェトナムとカンボジアにおける共産党の勝利の後遺症にいたるまで、社会主義とそこに導かれるべき道程の双方を構想する全体的方法に対して、疑問符がますます重く付されてきたのである。このことは、左翼の知的地平が伝統的に構成されていた理論的・政治的土台に関する批判的考察――辛辣かつ必然的な考察――をふたたび要請する結果になった。しかし、この問題にはこれ以上のことがあった。理論的再考の課題をそれほどまでに喫緊なものたらしめたそれらの変容の背後には、一連の積極的な新しい現象が横たわっていた。

すなわち、新しいフェミニズムの台頭、エスニック的少数派《マイノリティ》、民族的少数派《マイノリティ》、性差別を受ける少数派《マイノリティ》の抵抗運動、周縁化された住民層の反制度的なエコロジー的闘争、反核運動、資本主義の辺境に位置する国々での不統一な形態の社会闘争である。これらの運動はすべて社会的紛争をより広汎な領域に拡大することを含意していたが、それらは、より自由で民主的かつ平等な社会の前進を促す潜在力——あくまでも潜在力以上のものではなかったが——を作り上げていた。

この闘争の拡大は、何よりもまず社会の、すなわち社会的「秩序」の組織化された合理的構造に対する社会的なものの「剰余」として提示された。とくに自由主義的および保守主義的陣営から数多くの声が発せられ、西洋社会が平等主義の危険のもとで統治可能性の危機および解体の脅威に直面している、との強固な議論がなされてきた。しかし、社会紛争の新しい形態はさらに、本書の主要部分でそれとの対話を追求している枠組みに近似した理論的政治的枠組みを、危機に陥らせたのである。これらの枠組みとは、左翼の古典的言説に対応する当のものである。すなわち、それらの枠組みは、社会変革の行為者、政治空間の構造化、歴史的変革を導出するための特権的拠点など、左翼がこれまで構想してきた特徴的な方式と対応していた。今や危機にあるのは社会主義の概念の総体であるが、とりわけ、その労働者階級の存在論的中枢性、大文字のRで始まる革命（Revolution）の役割——つまり、一定の型の社会から他の型の社会への移行における創設のモメント——、政治のモメントを無意味なものとしてしまう完全に統一的および同質的な集合的意志という幻想的な展望を基礎としたものである。現代の社会闘争の多元的および複合的な特徴は、そうした政治的想像の最後の土台をついに解体したといえよう。この政治的想像の前提にしたがえば、「社会」とは「普遍的」主体という人材を配備され、単数形の〈歴史〉(History)を基軸に概念的に構築されており、一箇の知的に認識可能な構造となる。要するに「社会」は、特定の階級的位置の基盤のうえに知的に支配されうるものとして、また政治的性質を備えた創設行為を通じて合理的かつ透明な秩序として再構成されうるものであった。今日、左翼はそうしたジャコバン派的虚構の解体劇の最終幕を目撃しつつある。

このように現代の社会闘争の豊潤性と多元性そのものが、理論的な危機を生じさせていた。私たち自身の言説が位置することになるのは、理論的なものと政治的なものとのこうした往復運動の中間点である。どのような場合にも私たちは、それ自身の言説行為の諸条件に関する無知に依存している印象論的および社会学的な記述主義を警戒し、この危機が生んだ理論的空虚をこの記述主義が満たすのを回避しようと試みた。私たちの目的は、それとはまったく正反対のものであった。つまり、その目的とは、一見して危機の数多くの局面の特権化された凝結点であるかに見える若干の言説的カテゴリーに焦点を当てること、この多様な屈折の諸相において歴史の可能な意味を解明することであった。あらゆる言説的な折衷主義ないし動揺は、はじめから回避されていた。

古典期を画した開始「宣言」に言われているように、新しい地域にはいるときに、人は次のような「旅人」の振る舞いに倣わねばならない。すなわち、「森のなかで道に迷った旅人は、はじめにある一方の方向に向かい、次に別の方向に向かうというように放浪してはならず、ましてや一箇所に立ち止まってしまうということをしてはならないということを知っている。旅人は、一方向にできるだけ真っ直ぐに歩き続け、いかなる理由によるにせよ、道からそれてはならないということを理解している。たしかに初めに旅人が方向の選択をしたのは、おそらく偶然以外の何ものでもなかったであろう。このことによって、たとえ旅人が自分の願い通りに行くことはできなかったとしても、最後には少なくともどこかに到着することになったであろう。おそらくその方が、森の中央にとどまるよりもはるかによかったといえるであろう[1]」。

本書の分析を導いている糸があるとすれば、それは、マルクス主義の政治的理論化の言説的表層および根本的結節点としてのヘゲモニー概念の転換であった。私たちの主たる結論は、「ヘゲモニー」の概念の背後には、マルクス主義理論の基礎的カテゴリーに補完的でしかないタイプの政治的関係よりも重要な何ものかが潜んでいるというものである。事実、ヘゲモニーの概念は、それらの基礎的カテゴリーとは相容れない社会的なものの論理を導入している。歴史と社会を、概念的に明示的な諸法則を中心にして構成された、理解可能な全体性として提示した古典的マルクス主義の合理主義と直面して、ヘゲモニーの論理は、初めから補完的かつ偶然的な作業仮説として提示されている。つまり、このヘゲモニーの論理は、古典的マルクス主義の進化的パラダイム内部において連関上の不均衡が生じたために要請された。というのも、その進化的パラダイム内部においては、その本質的ないし「形態学的」な妥当性が一瞬たりとも疑問に付されたことがなかったからである。（本書の中心的課題の一つは、偶然性のこの特有の論理を確定することにあろう。）ヘゲモニー概念の適用範囲は、レーニンからグラムシへと展開するなかで、より広汎なものとなっていった。それにつれて偶発的節合の領域もまた拡大し、さらに「歴史的必然」のカテゴリー――古典的マルクス主義の礎石そのものであった――は理論のはるか後方へと退却していった。最後の二つの章で論じているように、「ヘゲモニー」の概念に含意された社会的論理の拡大と規定とは、グラムシをはるかに乗り越える仕方で展開していった。それらは、私たちに一つの係留点を提供するものとなろう。こうした係留点に定位したとき、現代の社会闘争はそれらの特有性において考察可能となる。また同時にそれは、私たちがラディカル・デモクラシーのプロジェクトに依拠した、左翼のための新しい政治の輪郭を描き上げるのを可能にしてくれる。

　答えられねばならない問いが、まだ一つ残っている。私たちが、古典的マルクス主義のさまざまな言説的表層の批判と脱構築を通じて、前述のような課題と取り組もうとするのはいったいなぜか、という問いがそれである。初めにこう述べておこう。つまり、「現実的」なもの（the 'real'）が、媒介物を経ずに語りだすのを可能にする言説およびカテゴリー体系は、一つだけではないということである。マルクス主義のカテゴリー内部において脱構築的に作業するということで、私たちは何も、「普遍史」を書いていると主張しているのではなく、また私たちの言説を、知識の唯一の単線的過程の契機として銘記すべしと主張しているわけでもない。規範的認識論の時代が終わったように、普遍的言説の時代も終焉を迎えた。

本書が提示した結論に類似した政治的結論は、マルクス主義とはきわめて異なる言説形成体から獲得することも可能であろう。たとえば、いくつかの形態のキリスト教、社会主義的伝統とは異質な解放主義的な言説などである。だが、そのいずれもが、どんなに希求しようとも、社会の真理そのもの（あるいは、サルトルが述べたように、「現代の超克不可能な哲学」）にはなりえないであろう。しかしながら、まさしくこうした理由のゆえに、マルクス主義は、この新しい政治の構想の定式化を可能にする諸伝統のなかの一つなのである。私たちにとってマルクス主義を出発点とすることの妥当性は、端的に言って、マルクス主義が私たち自身の過去を構成しているという事実にしか根拠をおいていないのである。

マルクス主義理論の妥当性の装いと度合いとを縮小させようとする試みにおいて、私たちはその理論に深く内在した何か固有のものと決別しようとしているのではないのか。すなわち、私たちは、大文字の〈歴史〉（History）の本質ないしその背後にある意味を諸種のカテゴリーを媒介に把捉しようとする、その一元論的憧憬を捨て去ろうとしているのではないのか。こうした問いへの回答は、ただ肯定的な仕方でのみ可能であろう。「普遍的階級」という存在論的に特権化された地位に依拠したあらゆる認識論的特別大権（prerogative）を放棄して初めて、私たちは、マルクス主義的カテゴリーの妥当性に関する現在の実相について真剣に議論することができる。この点においては明白に、私たちは今やポスト・マルクス主義の地形に位置しているというべきであろう。マルクス主義によって入念に定式化された主体性および階級の概念を維持することは、もはや不可能である。また、資本主義的発展の歴史的展開に関するマルクス主義の見方も今日では不可能であり、さらにそこではもろもろの敵対関係が消滅する透明な社会としての共産主義の構想もまた、明らかに現実性を失っている。

しかし、もし本書における私たちの知的プロジェクトがポスト・マルクス主義的であるとするならば、それはまた明らかにポスト・マルクス主義的でもある。私たちはヘゲモニーの概念を構想したが、この概念は、私見では、「ラディカルにして解放主義的および複数的なデモクラシー」のための闘争において有益な道具であると思われる。その際、このヘゲモニー概念の構想も、マルクス主義内部において構成された、いくつかの直観や言説的形態の展開を通じて獲得され、またその他のいくつかの直観や言説的形態の抑制ないし除去を通じて取得されていったのである。ここにおいて、部分的には批判的ではあるものの、グラムシへの言及は大きな重要性をもっている。

本書において私たちは、第二インターナショナルの時代におけるマルクス主義の言説行為にみられた多様性および豊潤性の何がしかを復権しようと試みた。この時代の豊かな言説行為は、その後のスターリンおよびポスト・スターリンの時代において流行をみた「マルクス＝レーニン主義」の貧困化された一枚岩的なイメージによって完全に不可視化されてしまった。マルクス主義の貧困で一枚岩的なイメージは、現代の「反マルクス主義」のいくつかの潮流によって、正反対の立場からではあるが、ほとんどそのまま再生産されている。輝かしく同質的で不死身の「史的唯物論」の擁護者たちも、「新しい哲学者の装いをこらした」(à la nouveaux philosophes) 反マルクス主義の専門家たちも、自分たちの弁証論や論難が等しく、教義の役割や統一性の程度に関する無邪気かつ原始的な構想に、どれだけ深く根づいているのかを認識していない。これらの構想は、そのすべての本質的規定において依然としてスターリン的想像力に帰属しているのである。

マルクス主義の諸種のテクストに対する私たち自身のアプローチは、それとは逆に、それらの複数性を再発見しようとするものである。私たちは、数多くの言説的連関——かなりの程度、異質で矛盾をはらんだもの——を把握することを目指した。そうした多数の言説的連関こそ、これらのテクストの内的構造と豊潤性とを構成し、政治的分析の参照点としてのこれらのテクストの生命力を保証している。偉大な知的伝統を乗り越える試みは、突然の解体という仕方で生じるものではない。そうではなく、それは、川の水が共通の水源から派生し、さまざまな方向に拡がり、他の水源から流れてきた他の流れと合流するのと同じ仕方で生起する。これこそ、古典的マルクス主義の分野を構成してきた諸種の言説が、新しい左翼の思想形成を促すのに役立つ原イメージとなるであろう。要するに、それらの概念のうちいくつかを伝え残し、他のいくつかの概念を変革するか放棄し、さらに諸種の解放的言説間の無限のテクスト連関においてそれらの概念を希釈化する。そうすることで、社会的なものの複数性はその具体的な形姿をとり始めるのである。

【注】

(1) Descartes, 'Discourse on Method', in *Philosophical Works* Vol. 1, Cambridge 1968, p. 96.

1 ヘゲモニー——概念の系譜学

私たちは「ヘゲモニー」の概念の系譜学を辿ることから出発したいと思う。強調されるべきは、これが全面的な実定性を初めからそなえているような概念の系譜学とはならないだろう、ということである。事実、フーコーの表現をいくぶん自由に使用するならば、私たちのねらいは「沈黙の考古学」を確立することだといえよう。ヘゲモニーの概念は、ある新しいタイプの関係をそれ特有のアイデンティティーにおいて定義するためではなく、歴史的必然性の連鎖のなかにあいた隙間を塞ぐために出現した。「ヘゲモニー」が示唆するのは、不在の全体性であり、そして当初のこの〔起源における〕不在を乗り越える再構成と再節合の多様な試みであるだろう。この再構成と再節合の多様な試みによって、闘争は意味を与えられ、歴史的諸勢力〔歴史に登場する諸勢力〕は全面的な実定性をそなえることが可能となる。その概念が現われる文脈は、（地質学的な意味での）断層、埋められねばならなかった亀裂、乗り越えられねばならなかった偶然性であるだろう。「ヘゲモニー」は、あるアイデンティティーの荘厳な発展ではなく、ある危機への応答であるだろう。「ヘゲモニー」の概念はロシア社会民主主義に慎ましい起源をもつ。そこでは、それは政治的効果の限定された領域をカバーするために呼び出されたにすぎない。そうした慎ましい起源においてさえすでに、その概念が示唆しているのは、「正常な」歴史的発展とされてきたものの危機ないし崩壊によって、ある種の偶然的な介入が必要となったことである。その後、レーニン主義とともに「ヘゲモニー」は、帝国主義の時代に発生する階級闘争の偶然的な「具体的状況」によって必要となった、新しいかたちの政治的計算における要石となる。そして最終的に、グラムシとともにその用語は、戦術的ないし戦略的に使用されるのを越えて、新しいタイプの中枢性を獲得する。すなわち、「ヘゲモニー」は、ある具体的な社会形成体のなかに存在する統一性そのものを理解する際の鍵概念となるのである。その用語はこのように拡張してきた。しかしながら、こうした拡張にともなって、私たちが「偶然的なものの論理」とでも暫定的に呼べるようなものも広まった。ヘゲモニーの概念の起源に対して、この「偶然的なものの論理」という表現が生まれた由来は、第二インターナショナル的マルクス主義の礎石であった「歴史的必然性」のカテゴリーが裂けて、社会的なものを説明する地平へと撤退したことにある。このように進展した危機の内部にあるオルタナティヴ——そして危機へのさまざまな応答（ヘゲモニーの理論はその一つにすぎない）——が、私たちの研究対象となる。

ローザ・ルクセンブルクのディレンマ

「起源」に立ち戻ることへのいかなる誘惑も回避しよう。単純に、ある時間の瞬間に穴をあけ、ヘゲモニーの論理が埋めようと試みる空虚の存在を発見するように努めよう。この恣意的なはじまりはさまざまな方向に向けられており、それは私たちに、危機の軌道の意味ではないとしても、危機のいくつかの次元の意味を提供してくれるだろう。「歴史的必然性」の割れた鏡に映る幾重もの乱反射のなかにこそ、社会的なものの新しい論理はうまく浸透しはじめる。その新しい論理は、ほかならぬみずからが節合する諸用語の字義を疑問視することによってのみ、ようやくみずからを思考することができるのである。

一九〇六年にローザ・ルクセンブルクは、『大衆ストライキ、党および労働組合』を出版した。このテクスト――私たちのテーマにとって重要なあらゆる曖昧さと臨界領域とをすでに表示している――の簡単な分析が、私たちの最初の参照点となるだろう。ローザ・ルクセンブルクはある特有のテーマ、つまり政治的道具としての大衆ストライキの効力と意義というテーマを扱っている。しかし彼女にとってこれは、社会主義の大義にとっての二つの死活問題、つまり、ヨーロッパにおける労働者階級の統一性と革命への道、という問題についての考察を含んでいる。第一次ロシア革命において支配的な闘争形態であった大衆ストライキについて、それ自身のメカニズムだけが扱われるのではなく、それがドイツでの労働者闘争に役立つよう企図される可能性も扱われるのである。ローザ・ルクセンブルクのテーゼはよく知られている。つまり、ドイツでの大衆ストライキの効力に関する論争は、ほとんどもっぱら、政治的ストライキに集中したのに対して、ロシアの経験は、大衆ストライキの政治的次元と経済的次元との相互作用と不断の相互強化を示した、というものである。ロシア帝政国家という抑圧的な文脈においては、部分的な要求しか掲げていない運動であっても、それ自身の範囲内にとどまることはできないのであって、それは不可避的に抵抗の範例および象徴に転換され、かくして他の運動を煽ったり生みだしたりしたのである。こうして生まれた運動は予期せぬところで出現し、そして予見しえぬかたちで拡がって一般化する傾向にあった。したがって、そうした運動は政治的指導部や労働組合の指導部などの規制力と組織力を凌駕した。これがルクセンブルクの「自然発生主義」の意味である。経済的闘争と政治的闘争との統一性——すなわち、労働者階級の統一性そのもの——は、こうしたフィードバックと相互作用の運動の帰結である。そして翻ってこの運動こそ、革命の過程にほかならない。

ロシアからドイツに眼を移すと、ローザ・ルクセンブルクの立論によれば、状況は非常に異なったものとなる。そこで支配的な趨勢は、労働者の多様な部門間の分断、さまざまな運動の相異なる要求間の分断、経済的闘争と政治的闘争との分断である。

> 革命期の蒸し暑い空気のなかでのみ、労働と資本の部分的で小規模な抗争は全体的な爆発にまで成長することができる。ドイツにおいては、労働者と雇用者のもっとも暴力的でもっとも残忍な衝突は毎日発生しても、個々の工場の境界を跳び越える闘争をともなうことはない。……どのケースも……共通の階級行動に突然変化することはない。そしてそれらが、疑いなく政治色をもってはいるが孤立した大衆ストライキにまで成長するとき、全体的な嵐が引き起こされることはないのである。(1)

この孤立と分断は偶然的な出来事ではない。つまりそれは資本主義国家の構造的な効果なのであって、革命的雰囲気のなかでのみ乗り越えられる。

事実問題として、政治的闘争と経済的闘争の分離とそれぞれの独立は、たとえ歴史的に決定されたものだとしても、議会主義期の人為的な産物以外の何ものでもない。一方において、ブルジョア社会の平時の「正常な」進行のなかで、経済的闘争は、あらゆる事業内の多数の個々の闘争へと分裂し、あらゆる生産部門のなかで解散してしまう。他方において、政治的闘争は、大衆自身の直接行動によって指揮されるのではなく、ブルジョア国家の形式に合わせて、代議制的なやり方で、議員代表制の存在によって指揮される。(2)

こうした状況においては、しかもロシアでの革命の勃発がその国の相対的後進性、政治的自由の不在、ロシア・プロレタリアートの貧困などのような要因によって説明されうるのだとすれば——西欧での革命の展望は無期限に延期されるのではないだろうか。ここにおいて、ローザ・ルクセンブルクの応答は煮え切らなくなり説得力を失う。というのも、彼女の応答はある特徴的な道筋をとるからである。それはすなわち、ロシアのプロレタリアートとドイツのプロレタリアートの差異を最小化して、ドイツの労働者階級のさまざまな部門に貧困の領域が残り、また組織が不在であることを示し、それとは逆の現象がロシアのプロレタリアートのもっとも先進的な部門に存在することを示す、というものである。しかし、そうしたドイツにおける後進的な孤立地帯《ポケット》はどうなるのか。それはやがて資本主義の普及によって一掃されることになる部門の残余ではなかったのだろうか。その場合、何が革命的状況の出現を保証したのか。こうした私たちの問い——ローザ・ルクセンブルクはそれをこのテクストのどこにも定式化していない——への答えは、その数ページ後に不意に明白なかたちで与えられる。

（社会民主党員は）いまや、そしてつねに、物事の展開を急がせて出来事の速度を上げるよう努力しなければならない。しかしながら、彼らはこれをなしえない。というのも、彼らは大衆ストライキを擁護する「スローガン」をでたらめにどんなときにも急に発布するからだ。彼らがそれをなしうるとすれば、何よりもまず、プロレタリアートのもっとも広汎な層に対して、この革命の時期の不可避的な到来、それに役立つ内的な社会的要因、およびその政治的帰結を明確にすることによってである。(3)

かくして、「資本主義の発展の必然的法則」が、ドイツにおける未来の革命的状況を保証するものとして確立される。いまやすべてが明確となる。ドイツにはもはや達成されるべきブルジョア的－民主的変化はなかったがゆえに［原文のまま］、革命的状況の到来については社会主義の方向でのみ解決されえた。それに対してロシアのプロレタリアートは、絶対主義と闘争してはいたが、しかしそれは世界資本主義の成熟が支配する歴史的文脈においてのことであって、そのおかげで彼らの闘争はブルジョア的段階で安定化することを免れたのである。そうしたロシアのプロレタリアートはヨーロッパのプロレタリアートの前衛であり、ドイツの労働者階級にその未来を示した。東欧と西欧の差異の問題は、ベルンシュタインからグラムシにいたるヨーロッパ社会主義の戦略についての論争においては非常に重要であったが、ここにおいてこの問題は切り捨てられることによって解決されたのである[4]。

　こうした注目に値する一連のさまざまな契機《モメント》を分析しよう。階級の統一性を構成するメカニズムに関しては、ローザ・ルクセンブルクの立場は明確である。つまり、資本主義社会においては、労働者階級は必然的に分断させられ、その統一性の再構成はほかならぬ革命の過程を通じてのみ生じる、というものである。だが、この革命的再構成の形式は、機《メカ》械論《ニスティック》的説明とはほとんど関係のない、ある特有のメカニズムからなる。自然発生主義がはたらきはじめるのはここにおいてである。こう考える人もいるだろう。「自然発生主義的」理論が主張するのは、革命の過程はその形式が複雑でさまざまなので、その方向性を予見することが不可能だということにすぎない、と。にもかかわらず、この説明では不十分である。というのも、重要なのはたんに闘争の分散に内在している――分析家あるいは政治的指導者の観点から見える――複雑性と多様性だけではなく、この複雑性と多様性を基盤にして革命主体の統一性を構成することだからである。これだけでも私たちに次のことを示してくれる。ルクセンブルク主義的「自然発生主義」の意味を規定しようと試みるときには、たんに闘争形態の複数性だけでなく、闘争の諸形態が互いのあいだに確立する諸関係と、そこから生まれてくる統一化の効果にも集中しなければならないのである。そしてここにおいて、統一化のメカニズムが明らかになる。つまり、革命的状況においては、孤立した各闘争の字義を固定化することは不可能である。なぜなら、各闘争は、それ自身の字義から溢れ出し、そして大衆の意識のなかで、地球規模の反システム闘争の一契機を代表・再現前《リプレゼント》するようになるからである。そうであるから、安定期には、労働者の階級意識――労働者の「歴史的利益」を中心に構成される地球規模の意識としての――は「潜在的」で「理論的」であるのに対して、革命的状況においてそれは「活動的」で「実践的」となる。かくして、革命的状況においてあらゆる動員の意味はいわば分裂として現われる。つまり各動員は、それ特有の字義的な要求とならんで、全体としての革命の過程を代表・再現前《リプレゼント》し、そしてこの全体化の効果は、ある闘争が他の闘争を重層的に決定するなかで見えてくるのである。しかしながら、これこそ象徴を定義づける特徴にほかならない。つまり、記号内容《シニフィエ》は記号表現《シニフィアン》から溢れ出す[5]。それゆえ階級の統一性は象徴的な統一性である。疑いなく、これがルクセンブルクの分析の最高地点であり、第二インターナショナルの正統派理論家たち（彼らにとって階級の統一性はたんに経済的土台の法則によって建造される）からもっとも隔たった距離を確立している。その時期の彼女以外の多くの分析でも、偶然的なものに何らかの役割――「構造的」理論化の契機以上の役割――が与えられてはいるが、この偶然性特有のメカニズムを規定し、その実践的効果の拡がりを認識している点で、ローザ・ルクセンブルクのものほど進んでいるテクストはほとんどない[6]。

さて、一方において、ローザ・ルクセンブルクの分析は、敵対地点と闘争形態――これをいまから主体位置と呼ぶことにしよう――を多重化し、その結果、労働組合の指導部や政治的指導部が闘争を統制したり計画したりする能力をすべて破壊するにいたった。他方においてそれは、象徴的な重層的決定を、諸闘争の統一化の具体的メカニズムとして提起した。しかしながら、ここで問題が生じる。というのも、ローザ・ルクセンブルクにとってこの重層的決定の過程は、非常に精確な統一性、つまり階級の統一性を構成するからである。だが、彼女のこの結論を論理的に支えるものは、自然発生主義の理論のなかには何もない。それどころか、まさに自然発生主義の論理は、結果として生じる統一的主体の類型がほとんど非決定のままであることを含意するように思われる。ロシア帝政国家では、敵対地点と多様な闘争との重層的決定の条件は抑圧的な政治的文脈であるが、その場合、階級的制限が克服されて、たとえば人民によって、あるいは民主主義的に（popular or democratic）基礎が決定されるような、部分的にしか統一化されていない主体の構築にいたるといったことが、どうしてありえないといえようか。ローザ・ルクセンブルクのテクストのなかでさえ――あらゆる主体は階級主体でなければならないとする著者の教条的な硬直性にもかかわらず――、階級主義的カテゴリーの克服が何箇所にも現われる。

> 一九〇五年の春全体を通じて夏中旬にいたるまで、帝国全体にわたって、資本に対抗するプロレタリアートのほぼ全員による絶え間ない経済的ストライキが沸き立った――その闘争は、一方において小ブルジョア的でリベラルな職業のすべてをとらえ、他方において家僕、下級警察官、さらにはルンペン・プロレタリア層にまで浸透し、それと同時に都会から田舎へと押し寄せ、さらには兵舎の鉄門までもノックした。(7)

私たちの問いの意味を確認しておこう。もし労働者階級の統一性が、革命の重層的決定過程の外側で構成される下部構造的所与であるならば、革命主体の階級的性質に関して疑問が生じることはないであろう。それどころか、政治的闘争と経済的闘争は、闘争そのものに先立って構成される階級主体の対称的表現となるであろう。しかし、もしその統一性がこうした重層的決定過程であるならば、なぜ政治的主体性と階級位置のあいだに必然的な重なり合いが存在すべきなのかについて、独立した説明が提供されなければならない。

ローザ・ルクセンブルクはそのような説明を提供していない――事実、彼女はその問題に気づいてさえいない――が、彼女の思想背景を見れば、彼女ならどのような説明になったかは明らかである。すなわち、資本主義的発展の客観的法則の必然的性質を肯定すること、これである。その客観的法則が中間層部門と農民とのプロレタリア化を進行させ、かくしてブルジョアジーとプロレタリアートの直接対決にいたるとされる。結果的に、自然発生主義の論理の革新的効果は、そのはじまりから厳しく制限されているように思われる。(8)

その効果がそれほど制限されている理由は、疑いなく、それがはたらく領域が極端に囲繞《いにょう》されているからである。しかしその第二の、そしてより重要な意味での理由は、自然発生主義の論理と必然性の論理が、ある歴史的状況を説明する別個の実定的な二つの論理として収斂することなく、その代わりに、その効果を互いに制限しあうことでしか相互に作用しあうことのない反定立の論理として機能するからである。それらが分岐する地点を注意深く検討しよう。自然発生主義の論理は、まさしくあらゆる字義の粉砕を通じてはたらくかぎり、象徴の論理である。必然性の論理は、字義的なものの論理である。つまり、それは固定化を通じてはたらき、その固定化はまさに必然的であるがゆえに、いかなる偶然的な変質も排除するような意味を確立する。しかしながらこの場合、その二つの論理の関係は境界を接する関係(a relation of frontiers)である。というのもそれは、どちらかの論理の方向へ拡がることはあっても、還元不可能な二元論を乗り越えることはけっしてないからである。そしてその二元論が分析にもち込まれることになる。

現実に、私たちはここである二重の空虚の出現を目撃している。必然性のカテゴリーから見れば、論理の二元性は決定可能なもの／決定不可能なものの対立と融合する。すなわち、それはただ必然性のカテゴリーのはたらきに対する制限を指し示している。しかし、同じことが自然発生主義の観点からも生じる。つまり「歴史的必然性」の場は、象徴的なもののはたらきに対する制限として現出するのである。〔それぞれの〕制限は事実としては〔相手に対する〕制限化である。効果のこうした制限化の特有性がすぐには見えないとしたら、その理由は、制限化を、それぞれ固有の妥当領域をもつ二つの異なる実定的な説明原理が合流したこととしてとらえてしまっていて、それぞれの原理の本来の姿をとらえていないからである。つまり二つの原理は、それぞれ相手の純粋な裏返しなのである。これが理解されないことによって、二元論がつくりだす二重の空虚は不可視になる。しかしながら、空虚を不可視にすることはそれを埋めることと同じではない。

この変化に富む二重の空虚を検討する前に、少しのあいだその空虚の内部に身を置き、そこで唯一可能なゲームを実行しても差し支えないだろう。そのゲームとは、当該の二つの対立しあう論理を分離している境を移動させる、というものである。歴史的必然性のほうの領域を拡げると、その結果は次のよく知られた二者択一である。つまり、資本主義はその必然的法則を通じてプロレタリア化と危機にいたるか、さもなければ、こうした必然的法則は期待通りには機能せず、そしてまさにルクセンブルク主義的言説にしたがって、さまざまな主体位置のあいだの分断は、資本主義国家の「人為的な産物」であることをやめ、永続的な現実性となる。それはあらゆる経済主義的・還元主義的な構想に内在しているゼロサムゲームである。これとは逆に、境界線を反対の方向へ、政治的主体の階級的本性《ネイチャー》がその必然的性質を失う地点にまで移動させると、私たちの眼前に現われる景色は想像上のものではまったくなくなる。そこにはたとえば、第三世界での社会的闘争における重層的決定の原初形態がある。そこでは政治的アイデンティティーの構築は、厳密な階級的境界線とほとんど関係しない。またたとえばファシズムの台頭がある。それは階級的節合の必然的性質という幻想を、残忍な仕方で追い払うであろう。また、先進資本主義諸国での新しい闘争形態がある。そこでは最近の数十年のあいだに、社会的・経済的構造のカテゴリーを横断する、新しい形式の政治的主体性が不断に出現するのが目撃されてきた。「ヘゲモニー」の概念はまさしく、分断の経験と、さまざまな闘争および主体位置の節合の非決定性とが支配的な文脈のなかで出現するだろう。ヘゲモニー概念は、「必然性」のカテゴリーが社会的なものの地平へと撤退したのをすでに目撃した政治的－言説的世界における、一つの社会主義的な答えを提供するだろう。二元論の増殖――自由意志／決定論、科学／倫理、個体／集合体、因果性／目的論――によって、本質主義的な一元論は危機に陥り、その危機と取り組む試みがいくつかなされている。そうした試みに直面して、ヘゲモニーの理論は、一元論／二元論の二者択一を可能にした地形を置き換え、そのうえにみずからの応答の土台を築くだろう。

ローザ・ルクセンブルクを離れる前に最後の要点を示しておきたい。「必然的法則」が彼女の言説の効果に加える制限化は、もう一つの重要な方向に向かっても機能している。それは、先進資本主義のなかに「実際に観察される諸傾向」から引き出すことのできる政治的結論を制限化することである。〔ローザ・ルクセンブルクにおいて〕理論は、分断と分散という実際に観察される傾向を知的に精緻化するのではなく、そうした傾向が一時的な性質のものであることを保証する役割を果たしている。ここに「理論」と「実践」の分裂があり、そしてそれは危機の明確な兆候である。この危機――マルクス主義的「正統派」の出現は、これへの一つの答えを代表するにすぎない――が私たちの分析の出発点となる。だが、危機へと入り込むことになるパラダイムを同定するためには、私たちはこの出発点に先立つ地点に身を置く必要がある。このために私たちは、例外的な明確さと体系性とをもったある文書を参照することができる。つまり、ドイツ社会民主党の実り豊かなマニフェストであるエルフルト綱領についてのカウツキーによる一八九二年の解説である。(9)

危機、零度

『階級闘争』〔その解説の英訳タイトル――注9参照〕は典型的なカウツキー的テクスト

であり、理論、歴史および戦略の不可分の統一性を提唱している。(10) もちろん、私たちの現在のパースペクティヴからすれば、それは極端に素朴で単純すぎるように思われる。だが、私たちはこの単純さのさまざまな次元を探究しなければならない。というのも、それによって私たちは、そのパラダイムの構造的特徴だけでなく、世紀の変わり目にそのパラダイムを危機へと導いた理由をも理解することができるからである。

　そのパラダイムが単純であるという第一の、そして文字どおりの意味は次のとおりである。カウツキーがきわめて明示的に提示しているのは、社会構造とその内部での敵対は次第に単純化するという理論である。資本主義社会が進展するにつれて財産と富は少数の企業へと次第に集中していき、そしてもっとも多様な社会層と職業部門は急速にプロレタリア化し、これは労働者階級の貧困化の進行と結合する。この貧困化と、その起源にある資本主義的発展の必然的法則が、労働者階級内部でさまざまな領域と機能が実際に自律化するのを妨げる。つまり、経済的闘争は控え目で不安定な成功しか収めることができないのであって、ここから党組織への労働組合の事実上の従属が帰結する。というのも、党組織だけが、政治権力の獲得を通じてプロレタリアートの立場を実質的に変更することができるからである。また、資本主義社会の構造的な諸契機ないし諸審級も、どんなかたちであれ相対的自律性をもたない。たとえば国家は、きわめて粗雑な道具主義の観点から〔階級支配の道具として〕提示される。かくして、カウツキー的パラダイムの単純さは、第一に、資本主義社会を構成する構造的諸差異の体系の単純化にある。

だが、カウツキー的パラダイムは第二の、あまり言及されることのない意味においても単純である。そしてこちらの意味は私たちの分析にとって決定的に重要である。ここでの要点は、そのパラダイムが当該の構造的諸差異の数を減じることではなく、差異のそれぞれに単一の意味を割り当てることによって差異を固定化することにある。その単一の意味は、一つの全体性の内部に占める精確な位置のことである。先の第一の意味においては、カウツキーの分析は単純に経済主義的で還元主義的であったが、もしこれだけが問題であるならば、矯正策としては、政治的なものとイデオロギー的なものの「相対的自律性」を導入して、社会的なものの地勢学の内部にある諸審級の多重化を通じて分析をより複雑にするだけで十分であろう。だが、〔この第二の意味においては、〕これら多重化された諸審級ないし構造的諸契機のそれぞれは、カウツキー的パラダイムの諸審級と同じく固定化された単数のアイデンティティーをもつことになるであろう。

この意味の単一性を例証するために、カウツキーが経済的闘争と政治的闘争の関係性をどのように説明しているかを検討しよう。

政治的闘争を経済的闘争と対立させようと試み、プロレタリアートはそのどちらかに関心を集中させるべきだと宣言する者が時折いた。しかし事実としては、その二つは分離しえない。経済的闘争は政治的諸権利を要求し、そしてそれらは天から降ってくるものではないだろう。それらを確保し維持するには、きわめて精力的な政治的闘争が必要なのである。政治的闘争は結局のところ経済的闘争である[11]。

ローザ・ルクセンブルクもまた二つのタイプの闘争の統一性を主張したが、しかし彼女ははじまりにある多様性から出発したのであり、そして統一性は統一化であった。つまり彼女においてその統一性は、固定化された先験的な節合を一切ともなわない個々の要素の重層的決定の結果であった。しかしながら、カウツキーにとっては統一性が出発点となる。すなわち、労働者階級は政治の場で経済的計算によって闘争するのである。一方の闘争から他方の闘争へ移ることが、純粋に論理的な移行によって可能となる。ローザ・ルクセンブルクの場合、それぞれの闘争は一つ以上の意味をもっていた――私たちがすでに見たように、各闘争は第二の象徴の次元で繰り返された。またその意味は固定化されなかった。というのもそれは、彼女の自然発生主義的パースペクティヴからすれば、いかなる先験的な決定も拒否する可変的な節合に依拠したからである（私たちがすでに示しておいた制限の範囲内ではあるが）。他方カウツキーは、あらゆる社会的敵対ないし要素の意味を、資本主義的生産様式の論理によってすでに固定化された特定の構造的位置へと還元することによって単純化した。『階級闘争』で提示された資本主義の歴史は、純粋な内部性の関係から成り立っている。私たちは労働者階級から資本主義者たちへと、経済的領域から政治的領域へと、マニュファクチュアから独占資本主義へと移ることができるが、そのとき、閉ざされたパラダイムの内的合理性と理解可能性からほんの一瞬でも離れる必要はない。資本主義は外的な社会的現実にはたらきかけるものとして私たちに提示されているのは疑いないが、しかし外的な社会的現実は資本主義と接触するや否や簡単に解体してしまう。資本主義は変化するが、しかしこの変化は資本主義の内生的傾向と矛盾の展開以外の何ものでもない。ここにおいて、必然性の論理は何ものによっても制限されない。これこそ、『階級闘争』を前－危機的なテクストにしている当のものである。

最後に、〔カウツキー的パラダイムの〕単純さは第三の次元にも存在する――この次元は理論それ自体の役割に関連する。この初期カウツキーのテクストをその前後のマルクス主義的伝統に属する他のテクストと比較すれば、それがかなり驚くべき特質を含んでいることが分かる。つまりカウツキーのテクストは、歴史の基底に隠れている意味を解き明かすための介入ではなく、誰もが見ることのできる透明な経験の体系化および一般化なのである。解読すべき社会的な象形文字などないのだから、労働者運動の理論と諸実践とのあいだには完璧な一致がある。階級の統一性の構成に関して、アダム・プシェヴォルスキはカウツキーのテクストの特異性をこう指摘している。マルクスは『哲学の貧困』のときから、労働者階級の経済的配置と政治的組織化との統一性を未完の過程として表示した――

これこそ「即自的階級」と「対自的階級」の区別が塞ごうとした隙間であった――のに対して、カウツキーはあたかも労働者階級がみずからの統一性の形成をすでに完成しているかのように主張する、と。

カウツキーはこう信じていたように思われる。一八九〇年までにはプロレタリアートの階級形成は既成事実となっており、それはすでに一つの階級として形成されており、未来でもそうありつづけるだろう、と。組織化されたプロレタリアートに残されているのはみずからの歴史的使命を遂行することのみであり、党はただその実現に参加することができるだけである(12)。

同様に、カウツキーがプロレタリア化と貧困化、資本主義の不可避的な危機、または社会主義の必然的な到来に言及するとき、彼は分析によってようやく明らかにされる潜在的な傾向についてではなく、最初の二つのケースでは経験的に観察される現実について、そして第三のケースでは短い過渡期について、語っているように見える。彼の言説において必然性は支配的カテゴリーである。この事実にもかかわらず、それは経験を越えた意味を保証するのではなく、経験それ自体を体系化するものとして機能している。

さて、こうした楽観主義と単純さの基底にある諸要素の組み合わせは、階級構成の普遍的過程の一部として提示《プレゼント》されているが、しかしそれはドイツ労働者階級の非常に特殊な歴史的形成の戴冠式をただ再現《リプレゼント》したにすぎない。第一に、ドイツ労働者階級の政治的自律性は二つの失敗の結果であった。つまり、ドイツ・ブルジョアジーが一八四九年以後、みずからをリベラル－民主的運動のヘゲモニー的勢力として打ち立てることができなかったという失敗と、労働者階級をビスマルク国家へと統合しようとするラッサール派のコーポラティズム的試みの失敗である。第二に、一八七三－九六年の大不況と、それにともない全社会層に影響を及ぼした経済不安が、資本主義の差し迫った崩壊とプロレタリア革命の到来についての一般的な楽観主義を育んだ。第三に、労働者階級の構造上の複雑さが低度のものであった。つまり労働組合はまだ生まれたばかりで、政治的にも財政的にも党に従属していた。また二十年間の不況という文脈においては、労働組合活動を通じた労働者の状況改善の見込みは極端に制限されているように見えた。一八九〇年に創立されたドイツ労働組合総務委員会は、みずからのヘゲモニーを労働者運動に対して何とか押し通すことができた。だがそれは、地方労働組合の抵抗力と社会民主党の全般的な懐疑主義のなかにあって、やっとのことであった(13)。

こうした状況下では、労働者階級の統一性と自律性、そして資本主義システムの崩壊は、ほとんど経験的事実のように見えた。これらが読解の尺度となって、カウツキー的言説は受けいれられるようになったのである。しかしながら、実際には、その状況はまったくもってドイツ的な――あるいはよくいっても、リベラルなブルジョアジーが脆弱であった、いくつかのヨーロッパ諸国に典型的な――ものであり、したがってそれは（イングランドのように）強靭なリベラルの伝統あるいは（フランスのように）民主的‐ジャコバン的伝統のある国における、または（合衆国のように）民族的・宗教的アイデンティティーが階級アイデンティティーよりも支配的な国における労働者階級形成の過程とは、たしかに一致していなかった。しかし、マルクス主義の聖典のなかでは、歴史は社会的敵対のさらなる単純化に向かって前進するものとされたので、ドイツ労働者運動がとった極端な孤立と対決の進路は、やがてパラダイムとしての威信を獲得することになり、他の国々の状況はそれに向かって収斂しなければならないとされ、また他国の状況はそのパラダイムの不十分な近似値にすぎないとされたのである(14)。

不況の終わりがこのパラダイムの危機のはじまりをもたらした。「組織化された資本主義」への移行と、続いて一九一四年まで持続したにわか景気のもとで、「資本主義の全般的危機」の見込みは不確実なものとなった。その新しい状況下で、労働組合の経済的闘争が成功を収めるようになり、その波に乗って労働者は、社会民主党内部でのみずからの組織力と影響力を確固たるものにすることが可能になった。しかしこの時点で、労働組合と党の政治的指導部とのあいだに恒常的な緊張が生じはじめ、それゆえ労働者階級の統一性と社会主義的規定性〔社会主義に向かうものとして規定されていること〕に次第に疑問の余地ができた。社会の全分野で諸領域の自律化が起こりつつあった——このことは、いかなるタイプの統一性も、不安定で複雑な再節合を通じてしか達成されえないことを含意した。この新しいパースペクティヴから、一八九二年のカウツキー的パラダイムの、一見したところ論理的で単純な一連のさまざまな構造的契機に、深刻な疑問符が投げかけられた。そして、理論と綱領の関係性は全体性を含意する性質のものだったので、政治的危機は理論的危機のなかで繰り返された。一八九八年、トマーシュ・マサリクは、すぐに人々のあいだに広まったある表現をつくりだした。それが「マルクス主義の危機」なのである。

　この危機は、世紀の変わり目から第一次世界大戦までのあいだになされた、すべてのマルクス主義の論争の背景となった。この危機は二つの基礎的な契機に支配されていたように思われる。一つは、社会的なものの不透明性という新しい自覚、つまり次第に組織化された資本主義は複雑なものとなり抵抗を強めているという新しい自覚である。もう一つは、古典的パラダイムにしたがえば統一されていなければならないはずの、さまざまな社会的行為者の占める位置の分断化である[15]。ラギャルデルへの手紙のある有名な一節のなかで、アントニオ・ラブリオーラは、修正主義論争がはじまったとき次のように述べた。

> 　実のところ、こうした論争の騒ぎの背後には、ある深刻で本質的な問題がある。つまり、数年前の熱烈な、生き生きとした、そして早熟な希望——細部と輪郭が精確すぎ

たあの期待――は、いまや、きわめて複雑な経済的諸関係の抵抗と、きわめて入り組んだ政治の世界の網目とに出くわしているところなのだ。(16)

これをたんなる過渡的な危機と見なすならば、それは誤りであろう。それどころか、マルクス主義はそのとき、ついに無邪気さを失ったのである。一連のパラダイム的カテゴリーが、次第に典型的ではなくなっていた状況の「構造的抑圧」のもとに置かれ、それに応じて、社会的関係をそうしたカテゴリーの内部にある構造的契機に還元することはいっそう困難となった。切れ目と不連続性が増殖し、そのことが、みずからを全面的に一元論的だと考えるような言説の統一性を打破しはじめた。そのときから、マルクス主義の問題は、そうした不連続性について思考し、そして同時に、散乱した異質の諸要素の統一性を再構成する形式を見つけることとなった。さまざまな構造的契機のあいだの移行は、当初の論理的な透明性を失った。そして、苦労して構築された偶然的な諸関係に付随する不透明性が明らかにされる。このパラダイムの危機への応答がそれぞれどのような特有性をもつかは、この関係的契機をどのように構想するか、その仕方にかかっている――この関係的契機は、その本性《ネイチャー》が見えなくなればなるほど重要になってくるのだから。これこそ、私たちがいまや分析しなければならないものである。

危機への第一の応答――マルクス主義的正統派の形成

カウツキーとプレハーノフにおいて構成されているマルクス主義的正統派は、古典的マルクス主義の単純な継続ではない。それはある非常に特殊な曲折をともなっている。その特徴は、理論に割り当てられた新しい役割にある。その新しい理論は、実際に観察される歴史的傾向をただそのまま体系化する――一八九二年のカウツキーのテクストにおけるように――のではなく、そうした傾向がマルクス主義的パラダイムによって提案されるタイプの社会的節合と最終的に一致することを保証する役割を担う。言い換えれば、正統派は、マルクス主義的理論と社会民主党の政治的実践とのあいだに増大する乖離を土台にして構成されている。この乖離を乗り越えるための地形を提供するのが、マルクス主義的「科学」によって保証された下部構造の運動法則である。下部構造の運動法則は、〔理論と実践の乖離という〕実際の傾向が過渡的なものにすぎず、未来において労働者階級が革命によって再構成されることを確約してくれるのである。

これに関連して、党と組合の関係性に関するカウツキーの立場を検討しよう。それは労働組合運動の理論家たちとの論争のなかに現われている。[17] カウツキーは、ドイツ労働者階級の内部にある分断化への強い傾向を完璧に自覚している。たとえば、労働貴族制の台頭。組合員労働者と非組合員労働者との対立。異なる賃金部門のあいだでの利害対立。労働者階級を分裂させようとするブルジョアジーの意識的な政策。教会ポピュリズムに服従している大量のカトリック系労働者の存在（その教会ポピュリズムが彼らを社会民主党から引き離す）など。またカウツキーは、直接的な物質的利益が優勢になればなるほど分断化への傾向が強まり、このゆえに、純粋な労働組合活動が労働者階級の統一性も社会主義的規定性（社会主義に向かうものとして規定されていること）も保証しえない事実を意識している[18]。労働者階級の統一性や社会主義的規定性が確固としたものになるのは、唯一、労働者階級の直接的な物質的利益が、社会主義の終局目的（Endziel）に従属する場合だけである。そしてこのことは、政治的闘争への経済的闘争の従属、かくして党への労働組合の従属を前提する[19]。しかし、党がこの全体化の審級を代表しうるのは、あくまでそれが知の番人、すなわちマルクス主義理論の番人であるかぎりにおいてである。労働者階級が社会主義的方向性にしたがっていないという明白な事実――イングランドの労働組合はこれについての知れ渡った事例であった――から、カウツキーは知識人の新しい特権的役割を肯定した。これはレーニンの『何をなすべきか』にきわめて重要な影響を与えることになった。〔もちろんカウツキーにおいて〕そのような知的媒介の効果は制限されている。というのも、スピノザ主義的な公式にしたがえば、その唯一の自由はそれが必然性の意識であることにこそあるからだ。しかしながら、知的媒介にともなって、一元論的に構想された必然性の連鎖に単純には差し戻すことのできないような節合体が出現することになる。

階級的アイデンティティーのなかに開いた裂け目、つまり労働者の多様な主体位置間の分離の進行を克服しえたのは、唯一、マルクス主義的科学がその到来を保証する、未来における経済的土台の移動であった。したがって、すべてはこの科学の予測能力とそうした予測の必然的性質とにかかっている。「必然性」のカテゴリーが肯定されるとき、次第に毒性を放つのは偶然ではない。「必然性」がどのように第二インターナショナルによって理解されたかはよく知られている。つまり、マルクス主義とダーウィン主義の結合に基づく自然の必然性として理解されたのである。ダーウィン主義の影響はしばしば、俗流マルクス主義におけるヘーゲル弁証法の代用として示されてきたが、しかし真実は、正統派の構想においてヘーゲル主義とダーウィン主義が結合して、戦略上の諸要件を満たす能力をもつ混成物を形成したのであった。ダーウィン主義だけでは「未来への保証」は提供されない。というのも、自然淘汰は、はじまりからあらかじめ決定されているような方向にははたらかないからである。[20] ヘーゲル的なタイプの目的論がダーウィン主義に加えられてはじめて——それらはまったく両立しえないのだが——、進化の過程は未来における移行を保証するものとして示されうるのである。

このような階級の統一性の構想、つまり不可避的な法則のはたらきによって保証された未来での統一性という構想は、数多くの水準で効果をもった。第一に、多様な主体位置のあいだでなされる節合の類型に対して。第二に、パラダイムには同化されえない諸差異を扱う仕方に対して。そして第三に、歴史的出来事の分析のための戦略に対して。第一の点に関しては、革命主体がみずからの階級的アイデンティティーを生産諸関係の水準で確立するならば、[21]それが他の水準〔政治の水準〕で存在する場合でも、それは外部性において存在するにすぎず、したがってその階級的アイデンティティーは「利益の代表」という形式をとらざるをえない。行為者のアイデンティティーは、「利益」の形式のもとで構想されると、政治とは別の水準で確立されることになる。もし政治が、そのようなアイデンティティーを有する行為者間の闘争の地形にすぎないならば、政治の地形は上部構造となるほかない。この本質的アイデンティティーはこのようにして一挙に、労働者階級が参与するさまざまな政治的・イデオロギー的代表に関係する不変の事実として、固定化された。[22]

　第二に、この還元主義的な問題構成は、固有のカテゴリーには同化されえない諸差異を扱うために、二つのタイプの推論を用いた――それらを私たちは現象からの立論と偶然性からの立論と呼ぶことにしよう。現象からの立論とは、差異として現われるものがすべて同一性《アイデンティティー》へと還元されうるということである。これは二つの形式をとりうる。一つは、現象は隠蔽の術策にすぎないというものであり、もう一つは、現象は本質が顕現する必然的な形式だというものである。(第一の形式の事例「ナショナリズムはブルジョアジーの利益を隠すスクリーンである」。第二の形式の事例「自由主義国家は資本主義の必然的な政治的形式である」。) 偶然性からの立論とはこうである。つまり、ある社会的カテゴリーないし部門が社会の中枢的アイデンティティーには還元されえないとしても、そのことは、そのカテゴリーないし部門が歴史的発展の基本線に対してまさに周辺的であることを意味しているがゆえに、私たちはそれを有意的でないものとして切り捨てることができる、というものである。（たとえば、「資本主義は中間階級と農民とのプロレタリア化にいたるがゆえに、私たちは中間階級と農民とを無視してブルジョアジーとプロレタリアートの抗争に私たちの戦略を集中することができる」。）かくして、偶然性からの立論においては、アイデンティティーは通時的な全体性のなかで再発見される。つまり、歴史の段階の不可避的な流れのなかで、現在の社会的現実は、社会の成熟段階に応じて、必然的な現象か偶然的な現象のどちらかに分類されるのである。それゆえ歴史は、抽象的なものの具体化の継起である。歴史は、その過程の意味と方向性の両者として現われるパラダイム的純粋性への接近である。

　最後に、正統派パラダイムは、現在の出来事を分析するとき、再認の戦略を要請する。マルクス主義が不可避的な歴史の進路をその本質的規定において知っていると主張するかぎり、実際の出来事を理解することは、それを、先験的に固定化されている時間的継起における一契機として同定することを意味しうるにすぎない。ここから次のような議論がでてくる。x年にy国で起こった革命は、真のブルジョア的-民主的革命であるのか。あるいは、社会主義への移行は、あれこれの国でどんな形式をとるべきなのか。

　以上で分析した三つの効果の分野はある共通の特徴を示している。つまり、具体的なものが抽象的なものへと還元されている。〔第一に〕多様な主体位置は、単一の位置へと還元される。〔第二に〕差異の多元性は、偶然的なものとして還元もしくは拒絶される。〔そして第三に〕現在の意味は、それが歴史の先験的な段階的流れのなかに占める場所を通じて明らかにされる。具体的なものが、まさにこのような仕方で抽象的なものへと還元されるがゆえに、歴史、社会および社会的行為者は、正統派にとって、それらを統一化する原理としてはたらく一つの本質をもつのである。そしてこの本質は直接目には見えないので、社会の表面あるいは現象と、その基底にある現実性とを区別することが必要となる。あらゆる具体的存在の究極的な意味は、それにかかわる媒介の体系がどんなに複雑であろうと、その基底にある現実性に必然的に帰せられねばならない。

資本主義の進路についてのこうしたヴィジョンから、どのような戦略的構想が導き出されえたかは明らかである。この戦略の主体はもちろん労働者党である。カウツキーは「人民の党」という修正主義的な考えを激しく拒絶した。なぜなら、彼の見解では、そうした考えは労働者党の内部に他の階級利益を転移させ、その結果として労働運動は革命的性質を喪失してしまうからである。彼の立場はいっさいの妥協や同盟の拒絶を基盤とする。しかしながら、そのようにラディカルなものと想定された彼の立場は、基本的には保守的な戦略の要諦となった[23]。彼のラディカリズムは、政治的イニシアティヴを必要としないような過程に依拠していたので、静観主義と待機にいたるほかはなかったのである。プロパガンダと組織化が党の二つの――事実上は唯一の――課題であった。プロパガンダは、〔労働者階級以外の〕新しい部門を社会主義的大義に引き寄せることによって、より広汎な「人民の意志」を創造することにではなく、とりわけ労働者階級のアイデンティティーを補強することに連動していた。組織化についていえば、その拡大にともなったのは、数多くの戦線への大規模な政治参加ではなく、労働者階級が自己中心的で隔離された生活を送るゲットーの構築であった。こうした漸進的な運動の制度化によく適合したのは、次のようなパースペクティヴであった。つまり、資本主義システムの最終的危機はブルジョアジーが墓穴を掘ることによって到来し、労働者階級は適切な瞬間に介入するためにただ準備さえしていればよい、というものである。一八八一年以降、カウツキーはこう述べている。「われわれの課題は革命を組織化することではなく、革命のためにわれわれを組織化することである。革命を行なうのではなく、それを利用することである[24]」。

明らかに、カウツキーにとって同盟は基本的な戦略原則を代表するものではなかった。具体的状況では、さまざまな同盟が経験的戦術の水準で可能であったが、しかし長期的には、ちょうど革命が純粋にプロレタリア的な性質をもつように、労働者階級は反資本主義闘争において孤立した位置にいるものとされた。労働者階級以外の諸部門における内的矛盾についてのカウツキーの分析は、まさにそうした諸部門と長期的な民主的・反資本主義的同盟を確立することの不可能性を論証する。農民のケースでは、彼はそれが脱統合的な部門であり、したがってその利益を労働者階級が守るのは経済成長の一般的傾向と対立する反動的政策であることを証明しようと試みる。同様に、帝国主義についてのカウツキーの分析では、中間諸階級は次第に金融資本と軍国主義とのイデオロギー的支配下に統一される。特徴的なことに、カウツキーは次のことを一瞬たりとも自覚していない。この〔帝国資本主義による中間階層の〕政治的・イデオロギー的掌握は、労働者の孤立を危険なまでに際立たせるのであって、だから実際には労働者階級は、資本の攻撃に直面したときに反撃をもって応戦し、これらの中間諸部門を反資本主義的大義へと引き入れるべきなのである。この思考路線が閉ざされている理由は、彼の分析において中間部門が次第に反動的になることは客観的で不可変の過程に対応しているからである。同じ理由から、労働者の孤立は社会主義にとって脅威ではない。なぜなら社会主義は、長期的にはすべてのブルジョア的陰謀の無力さを証明してくれる、歴史的所与の法則によって保証されているからである。

カウツキーがどのようにプロレタリア闘争を構想したかの好例を、彼の「消耗戦」の概念に見出すことができる。これは特殊な戦術にではなく、一八六〇年代以降に労働者階級が企てた政治行動の全体性に関連している。消耗戦には三つの側面が含まれている。(1)あらかじめ構成された労働者階級のアイデンティティー。これは、対立相手の権力を次第に掘り崩すが、みずからは闘争が進行するなかで重大な変更を被ることはない。(2)同様にあらかじめ構成されたブルジョアジーのアイデンティティー。これは、その支配能力の増減はあるものの、どんな状況下でもそれ自身の本性《ネイチャー》を変えることはない。(3)あらかじめ固定化された発展傾向——もう一度いえば「不可避的な法則」。これは、消耗戦への指向性を与えてくれる。この戦略は、これまでグラムシの「陣地戦」にたとえられてきたが、(25)しかし現実にはこの二つは全面的に異なる。陣地戦はヘゲモニーの概念を前提するのだが、私たちがこれから見るように、ヘゲモニーの概念は、あらかじめ決定された直線的な発展という考えとは両立不可能であり、そしてとりわけ、あらかじめ構成されるようなカウツキー的主体とは両立不可能である。

正統派マルクス主義によって理論に割り当てられた役割は、私たちをある逆説に直面させる。一方において、階級の「現在の意識」と「歴史的使命」とのあいだに拡がるギャップが政治的介入を通じて外部から架橋されるほかなくなるのにしたがって、理論の役割は増大する。他方において、その政治的介入を支える理論は必然的で機械的な決定の意識として提示されているので、歴史的勢力の構成が理論的媒介にいっそう依存するようになるにつれて、理論的分析はますます決定論的で経済主義的なものになる。このことはカウツキーよりもプレハーノフにおいてはるかに顕著である。ロシアでの資本主義的発展の初期段階はブルジョア的文明を創出できず、その結果、ロシアの現実がもつ意味は、西欧の資本主義的発展との比較を通じてのみ解明されえた。それゆえロシアのマルクス主義者たちにとって、自分たちの国の社会現象は、彼らだけでは読解不可能な、そして資本主義的西欧でのみ完全かつ明示的に読解可能なテクストの象徴となった。このことは、理論は西欧よりもロシアにおいて比較を絶するほど重要であることを意味した。つまり、「必然的な歴史法則」が普遍的に妥当するわけではないのなら、ストライキ、デモンストレーション、蓄積過程といった束の間の現実は溶けてなくなるおそれがあったのである。グリエルモ・フェレーロ(26)のような改良主義者は、マルクス主義は首尾一貫した同質的な理論の場を構成するという正統派の主張について、皮肉をいうようになった。結局、教義が折衷的で不規則なものであるなら、これがプロレタリア的制度の集合体によって是認された社会的実践の物質性に影響を及ぼすことはほとんどなかった——その実践は、修正主義論争のなかで、理論との固有な関係、つまり外部性の関係を確立しはじめたのである。しかしながら、これはプレハーノフの立場にはなりえなかった。というのも、彼が直面した現象は、精確な方向性を自然発生的に示すことなどなく、その現象の意味は、その現象が解釈システム内部でどう配置されるかに依拠していたからである。社会的なものの意味が理論的定式化に依存すればするほど、正統派を擁護することはいっそう政治的な問題になっていった。

こうした要点を心に留めておけば、マルクス主義的正統派の原理が、カウツキーよりもプレハーノフにおいてはるかに硬直的な定式化を与えられたことは驚くに値しない。たとえば、周知のとおり彼は「弁証法的唯物論」という用語をつくりだした。しかし、彼はまた、土台と上部構造の分離につながるラディカルな自然主義にも責任があった。その分離は非常に厳密だったので、後者は前者の必然的表現の組み合わせ以上のものではないと考えられた。そのうえ、プレハーノフの経済的土台の概念は、社会的勢力の介入をまったく考慮していない。つまり、経済の過程は生産力によって完全に決定され、しかもその生産力はテクノロジーとして構想されるのである[27]。この硬直的な決定によって、彼は社会を次のような諸審級の厳密なヒエラルキーとして提示することができる。なお、それらの諸審級の効力はここに並べた順に低下する。「一、生産力の状態。二、生産力が条件づける経済的関係。三、所与の経済的「土台」のうえで発展した社会的 - 政治的システム。四、社会的人間のメンタリティー。これは、一部は現行の経済的条件によって決定され、一部はそうした土台のうえに現われた社会的 - 政治的システム全体によって決定される。五、そうしたメンタリティーの諸特性を反映するさまざまなイデオロギー[28]」。『社会主義と政治的闘争』と『われわれのあいだでの相違点』でプレハーノフは、これまた硬直的な歴史の段階的流れを定式化し、ロシアでの革命過程はその流れを通過しなければならないとしたので、「不均等で複合的な発展」はすべて戦略の場から排除された。初期ロシア・マルクス主義の分析——ピョートル・ストルーヴェの「合法的マルクス主義」から、中枢的契機としてのプレハーノフを経て、レーニンの『ロシアにおける資本主義の発展』にいたる——は、特殊な事柄の研究を抹消する傾向にあり、特殊な事柄を本質的現実性の外見的ないし偶然的な形式にすぎないものとして表象した。その本質的現実性とは、あらゆる社会が通過しなければならない、資本主義の抽象的発展である。

さて、正統派に関する最後の観察を行なおう。私たちがこれまで見てきたように、理論はこう主張した。終局目的と目下の政治的実践とのあいだに増大する乖離は、対立物の一致（*coincidentia oppositorum*）としてはたらく、どこか未来の瞬間に解消されるだろう、と。しかしながら、この再構成の実践を全面的に未来に委ねることはできず、したがって分断化への傾向に対抗する闘争を、ともかくも現在において遂行しなければならなかった。しかし、この闘争は、そのときに資本主義の法則から自然発生的に帰結したのではないような節合をともなったので、機械的決定論とは異なる社会的な論理――すなわち、政治的イニシアティヴの自律性を再興するような空間――を導入することが必要となった。この空間は、ごく狭いものではあるがカウツキーのなかにも存在している。つまりその空間は、知識人の政治的媒介を必要とする、労働者階級と社会主義とのあいだの外部性の関係も含むのである。ここには、「客観的な」歴史的決定によっては単純に説明することのできないような結節（link）がある。この空間が、カウツキーの場合と比べて次のような諸潮流において広くなるのは必然的であった。その諸潮流とは、日々の実践と終局目的との分裂を乗り越えるために、静観主義と決別して目下の政治的効果を達成しようと懸命に努力した諸潮流のことである。[29] ローザ・ルクセンブルクの自然発生主義、より一般的にいえば新左翼（*Neue Linke*）の政治的戦略がこのことを証明している。正統派内部でもっとも創造的な潮流も、「必然性の論理」の効果を制限しようと試みたが、その不可避的な所産として、その潮流はみずからの言説を永続的な二元論のなかに位置づけた。それは、政治的実践の観点からすればますます少ない効果しかもたらさない「必然性の論理」と、みずからの特有性を規定しないので自己自身を理論化できない「偶然性の論理」との二元論である。

このように部分的に「ゲームを開始する」試みがもたらした二元論の二つの事例を挙げよう。第一の事例は、ラブリオーラにおける形態学的予測の概念である。彼は次のように述べた。

> 歴史的予見は……（『共産党宣言』においては）何らかの社会形態の年代記や予想図を含意しない。そしてこのことは依然として事実である。そういったものは新旧の黙示録や預言書に典型的なものであったし、いまでもそうである。……批判的共産主義の理論では、社会全体が自分自身で、その過程のある瞬間に、その不可避的な道程の理由を発見し、そしてその道程が描く曲線のなかの突出点で、自分自身に光を当ててその運動法則を明らかにするのである。『宣言』がはじめて示唆する予測は、年代記的な、つまり期待とか約束といった類いのものではなかった。それは形態学的なもの

であった。この言葉こそ、私の意見ではすべてを簡潔に表現してくれるのだ。[30]

ラブリオーラはここで、二つの部分からなる戦いを遂行している。第一はマルクス主義に批判的な諸潮流――クローチェ、ジェンティーレ――に対抗するものであった。[31]彼らは、出来事の非体系的性質を歴史の予測不可能性の基礎とし、統一的秩序を歴史家の意識にしか認めなかった。それに対してラブリオーラの側は、歴史法則の客観的性質を強調した。しかしながら、それは形態学的なものであった――つまり、その妥当性領域はいくつかの基本的傾向に限られていた。次にラブリオーラの第二の戦いは、歴史的生の表面に直接読み取れる事実へと一般的傾向を転化する教条主義に対抗するものであった。いまや明らかなのは、この二つの部分からなる戦いが遂行された仕方が、ある二元論を持ち込まざるをえなかったことである。それはラブリオーラにおいては、物語としての歴史的発展と形態学としての歴史的発展との対置となってあらわれた。より一般的にいえば、それはエンゲルスの弁証法的パラダイムの歴史説明能力が低下することにあらわれた。[32]そのうえ、この二元性は私たちがローザ・ルクセンブルクに見出したのと同じ二重の空虚を提示する。というのも、「物語」の要素が「形態学」の要素に対置されるとき、それは固有の内的必然性をもった何か実定的なものではなく、形態学的必然性の偶然的な裏返しにすぎないからである。バダローニによれば、出来事の現実的発展は（ラブリオーラにとって）入り組んだ予見しえない変転をもたらす。しかしながら、重要なのは、こうした変転の理解が遺伝子仮説（階級的矛盾とその漸進的単純化）の内部で生じるということである。かくして、プロレタリアートは、ある非決定的な歴史的時間のなかではなく、ブルジョア的な社会形成体の危機によって運命づけられているような特定の歴史的時間のなかにいる。(33)

言い換えれば、「形態学的必然性」は、みずからに固有の領土だけでなく、みずからが自身から除外するもの——偶然性——をも含むような理論的-言説的地形を構成するのである。だから、もし「出来事」の集合体が「偶然的な」ものとして概念化されるとしても、それはただ次の意味においてでしかない。つまり、その出来事には、それと対立する形態学的傾向の属性がいくつか欠けているにすぎないのである。しかしながら、社会的生活はマルクス主義的言説の形態学的カテゴリーよりもはるかに複雑である——そしてこの複雑さがラブリオーラの出発点であったのだが——ので、そこから帰結するのは、唯一、理論は具体的な社会的過程の理解にとって次第に非有意的な道具とならざるをえないということだ。

こうした完全な不可知論に陥ることを回避するためには、別の説明カテゴリーをどこかで導入することが必要となる。ラブリオーラ自身がこれを行なっている。たとえば、彼の具体的な分析においては、多様な社会的カテゴリーの「偶然性」が単純に概念化されてはおらず、それぞれが何らかの固有の必然性ないし合法則性をそなえている。こうした「事実上の」諸々の構造的複合体と、形態学的予測の対象となる諸構造との関係性はどのようなものとなるのか。第一に考えられる解答は、「弁証法的」なものであろう。つまり、複雑さを媒介の体系として構想する一元論的パースペクティヴの維持である[34]。しかしながら、ラブリオーラはこの解答を採用できなかった。なぜなら、もし採用していたならば、彼は必然性の効果を歴史的生の表面にまで拡張せざるをえなかったであろうからである――歴史的生の表面こそ、彼が必然性の効果を寄せつけたくなかった領域であった。しかし、弁証法的解答が拒絶されれば、形態学的分析から、諸々の部分的全体性（partial totalities）に固有の合法則性へと、論理的に移動することはできない。それゆえ、その移行は外的性質をとる――すなわち、こうした〔諸々の部分的全体性の〕合法性を概念化することは、マルクス主義理論にとって外的なものなのである。この場合、マルクス主義理論は、プレハーノフが提示したような、そして閉ざされたモデルの内部でのみ考えられるような、「完全で調和的な世界体系」ではありえない。必然性／偶然性の二元論は、構造的合法性の多元論へと道を譲る。そこでは、諸々の構造的合法性のそれぞれの内的論理と相互の関係は、未決定的なものとなる。

　このことは、オーストリア・マルクス主義を検討すれば、いっそう明確に見ることができる。オーストリア・マルクス主義は「開かれた正統派」の第二の事例である。ここには、ラブリオーラよりもラディカルで体系的な努力、つまり出発点を多様化し、理論的カテゴリーを多重化し、そして社会の諸領域をそれぞれに固有の諸規定において自律化しようとする努力が見出せる。オットー・バウアーは、マックス・アドラーへの追悼文のなかで次のような観点からオーストリア学派のはじまりに言及した。

マルクスとエンゲルスはヘーゲルから、そしてその後のマルクス主義者たちは唯物論から出発したのに対して、最近の「オーストリア・マルクス主義者たち」はカントとマッハを出発点にした(35)。

オーストリア・マルクス主義者たちは、〔オーストリア＝ハンガリー〕二重君主国における労働者階級の統一性に対する障害を意識しており、そのような統一性は不断の政治的イニシアティヴに依存するという事実を意識していた。それゆえ彼らは、自分たちとは異なるレーニン主義的伝統のパースペクティヴから「不均等で複合的な発展」と呼ばれたものを、よく理解した。

オーストリア＝ハンガリー君主国には、トルコを含めたヨーロッパに見出せるすべての経済形態の事例がある。……社会主義的プロパガンダの光は、こうしたばらばらの経済的・政治的条件のなかにあって、あらゆるところで輝く。これは実に多様な図を創出する。……第二インターナショナルでは年代順に発展するとされるもの——職人、日雇い労働者、マニュファクチャー労働者、工場労働者、そして農業労働者からなる社会主義は、運動の政治的側面、社会的側面、知的側面のどれがある瞬間に支配的であるかに応じて変化する——が、オーストリアでは同時代に発生する。(36)

この社会的状況と民族的状況のモザイクのなかでは、民族的アイデンティティーを「上部構造」と考えたり、階級の統一性を下部構造の必然的帰結と考えたりすることは不可能であった。事実、そのような統一性は複雑な政治的構築に依存していた。オットー・バウアーの言葉を借りれば、「統一性を維持するのは知的な勢力である。……『オーストリア・マルクス主義』は今日、統一性の産物でありかつ統一性の維持のための勢力として、労働者運動の統一性のイデオロギーにほかならない(37)」。

かくして、階級の統一性という契機は政治的な契機となる。私たちが社会の関係的形態あるいは節合形式と呼べるかもしれないものを構成する中心は、上部構造の場へと置換され、したがって経済的土台と上部構造の区別自体がぼやけて問題含みのものとなる。オーストリア・マルクス主義の理論的介入の三つの主要なタイプが、この新しい戦略的パースペクティヴに緊密に結びついている。一つ目は、「歴史的必然性」の妥当性領域を制限しようと試みること。二つ目は、成熟した資本主義に特徴的であった社会的なものの複雑性を基盤とした、新しい闘争の戦線を示唆すること。三つ目は、階級以外の主体位置の特有性を非還元的な仕方で思考しようと努力すること。

第一の介入のタイプは主として、マックス・アドラーの哲学的再定式化と彼特有の新カント主義とに結びついている。マルクス主義のカント的再考は、数多くの解放的効果を生みだした。まずそれは、社会主義の聴衆を拡大し、社会主義の要請の正しさが、階級の境界を越えた普遍性の観点から提起されうるほどにまでなった。またそれは、社会的関係の自然主義的構想と決別し、「社会的先験性」のような概念を練り上げることで、厳密に言説的な要素を社会的客観性の構成へと導入した。そして最後に、それによってマルクス主義者は、上部構造を、生産力の自然主義的運動にではなく意識形態に依存して造成される地形として構想することができるようになった。第二の介入のタイプもまた、土台／上部構造の区別を問いに付した。たとえばバウアーは、カウツキーの『権力への道』に関する議論のなかで[38]、独占と帝国主義の局面においては政治的、技術的‐組織的、および科学的な転換が次第に産業機構の一部を占めるようになることから、経済を内生的な論理の支配する同質的な場として構想することがいかに誤っているかを示そうとした。彼の見解では、競争の法則は以前は自然的力として機能していたとしても、いまでは人間の精神を通過しなければならない。ここから、国家と経済の連結が進行しつつあることが強調されることになる。これは一九二〇年代に「組織化された資本主義」についての論争につながった。資本主義の新しい形態が生みだした決裂と敵対の地点についても、見解の変化が生じた。つまり、いまやそれは生産関係だけでなく、数多くの社会的・政治的構造の領域にも存在していたのである。ここからまた、日々の闘争（*revolutionäre Kleinarbeit*）の分散が新たに重要なものとみなされるようになった。ここには進化論や改良主義の構想はなかった。[39] そして、政治的節合の契機が新鮮な意義を獲得することになった。（このことは、なかでも、党と知識人との関係性を提示する新しい仕方に反映されている。[40]）最後に、〔第三の介入のタイプである〕新しい主体位置と、それにともなう階級還元主義との決別とに関しては、バウアーの民族問題についての仕事と、レンナーの法制度に関する仕事に言及すれば十分である。

オーストリア・マルクス主義の理論的‐戦略的介入の一般的パターンは、いまや明確となったはずである。すなわち、自律的な政治的介入の実践的効力が拡がるのに応じて、「歴史的必然性」の言説が有意性を失い社会的なものの地平へと撤退する、というものである（これはちょうど、理神論的言説において、世界における神の存在の効果が劇的に減少するのと同じである）。これによって今度は、空虚なまま放置されている地形を占拠するために、新しい言説形式の増殖が必要となる。しかしながら、オーストリア・マルクス主義者たちは、二元論と決別して「形態学的」必然性の契機を排除するまでにはいたらなかった。世紀末のマルクス主義の理論的‐政治的世界において、この決定的な一歩を踏み出したのはソレルだけであった。そのとき彼は「混合・寄せ集め（mélange）」と「ブロック（bloc）」を対比した。私たちはこれについてまた後で戻りたい。

危機への第二の応答——修正主義

「マルクス主義の危機」への正統派の応答は、「理論」と「実際に観察される資本主義の諸傾向」との乖離を克服しようとしたとき、あくまで前者は妥当し、後者は人為的なものか過渡的なものにすぎない、と言い張ることで克服しようとした。かくして、修正主義の応答は、正統派と対称的な対立をなすものであったと結論づけるとすれば、それは非常に単純に見えるであろう。というのも、とくにベルンシュタイン自身が多くの機会に、エルフルト大会以降に実現されてきたドイツ社会民主党の綱領と実践について自分は意見を異にするわけではないと主張し、みずからの介入の唯一の目的は、理論を具体的な運動実践に適合させる現代化（*aggiornamento*）を実現することだと主張したからである。それにもかかわらず、この結論で終わってしまうならば、ベルンシュタインの介入の重要な次元は曖昧になってしまうだろう。とくに、改良主義と修正主義を同一化するという誤りに陥ってしまうだろう[41]。ドイツ社会民主党内の改良主義政策の真の代弁者であった労働組合指導者たちは、ベルンシュタインの理論的命題にほとんど関心を示さず、その後の論争でも徹底して中立でありつづけた——正統派を公に支持することもなかったが[42]。そのうえ、大衆ストライキと戦争への態度[43]についての決定的に重要な政治的論争でのベルンシュタインの立場は、労働組合および党の改良主義的指導者たちの立場と異なっていただけでなく、それと徹底して対立していた。かくして、改良主義と修正主義との精確な差異を同定しようと試みるとき、私たちは次のことを強調しなければならない。改良主義的実践において本質的なものは、政治的静観主義と、労働者階級のコーポラティズム的監禁である。改良主義的指導者は、階級の獲得物と直接的利益を守ろうと試みるのだが、その結果として彼は、階級を隔離されたセクターとして、完璧に定義されたアイデンティティーと制限とをそなえたセクターとして考える傾向にある。しかし、これを行なうためにわざわざ「修正主義的」理論など必要ない。それどころか、「革命的」理論のほうが——多くのケースで——改良主義と同じ役割を十分に果たすことができる。というのもそれは、労働者階級を孤立させ、現行の権力構造への批判を不確定の未来に委ねるからである。私たちはすでにカウツキー的革命主義の保守的性質に言及したはずである。改良主義は、修正主義／正統派という二者択一のうちのどちら側にも同一化せず、その二つを横断するのである。

それゆえに、修正主義の理論家たちと正統派の理論家たちとの対決の基礎をなす争点は、改良主義の問題ではなかった。それはまた、資本主義から社会主義への移行は平和的なのか暴力的なのかという問題でもなかった――これについて「正統派」は明確な全員一致の立場をもたなかった。主要な分岐点は、正統派が、資本主義の新しい段階に特徴的な分断と分裂は下部構造での変化を通じて乗り越えられるだろうと考察したのに対して、修正主義は、この乗り越えは自律的な政治的介入を通じて達成すべきであると考えたことである。経済的土台からの政治的なものの自律性が、ベルンシュタインの立論の真の新しさなのである。事実、すでに指摘されているように、[44] 古典的マルクス主義理論に対するベルンシュタインの各批判の背後には、個別の領域で政治的イニシアティヴを回復する試みがあった。修正主義は、その最善の瞬間に、労働者階級のコーポラティズム的孤立との決別への現実的努力を代表したのである。しかしながら、これもまた真実なのだが、政治的なものは、ちょうど自律的な審級として出現しつつあるときに、大分それとは反対の「改良主義的」実践を認証するのにも用いられた。これこそ私たちが説明しようと努めねばならない逆説である。そのために私たちは、ベルンシュタインによる経済主義との決裂におけるいくつかの制限化に眼を向ける必要がある。その制限化は、グラムシにおいてのみ徹底的に乗り越えられることになる。政治的なものの自律性とその限界。私たちはこの二つの契機が〔ベルンシュタインにおいて〕どのように構造化されているのかを検討しなければならない。

次の点を認識することが重要である。ベルンシュタインは正統派のいかなる代表者よりも明確に、独占時期に突入した資本主義における変化を理解していた。彼の分析はこの意味で、当時の正統派の理論作業よりも、ヒルファーディングやレーニンのような人の問題構成のほうに近かった[45]。ベルンシュタインはまた、独占期での資本主義の再編成がもたらす政治的帰結を把握していた。三つの主要な変化――企業の集中と財産の集中との非対称性、中間層の持続と成長、危機防止において経済計画が果たす役割――は、社会民主党がこれまで基礎にしてきた想定全体の変化をともなうほかはなかった。経済の発展が中間階級と農民をプロレタリア化し、社会の分極化を推し進めている、というのは事実ではなかった。さらにまた、深刻な経済的危機の結果として革命が勃発し、そこから社会主義への移行が帰結することが期待される、というのも事実ではなかった。そのような状況下では、社会主義はその地形と戦略を変えねばならず、その鍵となる理論的契機は、土台／上部構造の硬直的な区別との決別であった。この土台／上部構造の区別こそ、それまで政治的なものの自律性という構想をすべて妨げてきたものである。修正主義の分析において、分断化を再構成して乗り越える契機は、いまやこの政治的なものの審級に転移した。

科学、芸術、そして一連の社会的関係の全体は、今日では以前よりもはるかに、経済に依存しなくなっている。あるいは、誤解の余地がないようにいえば、今日の経済発展の到達点は、イデオロギー的要素、とくに倫理的要素に、以前よりも大きな独立した活動の余地を与えている。この結果として、技術的・経済的発展とその他の社会的傾向との因果的な相互依存性は、絶えずますます間接的なものになっており、そしてここから、前者の必然性は、後者のかたちを指令する力の多くを失いつつある。(46)

このように政治的なものの自律化は、経済的土台の指令と対立する。この政治的なものの自律化によってのみ、政治的なものは、そのまま放っておいたら分断化にいたるほかない下部構造の傾向に対抗して、その再構成と再統一化の役割を果たすことができる。このことは、労働者階級の統一性と分裂の弁証法というベルンシュタインの構想に明確に見てとれる。経済的には、労働者階級は絶えず分裂していくように思われる。現代のプロレタリアートは、マルクスとエンゲルスが『共産党宣言』のなかで叙述したような無産大衆ではない。

もっとも先進のマニュファクチュア産業においてこそ、分化した労働者たちのヒエラルキー全体が見出せるのであって、それらの集団のあいだには緩やかなアイデンティティー感覚しか存在しない。(47)

こうした利益の多様化——これはイングランドのケースにおいてもっとも明白であった

――は、クノーが主張したようなギルド的過去の残余などではなく、民主的国家の確立の結果であった。政治的抑圧の状況下では、抑圧と闘争する〔階級的〕統一性に対して、〔階級下位的な〕セクターの諸利益は二義的な水準に甘んじたが、しかし政治的抑圧がなくなり自由が保障されるようになると、こうした〔階級下位的〕諸利益は返り咲く傾向にあった。

さて、もし分裂への傾向が現代の資本主義構造に書き込まれているならば、それとは反対の契機、つまり統一性への傾向の源泉は何であるのか。ベルンシュタインによれば、それが党なのである。かくして彼はこう語る。

職業の多様性による分断にもかかわらず階級全体を一つにまとめるような階級闘争の機関が必要である。そしてそれが政治的な党としての社会民主党である。そこでは、自分の労働収入をたよりに生きている人々の、つまりすべての恵まれていない人々の一般利益が優先され、その下で経済的集団の特殊利益は抑制される。(48)

私たちが前に見たように、カウツキーにおいても党が階級の普遍的契機を代表していた。しかし彼の場合、政治的統一性は現実的な統一性の科学的予測であり、その現実的統一性は下部構造の運動によって到達されるべきものであった。これに対してベルンシュタインにおいては、政治的節合の契機はそのような運動に還元されえなかった。政治的な環（link）には特有の価値があり、それは必然性の鎖（chain）を逃れる。政治的なものの還元不可能な空間は、カウツキーにおいてはインテリゲンツィアの媒介の役割に制限されていたが、ここではかなり拡大されたように思われる。

しかしながら、政治的媒介が階級の統一性を構成するというベルンシュタインの分析にも、ほとんど気づくことのできないある曖昧さが滑り込んでおり、それが彼の理論的構築全体を損なっている。その曖昧さとはこうである。もし労働者階級が経済的領域で次第に分裂していくように思われ、そしてその統一性が政治的水準で自律的に構築されるのであれば、この政治的統一性が階級の統一性であるのはどんな意味においてなのか。この問題は正統派には提起されなかった。というのも、経済的アイデンティティーと政治的アイデンティティーとの不一致は、最終的には経済それ自体の発展によって解消されるべきものであったからである。ベルンシュタインの場合であれば、論理的結論は次のものとなるように思われるであろう。つまり、政治的統一性は労働者のさまざまな分派にはたらく階級的制限化を乗り越えることによってのみ構成されうるのであって、かくして経済的主体性と政治的主体性とのあいだには永続的な構造的隙間がある、というものである。しかしながら、ベルンシュタインはこの結論に、みずからの分析において到達することはなかった。一方で彼は、社会民主党は労働者だけでなくすべての抑圧された人々の党でなければならないと主張するが、しかし他方で、この統一性を、「労働者の視点を受けいれ、労働者を指導的階級として承認する」セクターの集合体として構想する。彼の伝記を著したピーター・ゲイが指摘しているように[49]、ベルンシュタインはこれより先にはけっして進まなかった。その結果として、彼の推論にはある結節（link）が欠けている。政治的なものと経済的なものとの統一化の階級的性質は、その二つの領域のどちらにおいても生みだされることなく、立論は空虚のなかに宙吊りにされたままである。

この結論はおそらくは言い過ぎかもしれない。なぜならそれは、ベルンシュタインの推論がカウツキーやローザ・ルクセンブルクのそれと同じ水準で行なわれていると想定しているからだ——不可避的な歴史過程の必然的な主体に彼も言及しているというのだ。しかしながら真実はこうである。ベルンシュタインは、歴史が一つの抽象的な決定論的論理によって支配されるのを否定することで、まさに論争をこの水準から移動させたのである。彼の構想において、労働者の中枢性は、歴史的必然性ではなく歴史的偶然性の側の立論に依拠しているように思われる——たとえば、労働者階級が他のセクターよりも指導的役割を遂行する用意を整えているのは、その集中化と組織化の程度による。だが次の問題が残る。なぜベルンシュタインはこうした有利な条件——それはせいぜい状況的なものにすぎなかった——を不可逆的な達成として提示したのであろうか。これと同じ曖昧さは、ベルンシュタインの「道がすべてであって、ゴールは何でもない」という格言のなかにも見出せる。伝統的にこの格言は、典型的に「漸進主義的な」スローガンと考えられてきた(50)。しかしながら、その格言の意味のいくつかは、修正主義的言説の内部で理論的ならびに政治的な効果をもたらす。したがって、それらの意味のなかに漸進主義は論理的には含まれない。この格言の唯一必然的な含意は、労働者階級は資本主義システムの内部で具体的な獲得物を得ることができるということ、それゆえ革命を、全体的な無産状態からラディカルな解放への移行における絶対的な契機と考えることはできないということである。これは、ゆっくりとした、単線的な、そして不可逆的な前進という漸進主義的構想を必然的に含意するわけではない。もっとも、民主的な前進に関するベルンシュタインの立論の筋道が、民主的前進を漸進主義的パースペクティヴに結びつけるのは確かであるが。それゆえもう一度私たちは、論理的には別個のこれらの構造的契機が一つになる地形について、問題を提起しなければならない。

これによって私たちの探究は、ベルンシュタインによる正統派的決定論との決裂の具体的なかたちと、正統派的決定論の崩壊によってあいた空間を埋めるために彼が展開した概念のタイプとに向かう。何らかの一般的なメカニズムが歴史の進路を妥当な仕方で説明するかどうかをベルンシュタインが問うとき、彼の立論はある特徴的なかたちをとる。つまり、彼は正統派が提案したタイプの歴史的因果性を批判しないまま、歴史のなかで主体性の自由活動が可能となるような空間を創出しようと試みるのである。彼は、客観性と機械的因果性との正統派的同一化を受けいれ、ただその効果を制限しようとするにすぎない。(51)彼は、一部のマルクス主義の科学的性質を否定せず、それが拡張して政治的予測の場全体を覆うような一つの閉ざされた体系を創出することは拒否する。正統派の独断論的合理主義に対する彼の批判は、カント的二元論のかたちをとる。ベルンシュタインには、マルクス主義を一つの閉ざされた科学的体系と考えることに対して三つの異議があった。第一に、マルクス主義は、社会主義が資本主義の崩壊から必然的に帰結することを示せなかった、というものである。第二に、マルクス主義がこのことを論証できなかったのは、歴史が一つの単純な客観的過程ではないからである、というものだ。つまり、意志もまた歴史のなかである役割を果たすのである。ここから歴史は、客観的要因と主体的要因との相互作用の結果としてのみ説明されうることとなった。第三に、社会主義は党綱領であり、それゆえ倫理的決断に基づいていたので、その全体が科学的となるわけにはいかなかった——その真偽が全員一致で決まるような客観的言明に社会主義を基礎づけることはできなかった、というものである。かくして、倫理的主体の自律性が、ベルンシュタインと決定論の決別の基礎となったのである。

さて——そしてこの点が決定的に重要なのだが——、こうして倫理的主体を導入しても、前に私たちがベルンシュタインの論法に見出した曖昧さを追い払うことはできない。倫理的主体の自由な決断は、最大の場合、歴史における非決定性の領域を創出することができるが、しかしだからといって漸進主義的テーゼの基礎となることはできない。ここにおいて、ある新しい要請——人類史の進歩的で上昇的な性質——が介入してくる。これは、政治的なものと経済的なものとが結合する地形を提供し、あらゆる具体的達成に方向感覚を与える。発展（*Entwicklung*）[52]の概念が、ベルンシュタイン的言説において決定的な役割を果たす。事実、彼の図式全体は、その首尾一貫性をこの概念から得ている。政治的領域と経済的領域の統一化は、理論的に定義された節合を基盤にして行なわれるのではない。それは、両領域の基底にあり、そして発展の法則が指令する、一定の傾向をもった運動を通じて行なわれる。ベルンシュタインにとって、この法則は正統派的体系のものと同じではまったくない。つまり、それは敵対的な過程だけではなく調和的な過程をも含んでいるのである。だが、ベルンシュタインと正統派双方のケースにおいて、その法則は、あらゆる出来事の意味を先験的に固定化する全体化の文脈として構想されている。かくして、「諸事実」は、それらを正統派的構想のなかで一つに結びつけていた本質主義的つながりから自由であるにもかかわらず、その後、未決定のメカニズムと一切つながりをもたない進歩の一般理論のなかで再統一される。階級を超越的主体と考えていた機械論的客観主義との決裂は、新しい超越的主体——倫理的主体——を要請することで達成される。人類は次第に経済的必然性から自由になるが、そのなかで超越的主体としての倫理的主体が支配的な存在となる。[53]ここから節合とヘゲモニーの理論へと向かうことは不可能である。

これによって、なぜベルンシュタインにおいて、政治的なものの自律化が改良主義的実践と漸進主義的戦略との受容に結びつきうるのかが明確になる。というのも、あらゆる前進が不可逆的であるならば――発展の要請を所与とすれば――、その前進を確固たるものにすることは、もはや諸勢力の不安定な節合に依存しなくなり、政治的問題であることをやめるからである。そうではなく、もし民主的な前進の集合体が諸勢力の偶然的な相互関係に依存するならば、各要求の正しさについて抽象的に考察するだけでは、その要求が進歩的であると主張する十分な理由にはならないであろう。たとえば、危機的状況では、諸勢力の退行的な再編が極左的な要求によって引き起こされることもあれば、その反対にラディカルな政治的イニシアティヴの不在によって引き起こされることもありうる。しかし、もし民主的な前進の集合体がただ進歩の法則にのみ依存するならば、闘争や状況的要求が進歩的なものかどうかは、そのとき活動している他の諸勢力との相互関係とはかかわりなく決定される。労働者運動の要求は正しくて進歩的だという考えと判断は、その他の諸勢力との相互関係から切り離される。この事実が、労働者階級のコーポラティズム的監禁に対する批判のための唯一の基盤を消去してしまう。ここに理論的修正主義と実践的改良主義とが一致する前提がある。政治的イニシアティヴが数多くの民主的戦線に拡がっていくからといって、そのことは、労働者階級の静観主義およびコーポラティズムとけっして矛盾しないのである。

このことは、修正主義の国家理論を考察すれば明確になるだろう。正統派にとって、国家の問題は簡単であった。つまり国家は階級支配の道具であって、社会民主党が国家制度に参加する目的は、ただ自分自身のイデオロギーを普及させ、労働者階級を防衛し組織化することだけであった。それゆえ、そのような参加は外部性を特徴とした。ベルンシュタインはこの問題を正反対のパースペクティヴから見る。つまり、労働者階級の経済力の増大、社会立法の前進、資本主義の「人間化」、これらすべては労働者階級の「国民化」につながり、労働者はプロレタリアートであるだけでなく市民にもなったというのである。その結果として、ベルンシュタインによれば、社会的組織化の機能のほうが階級支配の機能よりも大きな影響力を国家内部でもつようになり、国家の民主化によって国家は「すべての人民の」国家に転換する。もう一度いえば、ベルンシュタインは正統派よりも、次のような基礎的真実をよく理解していた。つまり、労働者階級はすでに国家の地形のうえにいるのであり、国家と純粋な外部性の関係を維持しようとすることは不毛な独断論である、という真実である。しかしながら、彼の言説において、この真実はまったく不当な予測へとすぐさま転換される。すなわち、国家は「歴史的発展」の必然的な帰結として次第に民主的になるだろう、という予測である。

この地点に到達したいま、私たちはローザ・ルクセンブルクに用いたテストを適用することができるかもしれない。つまり、ベルンシュタインの立論の効果を制限している本質主義的仮定（このケースでは、進歩を統一化の傾向として要請すること）を取り除きながら、彼の立論の論理的筋道を辿るというテストである。二つの結論がこのテストからすぐさま生じる。第一に、国家内部での民主的前進は、累積的なものではなくなって、先験的には決定されえない勢力関係に依存しはじめる。闘争の目的はたんに散発的な獲得ではなく、こうした獲得を確固たるものにするような諸勢力の節合形態である。そして、こうした節合形態はつねに可逆的である。そのような戦いのなかでは、労働者階級はみずからが現実に存在している場所から、つまり国家の内部と外部の双方から闘争しなければならない。しかし――そしてこれが第二の結論なのだが――ベルンシュタインの炯眼はさらに不穏な可能性を開く。労働者がもはやたんにプロレタリアートであるだけでなく、市民でもあり、消費者でもあり、そして国の文化的・制度的機構内部にある複数の位置《ポジション》への参与者でもあるならば、そのうえ、この位置の集合体がもはや「進歩の法則」によっては（もちろん、正統派の「必然的法則」によっても）統一されないならば、位置間の関係は開かれた節合となり、その節合がどのような形態をとるかは先験的に保証されなくなる。また、矛盾しあう、そして相互に中立化しあう主体位置が生じる可能性も存在する。その場合、かつてないほど民主的前進はさまざまな社会的領域での政治的イニシアティヴの増殖を必要とするだろう――これは修正主義によっても要求されたのだが、修正主義との違いは、各イニシアティヴの意味がその他のイニシアティヴとの関係に依存するようになるところにある。こうした敵対の要素および地点の分散を思考し、それらの節合を先験的な統一化図式の外部において構想することは、修正主義の範囲をはるかに越える事柄である。問題提起をもっとも一般的な用語で最初に行なったのは、修正主義者たちであった。しかし適切な応答のはじまりは、「陣地《ポジション》戦」というグラムシ的構想にのみ見出されるであろう。

危機への第三の応答――革命的サンディカリズム

修正主義を探究することによって私たちは、ベルンシュタインが逆説的にも、正統派の全潮流（彼の大敵ローザ・ルクセンブルクを含めて）が直面したのと同じディレンマに直面している地点に到達した。つまり、経済的土台は現在における階級の統一性を保証することができず、それに対して政治のほうも、現在における階級の統一性が構築されうる唯一の地形であるにもかかわらず、統一的主体の階級的性質を説得的な仕方で保証することができない、というディレンマである。このアンチノミーがよりはっきりするのは、「マルクス主義の危機」への第三のタイプの応答を構成した革命的サンディカリズムにおいてである。ソレルにおいて、そのアンチノミーはとくに鮮明な線で描かれている。なぜなら彼は、ベルンシュタインよりも、あるいはどの正統派の理論家よりも、危機の真の次元を、そして危機を満足のいく仕方で乗り越えるために理論が支払わねばならない代償を、意識していたからである。ソレルのうちに見出せるのは、必然性の鎖（chain）の壊れた環

(link) にとって代わって「偶然性」と「自由」の領域が要請されることだけではない。あの「偶然性の論理」の特有性を、つまり全体化の効果の場を再構成する新しい地形の特有性を思考しようとする努力もまた見出せるのである。この意味で、彼の思想的展開において鍵となる契機に言及することは有益である。(54)

ソレルのマルクス主義的な経歴は、どちらかといえば正統派的なはじまりをもつが、そこにおいてさえすでに、彼の政治的関心の源泉と、彼の分析の背後にある理論的仮定との両者は著しい独自性を示しており、カウツキーやプレハーノフのような人のものよりもはるかに洗練されていた。歴史の基底に存在するメカニズムが、ある社会形態を統一化し、なおかつ多様な形態のあいだの移行を支配するという既定の考えに、ソレルは固執などしなかった。それどころか、ソレルの主要な関心の焦点――そしてここから彼はヴィーコに頻繁に言及することになるのだが――は、社会の統一および上昇過程の維持を可能にする道徳的特性のタイプであった。〔ソレルにとっては〕社会の転換がポジティヴなものになる保証などなく、ネガティヴなものになる可能性もその運命の一つとしてあった。ある社会形態にそれとは異なるポジティヴな形態が対立し、やがてそれにとって代わる、などという単純なことではなかった。社会形態は、たとえば古代世界のケースのように、それ自身の堕落と崩壊の可能性にも直面していたのである。事実、ソレルがマルクス主義のなかで惹かれたのは、歴史的発展の必然的法則の理論ではなく、むしろ、新しい行為者の形成の理論、つまりみずからを中心にしてより高次の文明形態を再構成し、そして衰退しつつあるブルジョア社会を転覆させる凝集力として活動する能力をもつ新しい行為者——プロレタリアート——の形成の理論であった。

ソレルの思想のこの次元は、どちらかといえば正統派的なはじまりからすでに存在している。しかしながら、修正主義論争以前の著作では、その次元は正統派が要請した資本主義の発展傾向の容認と依然として結びついている。そうした著作でソレルは、マルクス主義を「新しい現実的形而上学」として理解している。彼が論じるに、すべての現実的科学は「表現支援（expressive support）」を基盤にして構成されるが、この「表現支援」が彼の分析に人為的な要素をもち込む。これはユートピア的ないし神話的誤謬の起源となりうるものだが、しかし産業社会のケースでは、社会的地形の統一化は社会のメカニズムについての像《イメージ》を中心にして進行する。マルクス主義の表現支援——諸々の質的区別を次第に取り除く、労働の社会的性質および「商品」カテゴリー——は、恣意的な土台ではない。なぜならそれは、社会的関係を造形し構成するパラダイムだからである。労働の社会化と同質化が進行する。それが必然的に到達する頂点を表現するのが社会主義である。というのも、ここでの社会主義は、生産手段の集団的専有のことだからである。こうした生産主義的パラダイムは次第に優勢となる。この優勢は、資本主義の運動法則に依拠している（この法則をソレルは、彼の経歴のこの時点では疑問視していない）。しかしそうであっても、自分自身の利益を意識している行為者——社会をより高次の形態に移行させる行為者——は、単純な客観的運動によっては構成されない。ここにおいて、ソレルの分析のもう一つの要素が介入する。彼にとってマルクス主義は、たんに科学的な社会分析ではなく、プロレタリアートを統一し、その闘争に方向感覚を与えるイデオロギーでもある。それゆえ「表現支援」は、諸々の歴史的勢力〔歴史に登場する勢力〕を集約し凝縮する要素としてはたらく。そうした要素をソレルはブロックと呼ぶだろう。もはや明らかであろうが、このソレルの分析はすでに、正統派マルクス主義とは反対に、決定的な地点で地形を移動させている。いわゆる「客観的法則」の領域は、社会的なものの合理的基層としての性質を失う。それに代わって、ある階級がみずからを支配的勢力として構成し、みずからの意志を社会の他の部分に対して押し通すことを可能にするような社会形態の集合体が重要になる。しかしながら、客観的法則の妥当性は疑問視されていないので、正統派からの距離は、結局のところ大したものではない。

正統派からの分離がはじまるのは、ソレルが修正主義論争から出発して、ベルンシュタインとクローチェのマルクス主義批判をひとまとめにして受容するときである。しかし彼は、彼らとは非常に異なる結論を引きだす。ソレルにおいて際立っているのは、彼が「マルクス主義の危機」の帰結を受容する際のラディカリズムである。ベルンシュタインとは異なり、彼は正統派の歴史的合理主義に代わるオルタナティヴとして、発展論的見解を採用しようなどとは少しも試みていない。彼の分析にあっては、ある文明形態が崩壊する可能性はつねに開かれたままである。これまで基礎をなしていた合理的基層としての全体性は解体され、いまや残存するのは混合・寄せ集め（mélange）である。こうした状況下で、社会の再構成が進行する可能性はどのように考えられるというのか。ソレルの解答の中心は、社会的階級が再構成を遂行するというものであるが、そこでの階級は、もはや客観的システム内での構造的位置という役目を担わず、むしろ彼が「ブロック」と呼ぶ再集約の極となるような階級である。かくして、社会における統一性の可能性は、自分たちの経済的組織化の構想を押し通そうとする集団の意志に帰せられる。事実、ソレルの哲学——ニーチェととくにベルクソンの影響下にある——は、行動と意志の哲学であり、そこにおいて未来は予見不可能であり意志にかかっている。さらに、闘争中の勢力が自分たちの統一性を見出すのは、像《イメージ》あるいは「言語形象（language figure）」の集合体の水準においてである——これは後の神話理論を予示している。階級は、「政治的観念」によって固められた歴史的勢力である。しかしながら、ある勢力が確固たるものになるかどうかは、その勢力が対抗勢力と対決するかどうかにかかっている。労働者階級のアイデンティティーが下部構造の統一性の過程という基礎を失うと（下部構造の水準には混合・寄せ集めしかない）、労働者階級は、資本家階級からの分裂に依存するようになったのである。この分裂は、資本家階級との闘争のなかでのみ完成されえた。かくして、ソレルにとって「戦争」

が労働者階級のアイデンティティーの条件となる。ブルジョアジーとの共通領域を探ることなどすれば、労働者階級のアイデンティティー自体が弱体化せざるをえなくなる。この分裂の意識は法律的な意識である——ソレルは革命的主体性の構築を次のような過程=訴訟《プロセス》として理解する。つまり、主体性を構築していく過程で、プロレタリアートは一連の権利を自覚するようになり、その権利への自覚をもってプロレタリアートは階級的対抗者と対立し、そうした権利を確固たるものにする一連の新しい制度を確立するのである(55)。しかしながらソレルは、政治経済システムのなかには複数の労働者階級の位置があり、それらのあいだには必然的な矛盾があることをまだ理解していない。つまり、熱烈なドレフュス擁護派であったこの時期の彼は、デモクラシーの味方でありながら、なおかつプロレタリアートの政治的闘争の味方でもあるのだ。さらに彼は、労働者階級が経済的にはけっして中間層とつながっていないにもかかわらず、中間層の政治的再集団化のための極となる可能性までも考慮に入れるのである。

　ソレルの思想的展開には、ある明確なパターンが見られる。正統派の静観主義と闘争するすべての潮流と同様に、彼は、階級の統一性を構成する契機を政治的水準へと置換するよう余儀なくされる。だがしかし、彼による「歴史的必然性」のカテゴリーとの決別は、他の潮流の場合よりもラディカルなので、彼は政治的統一性の基礎となる絆を特定しなければならないとも感じているのである。このことは、彼の思想の第三段階に眼を移せばいっそう明確になる。〔第一段階は、正統派的な客観的法則の妥当性を疑っていない初期の段階。第二段階は、修正主義論争以降、客観的法則を放棄したが、労働者階級の主体位置の多様性と矛盾を理解していない時期。〕この段階は、ドレフュス擁護派連合の勝利の後に訪れた、大いなる幻滅に対応している。ミルラン流の社会主義は体制内に統合されてしまった。汚職が横行する。プロレタリアートのアイデンティティーが継続的に失われていく。プロレタリアートは、ソレルの眼からすれば、衰退しつつあるブルジョア文明を構築し直す英雄的未来の可能性をもった唯一の階級である。そうした階級のアイデンティティーが失われるということは、その階級から活力が奪われるということである。そのときソレルは、デモクラシーの決然たる敵となる。彼はデモクラシーを、プロレタリアートの主体位置の分散と分断をもたらした主犯として理解するようになる。そしてこの主体位置の分散と分断こそ、マルクス主義が世紀の変わり目に取り組まなければならなかった、あの危機である。それゆえ、どんな犠牲を払ってでも、その分裂を修復して労働者階級を統一的主体として再構成することが必要となった。周知のように、このことがソレルに政治的闘争を拒絶させ、ゼネストのサンディカリズム的神話に向かわせたのである。

（私たちは）知っている。ゼネストとは、まさに私が言ったとおりのものであることを。ゼネストとは、社会主義全体を包み込む神話、つまり、現代社会に対して社会主義が仕掛ける戦争のさまざまな現われに対応するあらゆる感情を、本能的に呼び起こすことが可能な像《イメージ》の集合体である。ストライキは、プロレタリアートのなかに、彼らが有するもっとも高貴で、もっとも深遠で、そしてもっとも力動的な感情を生みだしてきた。ゼネストは、それらをすべて一つの調和的な図柄のなかに結集し、それらをまとめあげることによって、それぞれの感情に最大限の強度を与える。個別の抗争の苦痛に満ちた記憶に訴えることによって、ゼネストは、意識に浮かんでくる構成の細部を強烈な生命力で彩るのである。かくして私たちは、言葉では完全にははっきりとは伝えられないあの社会主義の直観を獲得する――しかも、この直観を全体として獲得し、瞬時に知覚するのだ。(56)

サンディカリストの「ゼネスト」、つまりマルクスにおける「革命」は神話である。ここでいう神話とは、主体位置の分散を基盤にして構成されたプロレタリアートのアイデンティティーを確固たるものにするためのイデオロギー的凝集点として機能する神話のことである。それは、政治的闘争が切り捨てられたあとに残る、そして独占と帝国主義の経済――ソレルによればこれは再封建化をともなう――が崩壊への傾向を高めると考えられたあとに残る、再構成の結節の一タイプである。より一般的にいえば、社会には堕落への「自然的」な傾向があり、そして偉大さへの傾向は「人為的」だというソレルの主張には、反‐自然 (anti-physis) という古くからのテーマが認められる。かくして暴力が、マルクスの描いた敵対を活性化しつづけることのできる唯一の強制力となる。

> 資本家階級が活力に溢れている場合、彼らは自己防衛の決意を絶えず主張しているのだ。その階級の率直で一貫して反動的な態度は、少なくともプロレタリア的暴力と同じ程度に、社会主義全体の土台をなす階級分裂を際立たせることに貢献する。[57]

このパースペクティヴからすれば、ゼネストが実現可能かどうかはほとんど重要ではない。つまり、ゼネストの役割は、統制的原理のそれであり、そのもとでプロレタリアートは、社会的関係の混合・寄せ集めを、明確な境界線にそって組織化された関係として考えることができるようになる。そして、客観的な現実描写としてはすでに排除されていた全体性のカテゴリーが、労働者の意識の統一性を確立する神話的要素として再導入されるようになる。デ・パオラが指摘したように、[58]「認識的道具」——つまり表現支援——の考えは、その人為性が当初から認められてはいたが、ついに虚構を含むにいたるまで拡大したのである。

　したがってソレルにとって、社会が二分法的に分割される可能性は、社会的構造の与件としてではなく、集団的抗争を支配する「道徳的要因」の水準での構築として与えられているのである。ここにおいて私たちは、マルクス主義的潮流が経済主義と決別し、階級の統一性を経済以外の水準で確立しようと試みるときにいつも現われる問題に直面することになる。つまり、この政治的あるいは神話的に再構成された主体がなぜ階級主体でなければならないのか、という問題である。ところで、ローザ・ルクセンブルクやラブリオーラによる経済主義との決裂は不適切なものであり、そのことが、彼女らの言説に現われる二重の空虚の不可視性の条件となった。しかし、それに対してソレルのケースでは、彼の反ー経済主義のラディカルさが、この空虚を可視化する。ソレルにおいては空虚があまりにはっきりと目に見えるので、彼の追従者のなかには、労働者階級の革命的回復の希望を捨て、ブルジョア的退廃との闘争を保証してくれる他の代用神話の探求に身を捧げた者もいたほどである。周知のとおり、彼らはそれをナショナリズムに見出した。このような経路を通って、ソレルの知的遺産の一部はファシズムの台頭に貢献したのである。かくして一九一二年、彼の弟子であったエドゥアール・ベルトはこう主張することができた。

> 実際に必要なのは、ナショナリズムとサンディカリズムの並行的かつ共時的な両面運動が、富の王国を完膚なきまでに放逐し、現在のヨーロッパを窒息させている卑しいブルジョア的物質主義に対して英雄的価値の勝利をもたらすことである。言い換えれば、〈富〉に対抗する〈力〉と〈血〉の覚醒——その最初の兆候はパレートによって

示され、その合図はソレルの『暴力論』とモーラスの『力の一撃が可能ならば』によって与えられた――が、金権政治の無条件的敗北をもたらすことが必要なのだ。(59)

もちろん、これはソレルの分析からの逸脱の可能性の一つにすぎず、それを必然的な所産と結論づけることは、歴史的に誤っているであろうし、また分析的にも根拠のないものであろう。(60)歴史的に誤っているというのは、ソレルの影響力は数多くの方向に見られるからである――たとえば、それはグラムシの思想形成において決定的に重要である。分析的に根拠がないというのは、次の理由による。つまり、そのような目的論的解釈は、階級からネイションへの移行がほかならぬソレルの思想構造によって必然的に決定されたと仮定しているが、しかし彼の思想にもっとも特徴的で独自な契機は、まさに神話によって構成された主体の非決定的、非先験的な性質なのである。そのうえ、この非決定性は理論の弱みではない。というのも、それが主張するのは、社会的現実それ自体が非決定的(混合・寄せ集め)であり、いかなる統一化もブロックを再構成する実践に依存している、ということだからである。この意味では、神話的再構成がファシズムの方向に向かわないという理論的な理由は存在しない。しかし同様に、それが別の方向――たとえば、ソレルが熱狂的に歓迎したボルシェヴィズム――に進展するのを除外する理論的理由も存在しない。決定的な点は――そしてこれがソレルを第二インターナショナルのもっとも深淵で独自な思想家にする——、社会的行為者のアイデンティティーそのものが非決定的なものとなり、その「神話的」固定化のすべてが闘争に依存することなのである。ロシア社会民主主義に出現した当初の「ヘゲモニー」の概念——これから見るように、これは偶然性の論理をも前提していたのだが——は、この観点から比較すれば、ラディカルでも何でもない。レーニンもトロツキーも、社会的行為者が階級的性質をもつ必然性を疑問視することができなかった。ようやくグラムシとともに、その二つの伝統は彼の「歴史的ブロック」の概念のなかで収斂した。つまりそこにおいて、レーニン主義から派生した「ヘゲモニー」の概念が、ソレルから派生した「ブロック」の概念と、新しい総合のなかで邂逅するのである。

【注】

(1) R. Luxemburg, *The Mass Strike, the Political Party and the Trade Unions*, London (n.d.), p. 48.〔河野信子・谷川雁訳「大衆ストライキ・党および労働組合」、『ローザ・ルクセンブルク選集』第2巻、現代思潮社、一九六九年、二一六頁〕

(2) Ibid., pp. 73-74.〔邦訳、二四八頁〕

(3) Ibid., pp. 64-65.〔邦訳、二三七—二三八頁〕強調は原文のもの。

(4) 次のことに注意するのが重要である。大衆ストライキをめぐるドイツでの論争へのベルンシュタインの介入(*Der politische Massenstreik und die politische Lage der Sozialdemokratie in Deutschland*)は、東欧と西欧の二つの基礎的な差異——西欧における市民社会の複雑さと抵抗力、およびロシアにおける国家の脆弱さ——に言及しており、これが後にグラムシの立論にとって中枢的なものとなる。その論争の概観については、次を見よ。M. Salvadori, 'La socialdemocrazia tedesca e la rivoluzione russa del 1905. Il dibattito sullo sciopero di massa e sulle differenze fra Oriente e Occidente', in E. J. Hobsbawm et al., eds., *Storia del marxismo*, Milan 1979, vol. 2, pp. 547–94.

(5) Cf. T. Todorov, *Théories du symbole*, Paris 1977, p. 291.〔及川馥・一之瀬正興訳『象徴の理論』、法政大学出版局、一九八七年、三八一頁〕「次のようにいえよう。一つの記号表現《シニフィアン》が一つ以上の記号内容《シニフィエ》を私たちに理解させるときはいつでも、そこには圧縮があるのだ、と。あるいはより分かりやすくいえば、記号内容が記号表現よりも豊富にあるときはいつでも、と。偉大なドイツの神話学者クロイツァーはすでに象徴をそのように定義していた。「存在と形式の不適合性、表現に比して内容が溢れ出すこと」」。

(6) ローザ・ルクセンブルクの仕事は、大衆ストライキのメカニズムの理論的精緻化における最高地点ではあるが、大衆ストライキ自体は新左翼(*Neue Linke*)全体によって基本的な闘争形式として提起されていた。たとえば次を見よ。A. Pannekoek, 'Marxist Theory and Revolutionary Tactics', in A. Smart, ed., *Pannekoek and Gorter's Marxism*, London 1978, pp. 50–73.

(7) R. Luxemburg, p. 30.〔邦訳、一九三頁〕

(8) 近年、多くの研究がルクセンブルク主義的な自然発生主義が運命論的なのか、それとも非運命論的なのかについて議論してきた。しかしながら、私たちの意見では、これらの研究は〔資本主義の〕機械的な崩壊と階級の意識的な介入とのあいだの二者択一のような、どちらかといえば副次的な問題を過度に強調してきた。資本主義は機械的に崩壊するだろうという主張は非常に不合理なので、それを支持した者は誰もいない。それよりも決定的な問題は、反資本主義闘争の主体は資本主義的な生産諸関係の内部でそのアイデンティティー全体を構成するのか否かを知ることである。そしてこの点で、明白にローザ・ルクセンブルクの立場は「構成する」というものである。そうした理由から、社会主義の不可避性に関する言明は、たんに当時のレトリックへの譲歩や心理的欲求の結果（とノーマン・ジェラスは主張する。Cf. N. Geras, *The Legacy of Rosa Luxemburg*, London 1976, p. 36）などではなく、むしろ彼女の理論と戦略の構造全体に意味を与える結節点（nodal point）なのである。ローザ・ルクセンブルクによれば、社会主義の到来は資本主義的発展の論理を土台にして完全に説明されなければならないので、革命主体は労働者階級でしかありえない。（ルクセンブルクが労働者階級の革命的決意の土台としてマルクスの窮乏化理論に教条的に固執していることに関しては、次を見よ。G. Badia, 'L'analisi dello sviluppo capitalistico in Rosa Luxemburg', Feltrinelli Institute, *Annali*, Milan, p. 252.）

（9）K. Kautsky, *The Class Struggle*, New York 1971.〔都留大治郎訳『エルフルト綱領解説』、『世界大思想全集――社会・宗教・科学思想篇』14、河出書房、一九五五年〕

（10）「彼の（カウツキーの）反修正主義闘争全体の目的は、綱領という考えを、確定した政治的要求の複合体――闘争の特定の局面では党のイニシアティヴを確立するように定められており、したがってそれ自体は時に応じて変更可能なもの――としてではなく、理論と政治の分かつことのできないブロックとして保持することであった。そのブロックの内部では、理論と政治という二つの用語はそれぞれの自律性の場を失い、マルクス主義はプロレタリアートの目的論的イデオロギーとなった」。（L. Paggi, 'Intellettuali, teoria e partito nel marxismo della Seconda Internazionale'. Introduction to M. Adler, *Il socialismo e gli intellettuali*, Bari 1974.）

（11）K. Kautsky, pp. 185-6.〔邦訳、一四一頁〕

（12）A. Przeworski, 'Proletariat into a Class. The Process of Class Formation from Karl Kautsky's *The Class Struggle* to Recent Controversies', *Politics and Society*, 7, 1977.

(13) たとえば、一八九三年のドイツ社会民主党ケルン大会で、レギエン(Legien)は*Vorwärts*誌の声明に抗議した。その声明にしたがえば、「政治権力獲得のための闘争はどんなときでももっとも重要でありつづけるのに対して、経済的闘争ではつねに労働者は深く分裂している。そして状況が絶望的になればなるほど、その分裂は鋭さを増し有害なものとなる。小規模な闘争にもたしかに利点はあるが、しかしそれは党の終局目的にとっては二次的な重要性しかもたないであろう」。これに対してレギエンはこう尋ねた。「党機関誌から発せられたこうした主張は、無関心な労働者を運動へと惹きつけるのに適切であろうか。私はそうでないと真剣に思う」。党と労働組合の関係性に関する次の資料集に引用されている。N. Benvenuti, *Partito e Sindicati in Germania: 1880-1914*, Milan 1981, pp. 70-1.

(14) 階級の統一性の問題へのこうしたアプローチの仕方にしたがえば、パラダイムからの逸脱はその完全な妥当性に対する偶然的な「邪魔」と「障害」として概念化される。このアプローチの仕方は、いくつかの歴史叙述の伝統を支配しつづけている。たとえば、マイク・デイヴィスは、刺激的で非常に興味深い論文において(「なぜ合衆国労働者階級は他と違うのか」、'Why the US Working Class is Different', *New Left Review* 123, Sept.-Oct. 1980)、アメリカ労働者階級の形成の特有性を示しながらも、それを、歴史のある瞬間には最終的に自己貫徹する正常なパターンからの逸脱として概念化する。

(15) 私たちは次のことを明確にしておかなければならない。私たちが「分断化」や「分散」について語るとき、それはつねに、分散され分断された諸要素の統一性を要請するような言説との関連においてである。こうした「諸要素」が言説との関連なしに考えられる場合、要素に「分散」や「分断化」という用語を適用することはいかなる意味をも失う。

(16) A. Labriola, *Saggi sul materialismo storico*, Rome 1968, p. 302.

(17) この問題に関するカウツキーの主要な著作は前掲の資料集に収録されている。Benvenuti, *Partito e*

Sindicati.

(18)「労働組合の本性《ネイチャー》はそれゆえはじまりから定義されるわけではない。それは階級闘争の道具になるかもしれないが、しかしそれはまた階級闘争の足かせになるかもしれない」。前掲の資料集にあるカウツキーの言葉。Benvenuti, p. 186.

(19)「党は資本主義的搾取を一挙に取り除くという終局目的を達成しよう……と努める。この終局目的との関連で、労働組合の行動は、それが重要で不可欠であるにもかかわらず、シシュポスの労働としてうまく定義されうる。もっともそれは無駄な仕事という意味ではなく、結論がなくつねに再開されねばならない仕事という意味である。ここから次のことが帰結する。強力な社会民主党が存在し、かつ考慮の対象となるところでは、労働組合よりも党のほうに、必然的な階級闘争ラインを確立し、そしてこのゆえに、党に直接は属していない個々のプロレタリア組織がとるべき方向性を示す可能性がある。このようにして、階級闘争の不可欠な統一性は保護されうる」。前掲の資料集にあるカウツキーの言葉。Benvenuti, p. 195.

(20) ルーチョ・コレッティの *Tramonto dell'ideologia*, Rome 1980, pp. 173-76 における所見を参照。ジャック・モノーは *Le hasard et la nécessité* (Paris 1970, pp. 46-7) でこう主張している。「マルクスとエンゲルスも、彼らの社会的教義の建造物を自然法則に基礎づけようとする際に、スペンサーよりも明確にかつ思慮深く、「アニミズム的企図」を用いた。……宇宙の進化を支配するより一般的な法則は弁証法的秩序にあるというヘーゲルの要請は、精神以外のいかなる永続的な現実性も承認しないような体系の内部に置かれている。……しかし、これらの主観的な「法則」それ自体を保存して、それらに純粋に物質的な宇宙を支配させようとすることは、アニミズム的企図をこのうえなく明確に実行することであり、客観性の要請の放棄をはじめとしてあらゆる帰結をともなう。」〔渡辺格・村上光彦訳『偶然と必然』、みすず書房、一九七二年、三八―三九頁〕

（21）このことは、カウツキーにとって直接的な物質的利益が階級の統一性とアイデンティティーを構成することはありえない、という私たちの先の主張と矛盾しない。ここでの要点は、「科学的」審級が、一つの独立した契機として、生産過程への労働者の配置がもつ含意の全体性を決定する、ということである。それゆえ科学は、階級の相異なる諸断片がその部分性のゆえに完全には意識していない利益を再認する。

（22）このことは計算の問題を明らかに単純化し、利益の明確さと透明性が戦略の問題を「合理的選択」の理想的条件へと還元するような状況をもたらした。ミシェル・ド・セルトーは最近こう述べている。「私が「戦略」と呼ぶのは、ある主体意志（所有者、企業、都市、科学研究所）が「環境」から切り離される瞬間から可能になるような力関係の計算のことである。……政治的、経済的、および科学的な合理性は、この戦略モデルのうえに構築される。これに対して私が「戦術」と呼ぶのは、何か固有のものをあてにできないような、それゆえまた、他者を目に見える全体性として区別する境をあてにできないような計算のことである。」*L'invention du quotidien*. Paris 1980, vol. 1, pp. 20-1.〔山田登世子訳『日常的実践のポイエティーク』、国文社、一九八七年、二五―二六頁〕この区別に照らして見れば、カウツキー的主体の「利益」は透明であるので、計算はすべて戦略的なものであることがはっきりする。

（23）Cf. E. Matthias, *Kautsky e il kautskismo*, Rome 1971, *passim*.

（24）Symmachos（K. Kautsky）, 'Verschwörung oder Revolution?', *Der Sozialdemokrat*, 20/2/1881. 次のものからの引用。H. J. Steinberg, 'Il partito e la formazione dell'ortodossia marxista,' in E. J. Hobsbawm et al., vol. 2, p. 190.

（25）次を見よ。Perry Anderson, 'The Antinomies of Antonio Gramsci', *New Left Review* 100, Nov. 1976/Jan. 1977.

（26）Guglielmo Ferrero, *L'Europa giovane. Studi e viaggi nei paesi del Nord*, Milan 1897, p. 95.

(27) Cf. Andrew Arato, L'antinomia del marxismo classico: marxismo e filosofia', in E. J. Hobsbawm et al., vol. 2, pp. 702-7.

(28) G. Plekhanov, *Fundamental Problems of Marxism*, New York 1969, p. 80.

(29) こうした必然性の論理と静観主義との関係に、正統派に対する批判者たちは明確に気づいていた。ソレルはこう主張した。「民主的社会主義者たちの作品を読むと、彼らが自分たちの未来を意のままにできると確信していることに驚かされる。彼らは、世界が不可避的な革命に向かって動いているのを知っており、そしてその一般的な帰結を知っているというわけだ。彼らの何人かは自身の理論に相当な信念を抱いていたので、ついには静観主義に陥った。」Georges Sorel, *Saggi di critica del marxismo*, Palermo 1903, p. 59.

(30) Antonio Labriola, 'In memoria del Manifesto dei Comunisti', in *Saggi del materialismo storico*, pp. 34-5.〔小原耕一訳「共産主義者のマニフェストを記念して」、『思想は空から降ってはこない――新訳・唯物史観概説』、同時代社、二〇一〇年、四二―四四頁〕

(31) マルクス主義の修正に関する論争へのラブリオーラの介入については、Roberto Racinaro, *La crisi del marxismo nella revisione de fine secolo*, Bari 1978, *passim* を見よ。

(32) Cf. Nicola Badaloni, *Il marxismo de Gramsci*, Turin 1975, pp. 27-8.

(33) Ibid., p. 13.

(34) バダローニによれば、これがラブリオーラのしたがうべきであった解答である。「おそらく彼が提案した代替策《オルタナティヴ》は誤っており、真の代替策は歴史的形態学の深化と発展にあった。それはエンゲルスの提示のなかでは過度に単純化されていた。」Badaloni, p. 27. もちろん、これによって二元論は克服されていたであろうが、しかしその場合、ラブリオーラの理論的企てにとって、なくてはならないほど本質的であった形態学的非決定性の領域を排除するという対価を支払っていたであろう。

(35) Otto Bauer, 'Was ist Austro-Marxismus,' *Arbeiter-Zeitung*, 3/11/1927. 次のオーストリア・マルクス主義テクスト集に訳されている。Tom Bottomore and Patrick Goode, *Austro-Marxism*, Oxford 1978, pp. 45-8.

(36) *Der Kampf* 誌の第一号（一九〇七―〇八年）の論説。前掲のテクスト集に再現されている。Bottomore and Goode, pp. 52-6.

(37) Ibid., p. 55.

(38) この議論について、またオーストリア・マルクス主義全般の政治的‐知的軌跡については、ジャコモ・マッラマオ（Giacomo Marramao）編集のオーストリア・マルクス主義テクスト集への本人による卓越した序文を見よ。*Austro-marxismo e socialismo di sinistra fra le due guerre*, Milan 1977.

(39) 「資本主義社会から社会主義社会への転換過程を、もはや統一化された同質的な論理的‐歴史的メカニズムのテンポにしたがうものとしてではなく、生産関係および権力関係の変異の内生的諸要因が多重化し増殖した結果として見る――このことが含意するのは、理論的水準ではマルクスの形態学的予測を分解しようとする主要な経験分析の努力であり、そして政治的水準では「改良」と「革命」の神秘的二者択一の克服である。しかしながらそれは、あたかも社会主義が同種療法によって実現可能であるかのような、進化論的なタイプの選択肢をいっさい含まない。」Giacomo Marramao, 'Tra bolscevismo e socialdemocrazia: Otto Bauer e la cultura politica dell'austro-marxismo,' in E. J. Hobsbawm et al., vol. 3, p. 259.

(40) Max Adler, *Il socialismo e gli intellettuali* を見よ。

(41) 「修正主義を、改良主義と同じ水準に無批判的に置いたり、一八九〇年以来の党の社会改良主義的実践の表現と単純に見なしたりするとき、修正主義の独自性は誤解される。それゆえ、修正主義の問題は、実質的に、ベルンシュタイン個人に限定されねばならず、フォルマルにもヘヒベルクにも拡張されえない。」

Hans-Josef Steinberg, *Il socialismo tedesco da Bebel a Kautsky*, Rome 1979, p. 118.〔時永淑・堀川哲訳『社会主義とドイツ社会民主党——第一次世界大戦前のドイツ社会民主党のイデオロギー』、御茶の水書房、一九八三年、一六三頁〕

(42) 修正主義と労働組合との関係性については、次を見よ。Peter Gay, *The Dilemma of Democratic Socialism*, London 1962, pp. 137-40.〔長尾克子訳『ベルンシュタイン——民主的社会主義のディレンマ』、木鐸社、一九八〇年、一五九—一六〇頁〕

(43) ベルンシュタインが大衆ストライキを防衛のための武器として擁護したことは、労働組合指導者ベーメルブルクの次のような注釈を誘発した。「ベルンシュタインは、あるときはどれだけ自分が右に移動すべきか分かっておらず、またあるときは政治的大衆ストライキについて語るのだ。これら文士たち……のしていることは、労働運動にとって迷惑である。」Peter Gay, p. 138〔邦訳、一五八頁〕での引用。

(44) Leonardo Paggi, p. 29.

(45) Cf. Lucio Colletti, *From Rousseau to Lenin*, NLB, London 1972, p. 62.

(46) E. Bernstein, *Evolutionary Socialism*, New York 1978, pp. 15-6.

(47) Ibid., p. 103.

(48) E. Bernstein, *Die heutige Sozialdemokratie in Theorie und Praxis*, p. 133. P. Gay, p. 207〔邦訳、二四八頁〕での引用。

(49) P. Gay, p. 120.〔邦訳、一四一頁。〕

(50) 前に私たちは改良主義と修正主義を区別した。いまや私たちは第二の区別を、改良主義と漸進主義とのあいだに打ち立てねばならない。ここでの基礎的な相違点は、改良主義が政治的で労働組合の実践であるのに対して、漸進主義は社会主義への移行についての理論だということである。修正主義が両者から区別されるのは、それが古典的マルクス主義に対する、政治的なものの自律化を基礎にした批判だからである。私たちが本文で論じているように、これらの用語のそれぞれが、必ずしも他のものを含意するわけではなく、非常に相異なったさまざまな方向にいたる理論的・政治的効果の領域をもつ場合、こうした区別は重要である。

(51) ここから彼は、経済についての素朴で技術主義的な考えを、つまりプレハーノフに見出せるものと最終審級において同一の考えを、受けいれる。Cf. Colletti, pp. 63 ff.

(52) ベルンシュタインの発展の概念については、Vernon L. Lidtke, 'Le premesse teoriche del socialismo in Bernstein', Feltrinelli Institute, *Annali*, 15th year, 1973, pp. 155–58 を見よ。

(53) 私たちの批判の意味は誤解されるべきでない。私たちは、社会主義的政治の創設において倫理的判断が必要であることを疑問視しているのではない——カウツキーは不合理なことにこの必要性を否定し、社会主義への固執をその歴史的必然性のたんなる意識に還元したが、このことは痛烈な批判にさらされてきた。私たちの立論は次のとおりである。つまり、倫理的判断が存在するからといって、それがあらゆる言説的な出現条件の外部で構築されるような超越論的主体に帰せられるべきだということにはならない、ということである。

(54) 現代のソレル研究のなかでは、以下のものがとくに有益であった。Michele Maggi, *La formazione dell'egemonia in Francia*, Bari 1977; Michel Charzat, *Georges Sorel et la révolution au XXe siècle*, Paris 1977; Jacques Julliard, *Fernand Pelloutier et les origines du syndicalisme d'action directe*, Paris 1971; Gregorio de Paola, 'Georges Sorel, dalla metafisica al mito', in E. J. Hobsbawm et al., vol. 2, pp. 662–92. および重大な留保をつけてではあるが、Zeev Sternhell, *Ni droite ni gauche. L'idéologie fasciste en France*, Paris 1983.

(55) Shlomo Sand, 'Lutte de classes et conscience juridique dans la pensée de Sorel', *Esprit* 3, March 1983, pp. 20-35 を見よ。

(56) G. Sorel, *Reflections on Violence*, New York 1961, p. 127.〔今村仁司・塚原史訳『暴力論』上、岩波文庫、二〇〇七年、二二二頁〕

(57) Ibid., p. 182.〔邦訳、下、七三頁〕

(58) G. de Paola, p. 688.

(59) Z. Sternhell, p. 105 での引用。

(60) ここに、前掲のステルネルの分析（*Ni droite ni gauche*）の弱点がある（その情報の豊かさにもかかわらず）。彼が提示した歴史は、極端に単純な目的論を中心に組織化されているように思われる。それによれば、物質主義的あるいは実証主義的見解との決裂はすべて、ファシズムの先駆としてのみ考察されうる。

2 ヘゲモニー——新たな政治的論理の困難な出現

第二インターナショナルの本質主義的言説のなかには、二重の空虚が出現した。また、発展段階の特異なズレ〔歴史の必然的発展を妨げる偶然的な隙間〕に対しては、ヘゲモニーの問題構成が政治的な応答としてつくりだされる。ここで必要なのは、そうした二重の空虚と発展段階のズレとの関係性を明らかにすることである。手はじめに、その二重の空虚のいくつかの特徴を特定して、二重の空虚とヘゲモニー的縫合との比較ができるようにしよう[1]。第一に、その空虚は二元論のかたちをとって現われる。つまり、その基礎をなす言説は、さまざまな効力を社会的なものの地勢の内部で決定しようとはせず、あらゆる地勢的構造化の包括能力と決定能力とに制限を加えようとする。ここから次のような定式が出てくる。「下部構造がすべてを決定するわけではない。なぜなら、意識や意志もまた歴史に介入するのだから」。「一般理論は具体的状況を説明できない。なぜなら、あらゆる予測は形態学的性質を有しているのだから」。この二元論〔下部構造／意識・意志、一般理論／形態学〕は、非決定的なものが非決定的なものとして実体化されることを通じてつくられる。つまり、構造的決定を逃れる実体は、構造的決定の裏返しとして理解されるのである。これによって二元論は、境界を接する関係（a relation of frontiers）となる。しかしながら、綿密に観察するならば、こうした応答の仕方〔非決定的なものを実体化すること、非決定的なものを決定的なものの裏返しとしてとらえること〕は、構造的決定論とまったく決別していないのである。つまり、結局のところそれは、構造的決定論の効果にただ制限を加えるにすぎない。たとえば、一方において、経済的決定論を逃れる広大な領域の社会的生活が存在する、と論じながら、他方において、経済的決定論の効果がはたらく領域は制限されてはいるけれども、その領域では経済活動は決定論的パラダイムにしたがって理解されねばならない、と論じることも完璧に可能なのである。それにもかかわらず、この論じ方には明白な問題がある。つまり、何かが絶対的に決定されていることを確証し、それを非決定的なものから分離する明確な線を確定するためには、そこでなされている決定の特有性を確証するだけでは不十分なのであって、その必然的性質もまた主張されねばならないのである。この理由から、ここで想定されている二元論は偽物である。つまり、その二つの極は同じ水準にはないのだ。決定的なものの特有性を必然的なものとして確立するのは、当の決定的なものであり、そのとき決定的なものは、非決定的なものの変動に制限を加えるのである。かくして、非決定的なものは決定的なもののたんなる代補(2)に還元される。

第二に、私たちがすでに見たように、こうした外見上の二元論は次の事実への応答として現われた。つまり、構造的決定は、分断への傾向に対抗する闘争がいまここでなされるのを可能にする政治的論理の基礎とはならない、という事実である。しかしながら、すぐに明らかになったのは、そのような政治的論理の特有性を思考可能にする唯一の地形は、すでに図柄から消去されてしまっていたということである。すなわち、理論的に決定可能な特有性はすべて、下部構造とそこから帰結する階級制の地形に帰せられてしまい、したがってそれ以外のいかなる論理も、偶然的な変動の一般的な地形のなかに消え去るか、あらゆる理論的決定を逃れる実体（意志や倫理的決断のような）に帰せられてしまうのである。

第三に、そして最後に、第二インターナショナルの言説において、社会的行為者の階級的統一性は鏡遊びを土台にしており、この土台はますます脆弱化していった。つまり、経済的分断は、階級の統一性を構成することができなかったので、私たちを政治的再構成へと差し向けたのだが、政治的再構成のほうも、社会的行為者の必然的な階級的性質を基礎づけることはできなかったのである。

複合的発展と偶然的なものの論理

こうした裂け目の集合体が、第二インターナショナルの理論的言説には存在した。さて、この裂け目の集合体を、ヘゲモニーの概念が縫合しようと試みるズレと比較することにしよう。ペリー・アンダーソン(3)は、ロシア社会民主主義におけるヘゲモニー概念の出現——コミンテルンの理論家たちはその概念をそこからとってきたのであり、その概念は彼らを通じてグラムシに到達した——を研究したが、その結果は明快である。つまり、ヘゲモニー概念は、プレハーノフの「段階論的」構想によれば正常な歴史的発展であったはずのものが危機に陥ったことによって生まれた空虚な空間を埋めるものである。そうした理由から、課題もしくは政治的勢力の集合体のヘゲモニー化は、歴史的偶然性の地形に属す。ヨーロッパの社会民主主義において主要な問題であったのは、労働者階級の位置が分散し、マルクス主義理論が労働者の階級位置間に求めていた統一性が粉砕したことであった。ヨーロッパではブルジョア文明が成熟していたために、ブルジョア文明の構造的秩序が労働者階級内部にまで反映してしまい、そのことが労働者階級の統一性を倒壊させたのである。これとは対照的に、ロシアの文脈において提起されたヘゲモニーの理論によれば、発展の不十分なブルジョア文明の限界に直面したロシアの労働者階級は、みずからの殻から抜け出し、自分自身のではない課題を引き受けるよう余儀なくされた。そのとき問題は、もはや階級の統一性を確保することではなかった。ロシアには、ブルジョアジーが自分自身の課題〔ブルジョア文明を成熟させるという課題〕を担うことができなかったという構造的脆弱性があり、そこから偶然性が生まれたのである。したがって、そこでの問題は、そのような歴史的地形において、労働者階級の闘争の政治的な効力を最大化することであった。「ヘゲモニー」の概念の出現にいたる歩みがどのように構造化されたかを検討しよう。プレハーノフとアクセリロードの著作において、「ヘゲモニー」の用語が導入されたのは、政治的自由を求める「正常な」闘争を成し遂げられないロシア・ブルジョアジーの無力さによって、労働者階級が政治的自由を獲得するために決定的な仕方で介入せざるをえなかったという過程を記述するためであった。かくして、課題の階級的本性《ネイチャー》と、それを遂行する歴史的行為者とのあいだに分裂が存在したのである。これが、非決定性の空間を創出した。その次元はかなり変動するが――その次元はプレハーノフにおいて最小であり、トロツキーにおいて最大にまで拡大される。しかしいずれにせよ、この空間が決定的に重要な地点となって、ここからさまざまな革命的志向性が分かれていった。ロシア革命――「『資本論』に反する」革命とグラムシは呼んだ――は、みずからの戦略を正当化する際に、そうしたヘゲモニー闘争に特徴的な非決定性の空間を最大限に拡げなければならなかった。その結果として、ある対立が生まれた。つまり、一方における必然的内部（これは「正常な」発展における階級の課題に対応する）と、他方における偶然的外部（社会的行為者が何らかの瞬間に担わざるをえないが、みずからの階級的本性《ネイチャー》とは異質な課題の集合体）との対立である。

　こうした正統派パラダイムの歴史的ズレと、私たちが西欧のケースに見出したズレとのあいだには、重要な差異がある。双方において、ズレ（dislocation）は置換（displacement）を、経済的なものから政治的なものへの水準の置換をもたらした。しかし、〔第一に〕西欧においては、この置換が同じ階級の内部で生じたのに対して、ロシアにおいては、置換は異なる階級のあいだで生じたがゆえに、それは西欧よりもはるかに大きなものであった。〔第二に〕西欧において、私たちは共時的パラダイムの構造的諸契機の解体〔労働者階級の位置の分散にともなう階級の統一性の倒壊〕に直面した（オーストリア・マルクス主義は例外である。というのも、そこでは民族的状況の多重性が発展段階のズレとして提示されたからである）。ここから、その解体についての思考は、ロシア社会民主主義とは違って、物語の形式をとれなくなったのである。最後に、パラダイムのズレおよび危機は、西欧のケースでは否定的な現象であったのに対して、ロシアにおいては肯定的な現象となった。つまり、ブルジョアジーの課題と、それを遂行するブルジョアジーの能力との不調和が、プロレタリアートによる政治権力の掌握への踏み石となったのである。同じ理由から、ヨーロッパでのズレの形態は、乗り越えられるべき否定的なカテゴリー——一過性と偶然性——のみを参照することでしか概念化されえなかったが（労働者階級の分断は一過的なもので偶然にすぎない、というように）、しかしロシアのケースでは、ズレは労働者階級の前進——何らかの仕方で歴史に侵入すること——を可能にする肯定的な状況として現われたので、次のことが必要となった。つまり、労働者階級と、労働者階級が何らかの瞬間に担わざるをえないが、労働者階級とは異質な課題（政治的自由の獲得という課題）とのあいだの、新しいタイプの関係性を特徴づけることが必要となったのである。この変則的な関係が「ヘゲモニー」と呼ばれたのである。

いまや私たちは、ロシア社会民主主義の言説におけるヘゲモニー的関係の特有性を検討しなければならない。ここでの「ヘゲモニー」は、実際には関係以上のものを、つまり次の非常に異なる二つの関係のあいだの緊張に支配された空間を示している。(a)ヘゲモニー化された課題と、その「自然的な」階級的行為者との関係。(b)ヘゲモニー化された課題と、それをヘゲモニー化する階級との関係。これら二つの関係が不精確な概念形式のもとで共存しさえすれば、それだけですでに「ヘゲモニー」の用語は十分に一つの参照空間となる。その場合、それら二つの関係の論理的節合を精確に規定することが、「ヘゲモニー」を理論的なカテゴリーに変換するために不可欠となる。しかしながら、ロシア社会民主主義のケースでは、その二つの関係はいかなる地点でも論理的に節合されない。このことを知るには、それらを注意深く検討しさえすればよい。

まず、絶対主義との闘争において、ロシア社会民主主義の分析のなかで、ブルジョア的課題はプロレタリアートに担われるとブルジョア的でなくなると示唆するものは何もない。階級アイデンティティーは生産関係を基盤にして構成される。つまり正統派にとって、そうした第一次構造の内部においてこそ、労働者階級とブルジョアジーとの敵対は生まれるのである。この第一次構造の運動が矛盾に満ち、自己排除へと傾くようになると、その構造はみずからを一つの物語のように組織化する――私たちはそれを第一の物語と呼ぶことができよう。この物語の構造化のなかで、資本主義的発展の法則はプロットをなし、登場人物は完璧な配役のもとでのプロレタリア階級と資本家階級である。さて、この物語《ヒストリー》=歴史の明快さは、ある変則性の出現によって台無しにされる。つまり、ブルジョア階級はみずからの役割を果たすことができず、それを他の登場人物が引き継がねばならない、というのである。私たちはこの代役を第二の物語と呼ぶことができよう――トロツキーの用語では永続革命である。これら二つの物語のあいだの構造的関係はどのようなものなのか。戦略上の論争を簡単に通読すれば、二つの物語の節合が、第一の物語の優勢を特徴とする理論的地形において生じることが確認できる。この点を証明するには三つの考察で十分である。(1)人物が登場する順序は第二の物語でも変更されていない。つまり、もしブルジョアジーが「みずからの」課題を果たすことが不可能ならば、それはプロレタリアートに必然的に移る――だが、この移行の必然性が明白なのは、第一の物語の水準で構成された進化論的図式の全体性が自明視されている場合だけである。(2)課題の階級的本性《ネイチャー》は、その課題がどちらの階級に担われるかという事実によっては変更されない――民主的な課題は、たとえそれを担う歴史的行為者が労働者階級である場合でも、ブルジョア的なままである。(3)社会的行為者のアイデンティティーそのものが、第一の物語のなかで彼が占める構造的位置によって決定されている。かくして、二つの物語のあいだには不平等な関係がある。つまり、ここでのヘゲモニー的関係は階級的関係の代補なのである。ソシュールの区別を使用すれば、私たちはこう述べることができるかもしれない。ヘゲモニー的関係はつねに語り《パロール》の事実であるのに対して、階級的関係は言語《ラング》の事実である、と。

この場合、ヘゲモニー的課題と、それを効果的なものにする行為者との意味およびアイデンティティーは、前に定義した関係(a)に全面的に包含されている。ここから、関係(b)の二つの構成要素のあいだの関係は、外部性の関係であるほかはなくなる。さて、外部性の関係は二つの側面のもとで考察されうる。外部性の関係として、そして外部性の関係として。第一の側面には何の問題もない。ある関係の構成要素のアイデンティティーが、完全にその関係の外部で構成されれば、それらのあいだの関係は外部性の関係となる。〔第二の側面である〕関係のほうの契機についていえば、その関係が厳密な外部性の関係となるためには、いかなる概念的特有性もそれに割り当て不可能でなければならない（さもなければ、そのような特有性は構造的に確定可能な契機となるであろう。そしてその契機は、階級それ自体を構成している他の構造的契機と節合することになり、その節合形態についての特別な理論が必要となるであろうから、その階級のアイデンティティーは不可避的に変更されるであろう）。言い換えれば、外部性の関係は、純粋な偶然性としてしか考えられえない。偽物の二元論が第二インターナショナルの言説に出現したが、それと同じ理由から、偽物の二元論はヘゲモニーの理論において再生産される。なぜそうなるのかを、以上のことが説明してくれる。関係(a)と関係(b)が概念的に節合されえないのは、まさに、後者が実定的な概念的特有性をまったくもたず、みずからの外部で構成される行為者間の関係の、偶然的に変動した地形へと還元されるからである。しかし、こう論じる人がいるかもしれない。ロシア社会民主主義において、プレハーノフとアクセリロードからレーニンとトロツキーにいたるまで、実定的で次第に複雑化したヘゲモニーの理論が存在していたではないか！　と。たしかにそうだが、しかしこれは私たちの立論に対する反論にはならない。というのも、そこでいわれている実定性と複雑性は、階級間のヘゲモニー的関係を可能にする状況の類型学と、ある状況で行動している社会的集団間の関係の多様性とにかかわるものだからである。だが、ヘゲモニー的結節それ自体の特有性はけっして議論されておらず、むしろそこには、それを不可視にする巧妙な手品が存在している。

この手品がいかにして生じるかを見るためには、「正常な」発展形態が歴史の進路を支配しており、ヘゲモニー的契機は明らかに周辺的な場所しか占めていないとするようなアプローチには焦点を合わせるべきでない（これはプレハーノフの事例である。というのも、彼は労働者階級による介入を、ブルジョアジーにブルジョアジー自身の課題を遂行させるよう圧力をかけるための手段として理解したからである）。より適切なのは他のアプローチ、つまり課題のヘゲモニー的移転がまさに革命の実質を構成するととらえるようなアプローチである。そこにおいては、ヘゲモニー的結節の特有性が不可視化されることは比較的困難となる。この意味において、トロツキーのテクストは範例的な明快さを有している。というのもそれは、ロシアの発展の特異性を、西欧資本主義の進路と対立するものとして極端に強調しているからである。周知のように、一九〇五年のロシア革命の前後に公刊された数多くの著作のなかで[4]、トロツキーは、帝政の崩壊につづいてブルジョア－民主的な共和国が生まれるというメンシェヴィキ的展望にも、改革をブルジョア－民主的な枠内に限定する労農政府というボルシェヴィキ的考えにも反対して、社会主義への直接的移行を企てる労働者階級政府の可能性を掲げた。この可能性はロシアの歴史的発展の、まさに次のような特異性に書き込まれていた。ブルジョアジーと都市文明の脆弱性。軍事‐官僚機構が階級から自律化していくという国家の不均衡的成長。「後進性の特権」を生かした、資本主義の先進的形態の取り入れ。プロレタリアートを複雑な市民社会に縛りつける伝統の不在による、ロシア・プロレタリアートの新鮮さ、など。ブルジョアジーは登場するのがあまりに遅く、絶対主義との闘争という歴史的課題を担うことができなかったので、プロレタリアートがその実現の鍵となる行為者となった。段階論的パラダイムにおけるこのズレと、そこから帰結するヘゲモニー的移転という交替、これがまさにトロツキーの革命論の軸であった。

ヘゲモニー的関係にこれ以上の中枢性を与えることはできなかったと思われるであろう。事実、まさに革命の可能性はそれを中心にして回転していたのだから。しかしながら、私たちはより綿密に、この中枢性がトロツキーの言説においてとる形式を見るべきである。二つの基本的な点において、彼の分析は、厳密な階級還元主義——すなわち、関係(a)の必然的性質——に抵抗するように思われる社会的関係の特有性に直面している。そしてその二つの点において彼は、この特有性を規定しえた理論的前進にしりごみしている。第一の点は、ブルジョアジーの構造的脆弱性と、ロシア社会の歴史的編成において国家が果たす例外的役割との相関関係にかかわる。ボルシェヴィキの歴史家ポクロフスキーは、粗雑な経済論者的視点から、そのような重要性を国家に認めれば国家をその階級的土台から引き離すことになるであろう、と主張する。彼が提起した理論的挑戦に直面して、トロツキーは、さまざまな資本主義的社会形成体における国家の相対的自律性についての理論的分析によって返答することをせず、その代わりに、理論の灰色に反対して生の緑に訴える。

同志ポクロフスキーの思想は、生きた歴史的勢力の代わりに硬直した社会的カテゴリーを用いるという悪癖にとらわれている。……いかなる「特別な特徴」も存在しないところには、いかなる歴史も存在せず、ある種の疑似‐唯物論的な幾何学だけが存在する。経済的発展という変化する生きた事物を研究する代わりに、二、三の外面的な兆候を記し、それらを二、三の既成の決まり文句に適応させれば十分となる。(5)

このトロツキーの主張とともに、社会的階級からの国家の自律化が構成する「特別な特徴」は、そのはじまりから、その効果を厳しく制限する地形に置かれることになった。つまり、いまや取り扱われるのは私たちを取り囲む環境となる。それは著しく事実的な秩序に属し、物語へと組み込まれることは可能である――このゆえに、物語的な調子がトロツキーの分析において優勢となる――が、しかし概念的に把握されることは不可能なのである。

こうしたことは、もしすべての社会的決定が同じ扱いを受けるのであれば、必ずしも否定的なものというわけではないであろう。なぜなら、その場合にはトロツキーは、経済がその他すべての社会的関係を最終審級においてどうにか決定する過程を——ロシアの特有性と同じ水準で——物語らねばならなくなるからである。しかしながら、これはなされない。「特有性」が物語られることはあっても、あらゆる資本主義的社会形成体に共通すると考えられる特徴は、物語的な扱いを受けない。最終審級において経済が歴史の過程を決定することは、トロツキーにとって、ポクロフスキーと同じく、歴史‐外的な水準において、そして教条的な仕方で確証されている事柄なのである。「本質」の秩序が「環境」の秩序と不可避的に衝突する。そして双方とも、同じ社会的行為者の内部で再生産される。彼らのなかで歴史的に変動する部分があるとしても、それは、彼らを正常なパラダイムから逸脱させる特性——ロシアにおけるブルジョアジーの脆弱性、ロシア・プロレタリアートの新鮮さなど——の集合体へと還元される。しかしながら、これらの「特別な特徴」は、その正常なパラダイムの妥当性を掘り崩すことはけっしてない。つまり、社会的行為者がみずからの基礎的アイデンティティーをこのパラダイムとの関係において確定するかぎり、そして「特別な特徴」が、「本質」の水準であらかじめ打ち立てられている階級目標の達成にとっての経験的な利益・不利益というかたちでしか現われないかぎり、このパラダイムは効果を生産しつづける。

このことが明確になるのは、トロツキーの分析が階級の還元主義的構想の限界とかかわる第二の基本的な点においてである。それはヘゲモニーの分析である。私たちが前に見たように――そしてトロツキーの分析にも適用しうるのだが――、ある歴史的課題を担う「自然的な」階級的行為者と、その課題を効果的なものにする具体的な行為者とのあいだには、分裂が存在する。しかし私たちは、課題を引き受ける行為者にとって、課題の階級的本性《ネイチャー》はこの分裂によって変更されないことも見た。それゆえ、行為者は引き受ける課題と同一化（アイデンティファイ）しない。行為者と課題との関係は環境に応じた計算の水準にとどまる――たとえこれに画期的な次元の「環境」が含まれる場合でも。課題が分裂していくことは経験的な現象であって、その課題の本性《ネイチャー》には影響しない。行為者と課題との結びつきも経験的なものであり、行為者のアイデンティティーの「内部」と「外部」とのあいだに、永続的な分裂が展開する。トロツキーのなかには次のような考えがまったく見られない。つまり、大衆の民主的で反絶対主義的なアイデンティティーがある特有の主体位置を構成し、それを多様な階級が節合し、そうすることで諸階級がみずからに固有の本性《ネイチャー》を変更する、という考えである。〔ブルジョアジーによって〕遂行されることのない民主的課題は、労働者階級がその厳密に階級的な目標に向かって前進するための踏み石でしかない、というわけだ。このようにして、ヘゲモニー的結節の特有性が魔法で体系的に消し去られる（その事実的ないし環境的性質がいかなる概念化をも免れるならば）

ための条件だけでなく、その消去が不可視化されるための条件もまたつくりだされるのである。

しかし実際には、調整と再構成との物語が、つまり反復の原理のもとには包摂しきれない継起が存在するのであって、そこにヘゲモニー的関係を挿入することにより、そうした概念化しづらい存在に意味が与えられると思われる。かくして、ロシアの特有性を提示する歴史-物語的形式は、両義的な役割を果たす。一方においてそれは、特有性を環境的なものの地形に制限する。他方において、たとえ物語の弱々しい形式においてであれ、ともかくも特有性が思考されうるという事実は、特有性に組織化の原理を、つまり何らかの言説的現前を与える。だが、これは極端に儚《はかな》い現前である。というのも、ヘゲモニーの冒険物語は非常にはやく結末を迎えるからである。つまり、トロツキーにとって、あるいはレーニンにとっても、ヨーロッパで社会主義革命が発生し、先進産業諸国で勝利した労働者階級がロシアの革命家を支援してくれなければ、ソヴィエト国家の存続を保証しうる特有性など存在しないからである。ここにおいて、ロシアにおける発展段階のズレの「異常性」が、西欧の「正常な」発展と結びつき、私たちが「第二の物語」と呼んだものが「第一の物語」に再統合され、「ヘゲモニー」は急速にみずからの限界を見出すのである。

「階級同盟」——デモクラシーと権威主義のあいだ

ヘゲモニー的結節を、このように行為者の階級的アイデンティティーにとって外的なものとして構想することは、もちろん、トロツキー主義にかぎられたものではなく、レーニン主義的伝統の全体を特徴づけている。レーニン主義にとって、ヘゲモニーは階級同盟内部での政治的指導をともなう。ヘゲモニー的結節の政治的性質は基本的なものであるが、しかし実際にそれが含意しているのは、その結節が確立される地形は社会的行為者が構成される地形と異なる、ということである。生産関係の場が階級の構成に特有の地形であるので、政治的な場での階級の現前《プレゼンス》は、利益の代表・再現前（リプレゼンテーション）としてのみ理解されうる。諸階級は、みずからを代表・再現前する党を通じて、一つの階級の指導のもとで、共通の敵に対抗する同盟のなかで統一される。しかしながら、この環境に応じた統一性は、その同盟を組んでいる諸階級のアイデンティティーに影響しない。というのも、彼らのアイデンティティーは結局、まったく両立不可能な「諸利益」を中心にして構成されているからである（「ともに闘い、別々に進め」）。第一に、社会的行為者のアイデンティティーは、「利益」の形式のもとで合理主義的に構想される。第二に、代表・再現前の手段は、代表・再現前されるものとの関係において透明である。これが、ヘゲモニー的結節の外部性が確立されるのを可能にする二つの条件である。この外部性は、共産主義の闘士が典型的に身をおいた逆説的な状況の根源にあった。彼は、民主的自由を求める闘争の前衛にしばしばいたにもかかわらず、民主的自由に同一化《アイデンティファイ》することができなかった。というのも、ひとたび「ブルジョアー民主的」段階が達成されるや、彼は民主的自由を廃棄する最初の者になるからである。

ここで、次の点に注意することが重要である。つまり、レーニン主義的言説においてヘゲモニーは中枢に位置しているが、しかしそこからは曖昧さと、矛盾した効果とがもたらされる。一方においてヘゲモニー概念は、レーニン主義的伝統のより権威主義的で否定的な傾向と疑いなく結びついている。というのもそれは、大衆内部での、指導的セクターと被指導的セクターとの明確な分離を要請するからである（この分離は、カウツキー的正統派の革命戦略には明らかに存在しない。なぜならそこでは、政治的指導部と社会的土台とが完全に一致しており、それゆえヘゲモニー的再構成はまったく必要とされないからである）。しかし、他方においてヘゲモニー的関係は、第二インターナショナルの伝統内部に見出されるいかなるものよりも潜在的には民主的であるような政治の構想を含意している。階級主義的経済主義においてであれば、異なる段階に属していたであろうような諸々の課題と要求が、ここでは同じ歴史的状況のなかで共存するものと見なされる。このことは、複数の敵対と決裂地点とに適した政治的妥当性の容認に帰結する。したがって、革命の正統性はもはや労働者階級だけに集中することはなくなる。かくして、「大衆」と「階級」とのあいだに構造的なズレが出現する。ただし、前者を支配的セクターから分離する線が階級搾取と並ばなければであるが。複合的で不均等な発展という地形においてはじめてマルクス主義は、社会的闘争の本性《ネイチャー》についてのみずからの構想を複雑化することが可能となる。

それでは、次の逆説はどう説明できるのか。つまり、大衆闘争の民主的次元が拡大されていったちょうどその瞬間に、社会主義の政治的実践の構想がますます前衛主義的で反民主的になっていったという逆説である。ごく単純に次の事実によって説明できる。つまり、マルクス主義が労働者階級に認めた存在論的特権が、社会的土台から大衆運動の政治的指導へと移転されたのである。レーニン主義的構想において、労働者階級とその前衛は、自分たちの階級的アイデンティティーを多様な民主的要求と融合させ、そうした要求をヘゲモニー実践によって政治的に再構成させることによって、自分たちの階級的アイデンティティーを転換する、というようなことはしない。その代わりに彼らは、そうした要求を段階として、つまり自分たちに固有の階級目的を追求する途中の必然的だが過渡的な歩みとして、とらえるのである。そのような状況下で、「前衛」と「大衆」との関係は、主として外的で操作的な性質を有するほかはない。ここから、「労働者階級の客観的利益」と同一化《アイデンティファイ》しつづける前衛は、民主的要求が多様化し、大衆闘争の地形が複雑化するにつれて、みずからのアイデンティティーと被指導的セクターのアイデンティティーとのあいだの隙間をしだいに拡げていかざるをえなくなる。ほかならぬ大衆運動の民主的潜在力の拡大そのものが、厳密に階級主義的な構想のなかで、権威主義的な政治実践の進行をもたらすのである。もちろん、大衆闘争の民主化は決裂地点の増殖に依存し、決裂地点の増殖は階級の境界から溢れ出す。しかし、階級のヘゲモニーの必然性に土台を与えようとして、大衆運動内部で指導者と被指導者とが区別される瞬間、政治的権威主義が出現する。

もし、この区別が、運動全体に共有された目的のための闘争における、より大きな自己組織化への実践的能力によってなされるのであれば、結果は必ずしも権威主義的なものとなるわけではないであろう。しかし、私たちがすでに見たように、実際にはそれとは非常に異なる用語で、その区別は提起されている。つまり、一つのセクターが歴史の基底にある運動を知っているのであり、それゆえ、大衆を全体として統一している要求が一時的なものにすぎないことを知っている、というのだ。労働者階級に帰せられる中枢性は、実践的中枢性ではなく存在論的中枢性であり、同時にそれは認識論的特権の座でもある。すなわち、「普遍的」階級としてのプロレタリアート――あるいはむしろその党――は、知の番人なのである。この地点で、階級的アイデンティティーと大衆のアイデンティティーとの分裂は永続的なものとなる。この権威主義的転回の可能性は、何らかの仕方で、マルクス主義的正統派のはじまりから、すなわち、ある限定的な活動者――労働者階級――が「普遍的階級」の地位にまで持ち上げられた瞬間から、存在していた。第二インターナショナルの理論家のなかで、この権威主義的な方向に進んだ者がいなかったとすれば、その理由は、彼らにとって労働者階級の政治的中枢性はその他の社会層のプロレタリア化と一致しなければならず、かくして階級と大衆との分裂の余地がそもそもなかったからである。しかしながら、権威主義的転回が不可避的なものとなるには、ただ次の事態が生じればよかった。つまり、権力掌握は労働者階級よりも幅広い大衆の行動として構想されるべきであるにもかかわらず、労働者階級の政治的中枢性が古典的な意味での第一原理として支持されたのである。

さて、私たちの立論におけるいくつかの結節を一つにまとめよう。なぜ、ヘゲモニー概念に含まれる二つの関係――ヘゲモニー化された課題とそれをヘゲモニー化する階級との関係〔b〕、およびヘゲモニー化された課題とその「自然的な」行為者との関係〔a〕――のあいだの緊張は、効果的な概念的節合のなかで解消されえなかったのかが、すでにより明確になった。労働者階級の統一性とアイデンティティーとを経済主義的段階論の地形――労働者階級を「普遍的階級」として構成することが可能な唯一の地形――のうえで維持するための条件は、ヘゲモニー化された課題がヘゲモニー的階級のアイデンティティーを変換せずに、それとのたんなる外的で事実的な関係に入ることであった。そのうえ、この関係の外的性質を確保する唯一の方法は、ヘゲモニー化された課題とその「自然的な」階級行為者との絆を強く結ぶことであった。それゆえ、ヘゲモニー的関係の地形は、本質的にプラグマティックな言説の地形であったのである。レーニン主義とコミンテルンがマルクス主義に導入した用語上の革新は、すべて軍事的語彙に属す（戦術的同盟、戦略線、前進後退）が、そのなかで社会的関係の構造化そのものに言及しているものは一つもない。後にグラムシがそれを、彼の歴史的ブロックや統合的国家などの概念を用いて扱うことになるであろう。

さて、ヘゲモニー概念に含まれるこの二つの関係のあいだの緊張は、私たちがすでに民主的なヘゲモニー実践と、権威主義的なヘゲモニー実践とのあいだに突き止めた曖昧さと区別されるものではない。ヘゲモニー的階級と民主的な課題ないし要求との関係が外的な、操作的な性質をもつのは、ひとえに、この課題がヘゲモニー的階級とは異なる階級と結びつけられ、進化論的パラダイムの内部で必然的段階と結びつけられるかぎりにおいてである。反対に、こうした結びつきの絆が切断され、大衆内部での指導者と被指導者との厳格な分離の出現を可能にする条件が消失する場合にのみ、民主的な潜在力は発展しうる。ここで私たちは、当初のこの曖昧さが、民主的なヘゲモニー実践のなかで乗り越えられることを可能にする条件と、権威主義的なヘゲモニー実践のなかで乗り越えられることを可能にする条件とを、提示しなければならない。

民主的な実践。私たちがすでに示したように、ヘゲモニー的再構成の地形には、社会主義の政治的実践が民主的に拡大し深化するための潜在力が備わっている。ヘゲモニーがなければ、社会主義の実践は労働者階級の要求と利益にしか焦点を合わせることができない。しかし、発展段階のズレによって、労働者階級は大衆の地形のうえで行動することを余儀なくされる。その場合、労働者階級は、みずからの階級ゲットーを放棄して、みずからの範囲を越えて拡がる幾重もの敵対と要求の節合者へと転換しなければならない。私たちがここまで述べてきたことのすべてから明らかなように、大衆の民主的な実践の深化——これは階級的ヘゲモニーと民主的課題との関係を、前衛主義的に操作し外的にとらえることをやめさせる——が達成されるのは、ひとえに、そうした民主的課題は必然的な階級的性質を有さないことが承認され、段階論が完全な仕方で否認される場合である。民主的課題はブルジョア的段階と結びついている、という見解と決別することが必要なのである——そのときはじめて、社会主義とデモクラシーとの永続的な節合を妨げる障害は取り除かれるだろう。

　ここから四つの基本的帰結が生じる。第一に、諸階級のアイデンティティーそのものが、彼らの引き受けるヘゲモニー的課題によって転換される。つまり、内的なものと外的なものとの厳格な境界線が消え去る。第二に、大衆の民主的要求が必然的な階級的性質を失うのにともない、ヘゲモニーの場から、階級間のゼロサムゲームを基盤にした効果の最大化ということが除外される。そこでは、「階級同盟」という考えもまた明らかに不十分である。というのも、ヘゲモニーが前提にするのは、社会的行為者のアイデンティティーそのものの構築なのであって、たんにあらかじめ構成された行為者間の「利益」の合理主義的な一致ではないからである。第三に、いわゆる「代表・再現前《リプレゼンテーション》」が代表・再現前《リプレゼント》されるものの本性《ネイチャー》を変更する以上、政治の場をもはや「利益の代表」と考えることはできなくなる（事実、透明性としての代表・再現前《リプレゼンテーション》という考えそのものが維持できなくなる。実際にここで疑問視されているのは、土台／上部構造モデルそれ自体なのである）。最後に、社会的行為者のアイデンティティーが、もっぱら生産関係への配置を通じて構成されるのをやめ、数多くの主体位置のあいだでの不安定な節合となる以上、ここで暗に異議を唱えられているのは、社会的行為者と階級との同一化《アイデンティフィケーション》なのである。

権威主義的な実践。この場合、条件は民主的実践の場合とは正反対である。あらゆる要求ないし課題の階級的本性《ネイチャー》が、先験的に固定化されねばならない。要求にはブルジョアー民主的なものや小ブルジョア的なものなどもあり、それらが不均等に結合して変化が歴史に導入されることもある。しかし、そうした諸要求のうち、どれが進歩的であるかは、あらゆる情勢を、歴史の発展段階と変化との伝統的モデルの観点から分析する政治的計算によって確定される。そこでは明らかに、労働者階級のヘゲモニー的課題と労働者の階級アイデンティティーは完全に分離している。政治についての軍事的な構想が、戦略的計算の全範囲を支配する。しかし、もちろん実在の労働者階級はみずからの「歴史的利益」と完全に同一化《アイデンティファイ》することなどないので、階級の物質性と、その「真のアイデンティティー」なるものを代表・再現前《リプレゼント》する政治的審級との乖離が永続化する。この境界線は、レーニンの『何をなすべきか』からコミンテルンのもとでの各国共産党のボルシェヴィキ化にいたるにつれて次第に厳格になり、共産主義政治の権威主義的転回の進展へと反映される。

この転回を不可避的なものにするのは何か。これを明らかにすることが重要である。私たちは、労働者階級の社会主義的決意において、政治的な媒介が必要であることを否定しようとしているのではない。またそれ以上に、労働者階級の社会主義的決意の自然発生性という神話に基づく労働者中心主義の立場から、政治的媒介に反対しようとしているのでもない。しかしながら、決定的に重要なのは、この政治的結節の本性をどのように理解するかである。レーニン主義は明らかに、いかなる必然的な歴史法則によってもあらかじめ決定されることのない大衆アイデンティティーを、闘争を通じて構築しようなどとはまったく試みていない。それどころかレーニン主義は、啓蒙された前衛にしか接近できない階級の「対自性」〔主体的な自己意識〕があると主張する――労働者階級に対する前衛の態度は、それゆえ純粋に教育者的なものとなる。こうした知と政治の織り合わせに、権威主義的政治の根がある。その結果として、党を階級の代表・再現前としてとらえることにももはや何の問題もなくなる――もちろん、その階級は肉と血をもった階級ではなく、「歴史的利益」によって構成される顕在的勢力《エンテレケィア》である。民主的なヘゲモニー実践が、代表・再現前過程の透明性を次第に疑問視するのに対して、権威主義的実践は、代表・再現前の関係が基礎的な政治的メカニズムになるための土台を築いた。あらゆる政治的関係が代表・再現前の関係としてひとたび構想されるや、階級から党〔プロレタリアートの客観的利益の代表・再現前）へ、そして党からソヴィエト国家（共産主義運動の世界的利益の代表・再現前）へと、順次に取り替えがなされていく。かくして、階級闘争の軍事的構想は終末論的叙事詩に終わる。

このように階級的統一性が政治的領域へと移転することの根源は、私たちがすでに見たように、遡って第二インターナショナルの正統派にある。レーニン主義と同様にカウツキー主義においても、政治的契機が階級的統一性を構成するからといって、上部構造に主要な役割が割り当てられているわけではない。なぜなら、党に認められた特権は、「地勢学的な」ものではなく「認識論的な」ものだからである。つまり、その特権は、社会的関係を構築するときの政治的水準の効力にではなく、所与の階級的パースペクティヴが享受する知的独占に基づいているのである。この独占が、資本主義の実際に目に見える傾向と、その基底にある発展との分裂を乗り越えることを、理論的水準において保証した。カウツキー主義とレーニン主義の差異は次の点にある。カウツキー主義にとって、その分裂はたんに一時的なもので、あくまで階級内にとどまるものであり、それを乗り越える過程は資本主義的蓄積に内在する傾向に刻み込まれている。それに対してレーニン主義にとって、その分裂は「階級」と「大衆」とのあいだの構造的なズレの地形であり、そのズレが帝国主義時代における政治的闘争の諸条件を永続的に規定する。

この最後の点は決定的に重要である。つまり、ヘゲモニー的課題は、共産主義的戦略にとって次第に中枢的なものとなるのであって、それはヘゲモニー的課題が、世界資本主義システムの発展条件そのものとつながっているからである。レーニンにとって世界経済は、たんなる経済的事実ではなく政治的現実である。つまりそれは帝国主義的な鎖（chain）である。その鎖が断ち切られる地点は、生産力と生産関係との矛盾の観点から見て、もっとも先進的な環（link）ではなく、もっとも多くの矛盾が蓄積した環であり、そしてもっとも多くの潮流と敵対——正統派の見解においては別個の局面に属するはずの潮流と敵対——が融合して破裂的統一を形づくる環である。[6] しかしながら、このことが含意するのは、革命の過程は異質な諸要素の政治的な節合としてのみ理解することができる、ということである。つまり、階級間の単一的な敵対の外部にある社会的複雑性をともなわない革命など存在しない。言い換えれば、ヘゲモニーのない革命など存在しないのである。この政治的節合の契機は、独占資本主義の段階において旧来の連帯が解体し、社会的関係全体が政治化するようになると、ますます基本的なものとなる。レーニンは、新しいブルジョア的大衆政治——これを彼はロイド・ジョージ主義と名づけた[7]——への移行が進み、それが階級闘争の歴史的舞台を深甚に転換しつつあることに明確に気づいている。思いもよらない節合が、これまで許容の範囲内であった社会的・政治的アイデンティティーを、さらには思考の範囲内であった社会的・政治的アイデンティティーでさえも変質させるかもしれない。この可能性は、古典的段階論の論理的カテゴリーの自明性を次第に解体していく。複合的で不均等な発展が現代の歴史的条件であるという結論を、やがてトロツキーが下すことになる。この意味は唯一、ヘゲモニー的課題の断続的拡大である——これとは正反対に、純階級的課題の地形はあら皮のように縮む〔『あら皮』はバルザックの小説のタイトル。原題は *La Peau de chagrin*〕。しかし、諸要素の「非正統的な」組み合わせをともなわないような歴史の過程などないのなら、いったい正常な発展とは何であるのか。

帝国主義時代の新しい政治的地形において、あらゆる政治的イニシアティヴがヘゲモニー的性質を獲得した。そして共産主義的言説のほうも、そうしたヘゲモニー的性質によって次第に支配されるようになっていった。しかしながら、その結果として、共産主義的言説は、私たちがヘゲモニーの民主的実践と呼んだものと権威主義的実践と呼んだものとのあいだを、矛盾した仕方で揺れる傾向を見せた。一九二〇年代には、経済主義的段階論がいたるところで支配した。そして革命の見込みが減少するにつれて、階級の境界線はさらに厳格化していった。ヨーロッパでの革命は純粋に労働者階級の中枢性の観点から構想されていたので、そして各国共産党が労働者階級の「歴史的利益」を代表・再現前していたので、各国共産党の唯一の機能は、社会民主主義の統合主義的潮流と対立するプロレタリアートの革命的意識を維持することであった。それゆえ「相対的安定」期には、さらに非妥協的な態度で、階級の防壁を強化することが必要であった。

ここから、一九二四年に、各国共産党のボルシェヴィキ化を求めるスローガンが打ち出される。ジノヴィエフはそれを次のように説明した。

ボルシェヴィキ化とは、プロレタリアートのヘゲモニーを求める闘争への堅固な意志を意味する。それはブルジョアジーへの、社会民主主義の反革命的指導者たちへの、中道主義および中道主義者たちへの、半中道主義者たちおよび平和主義者たちへの、ブルジョア・イデオロギーの全失策への、激しい憎悪を意味する。……ボルシェヴィキ化とは、行動するマルクス主義であり、プロレタリアート独裁の理念、つまりレーニン主義の理念への献身である(8)。

経済的危機が悪化すれば、それにつづいて不可避的に革命過程が刷新されるであろうと想定されていたので、政治的な時期区分はたんなる経済の反映にすぎなかった。つまり、安定化の時期に共産党に残された唯一の課題は、全面的に階級主義的で「決裂主義的」なアイデンティティーを中心にして諸勢力を集結させることであった。このアイデンティティーが、危機が到来したときに新しい革命的イニシアティヴへの道を拓いてくれるとされた(この時期に特徴的なこととして、「統一戦線」政策は下からの統一戦線として再解釈され、社会民主主義指導者の正体を暴く好機として再解釈された)。こうした条件下では、労働者階級以外の社会的・政治的諸勢力へのアプローチとして、操作的アプローチが優勢にならないはずがなかった。

こうした還元主義的で操作的な構想との決別は、ヨーロッパでのファシズムの経験と、一連の反植民地主義的革命と結びついてなされた――いや、共産主義的伝統においてその構想は結局乗り越えられることはなかったので、決別のはじまりというべきだろう。まずファシズムのケースにおいては、自由民主的国家の危機と、ラディカルで人民的な右翼イデオロギーの出現とによって、民主的な権利および自由を本性上「ブルジョア的」だとする構想に異議が唱えられた。それと同時に、反ファシズム闘争は、社会主義的アイデンティティーと潜在的には融合しうるような人民的かつ民主主義的な大衆の主体性を創出した。私たちのこれまでの分析用語を用いるならば、ヘゲモニー化された課題を、その「自然的な」階級的行為者と結びつけていた結節・環（link）が解体しはじめたのであり、その課題をヘゲモニー的階級のアイデンティティーと融合することが可能になったのである。この新しいパースペクティヴにおいて、ヘゲモニーは、新しい階級核を中心にした国民の民主的再構築として理解された。この傾向はその後、ナチス占領に対する国民的抵抗のさまざまな経験によって、さらに強められることになる。

しかし、共産主義政策に変化が現われはじめたのは、コミンテルン第七回大会でのディミトロフの報告からである。その報告で、「階級対階級」の第三期路線が公式に放棄され、人民戦線政策がはじめて導入されたのである。(9) 階級間のたんに外的な同盟としてのヘゲモニーという考えは暗に保持されてはいたものの、その新戦略においてデモクラシーは、単一の社会的セクターによる排他的吸収を許さない共通土台として構想された。こうした条件下で、ヘゲモニー的課題と階級的アイデンティティーとの厳密な分離を維持することは、次第に難しくなった。数多くの定式――毛沢東の「新民主主義」からトリアッティの「進歩的民主主義」および「労働者階級の国民的課題」にいたるまで――が、マルクス主義の範囲内では理論的に規定するのが困難な地形のうえに、みずからを位置づけようと試みた。なぜなら「人民的」なものと「民主主義的」なものは、大衆闘争の水準で相互に触れあうことのできる現実であって、厳密な階級帰属に帰すことはできなかったからである。共産主義の指導下でなされた周縁世界での諸革命も、同様の現象を私たちに提示している。つまり、中国からヴェトナムやキューバにいたるまで、人民的な大衆的アイデンティティーは、階級的アイデンティティーとは異なるものであり、それよりも広汎なものであった。「大衆」と「階級」の構造的分裂は、私たちが見たように、レーニン主義的伝統のまさにはじまりから忍び込んでいたが、ここにいたってその分裂の効果が全面的に発揮されたのである。

ここにおいて、共産主義的言説は、対をなす二つの決定的問題と対決した。一つは、階級の地形とは異なる大衆の地形のうえに出現する敵対の複数性を、どのように特徴づけるべきか。そしてもう一つは、ヘゲモニー勢力が大衆の民主的要求をみずからのアイデンティティーのなかにいったん組み込んだならば、そのヘゲモニー勢力は厳密にプロレタリア的な性質をどのように保持することができるのか。第一の問いへの主要な応答は次のものであった。つまり、階級間に確立していた関係性が、形式的には階級主義的地形にとどまりながらも、その階級的性質を乗り越えていくことを可能にするような、一連の言説的戦略を実行するというものである。たとえば、共産主義的言説における列挙の使用について考えてみよう。列挙することは無垢な作業ではけっしてない。それは〔列挙された対象の〕意味の重大な置換をともなう。共産主義的列挙は、支配セクターと人民セクターとの敵対を確立する二元的空間の内部でなされる。そして、敵対する双方のアイデンティティーは、それぞれを構成する階級セクターが列挙されることによって構築されるのである。人民セクター側には、たとえば次のものが列挙されるだろう。労働者階級、農民、小ブルジョアジー、民族ブルジョアジーの進歩的分派、など。しかしながら、こうした列挙は、人民セクター側にいる階級や階級分派のそれぞれ別個の字義的な現前を確認するだけではない。それはまた、共同して支配セクターと対決する際の、それらの等価性をも主張するのである。等価性の関係は、対象のあいだでのアイデンティティーの関係ではない。等価性は対象間での取り替え可能性を確立するが、しかし等価性は同語反復ではけっしてない。等価というのも、それが確立する取り替え可能性は、ある所与の構造的文脈の内部での特定の位置に対してのみ妥当するからである。この意味で等価性は、等価性を可能にするアイデンティティーを、対象それ自体から、対象が現われたり現前したりする文脈へと置換する。しかしながら、このことは、等価性の関係において対象のアイデンティティーは分裂していることを意味する。つまり、一方において対象は、それ自身の「字義的な」意味を維持しているが、他方において対象は、それが取り替え可能な要素となる文脈上の位置を象徴するのである。これこそ、共産主義的列挙において起こっていることにほかならない。つまり、厳密に階級主義的な観点からすれば、人民側の各セクターがそれぞれ異なる利益を、さらには敵対しあう利益すら有している場合には、それらのセクターのあいだにアイデンティティーは一切存在しないことになるが、しかし支配セクターとの対立の文脈においてそれらのあいだに等価性の関係が確立されれば、その等価性の関係は、階級位置には還元不可能な「人民的」言説位置を構築するのである。

第二インターナショナルのマルクス主義的言説においては、等価的な列挙はなされなかった。カウツキーにとって各階級セクターは、資本主義的発展の論理の内部で、それぞれ特定の位置を占めていた。マルクス主義的言説を構成してきた特徴の一つは、まさに「人民」は無定形で不精確なカテゴリーだということでそれを無効にし、あらゆる敵対を、字義性によって汲み尽くされ、等価性の次元をもたない階級対決に還元することであった。「複合的で不均等な発展」の言説についていえば、私たちがすでに見たように、発展段階の置換とヘゲモニー的再構成は、たんに階級間のより複雑な運動としてしか考えられていなかった。その運動が事実存在したことで、例外的なものについて物語る余地は生じたが、その運動の特有性を概念化する余地までは生じなかった。ローザ・ルクセンブルクにおいて、私たちは各具体的闘争の字義を転覆させる象徴的－等価的分裂に、それまでよりは近づいた。しかし、私たちが見たように、彼女は、その結果として出現する社会的行為者には必然的な階級的性質があると考えた。このことは、等価性の拡張的論理を厳しく制限した。人民戦線期の列挙の実践においてようやく「人民」――一九世紀の政治的・社会的闘争にとって中枢的だった行為者――は、マルクス主義的言説行為の場にふたたび出現したのである。最初は恐る恐るとではあったが。

私たちが述べてきたことから明らかになるのは次のことである。「人民」が政治的な行為者として共産主義的言説のなかに出現するための条件は、階級のアイデンティティーを分裂させ、それによって新しいタイプの分極化を構成する、等価性の関係であったのだ。さて、この過程は完全にヘゲモニー実践の場の内部で起こる。共産主義的列挙は、事実的状況の確認ではなく、行為遂行的な性質のものである。諸セクターの集合体の統一性は与件ではない。それは政治的に建設されるべきプロジェクトなのである。それゆえ、そのような集合体のヘゲモニー化は、単純な状況的合意や束の間の合意をともなわずに、階級的関係とは構造的に異なる新しい関係を建設しなければならない。このことが示しているのは、「階級同盟」の概念はヘゲモニー的関係を特徴づけるのに不適切だということである。

ちょうど、たんなる煉瓦の一覧表が建設物を記述するのに不適切なのと同じように。等価性の関係は、その関係を構成する諸項の取り替え可能性をもたらす。それにもかかわらず、等価性の関係は、その内的論理を前提にすれば、その付随的な取り替え可能性によってだけではみずからの存在を示すことはできない。等価性の関係は、その関係自体を象徴的に結晶化するような一般的な等価物を生みださねばならないのである。私たちが検討中の政治的ケースでは、まさしくこの地点において、国民－人民的ないし人民－民主的な象徴が出現して、階級的な主体位置とは異なる主体位置を構成するのである。そのとき、ヘゲモニー的関係は、その事実的で挿話的な性質を完全に失い、その代わりに、あらゆる政治－言説形成体の安定的な一部となる。この意味において、矛盾についての毛沢東の分析には——哲学的価値はほとんどないにもかかわらず——、社会的闘争の地形を矛盾の増殖として、階級的原理にすべて立ち戻るわけではない矛盾の増殖として表示するという、大きな長所がたしかにある。

共産主義的言説が直面したもう一つの問題系は、ヘゲモニー的セクターの階級アイデンティティーをどのように維持するかという問いに関係するものであった。きわめて一般的な用語で定式化すれば、争点は次のようになる。新しい構想のなかで、ヘゲモニー的関係がヘゲモニー的セクターのアイデンティティーを転換するならば、そして帝国主義時代の条件として、社会的闘争が、再構成の実践に支配されて次第に複雑化していく地形において発生せざるをえないのならば、ヘゲモニー的主体の階級的アイデンティティーは疑問視されざるをえないのではないか。私たちはどこまで、さまざまな主体位置を節合する原理として階級的核に言及しつづけることができるのか。二つの答え――というより、一つの答えに到達する二つの仕方――が、ここでは可能である。そして最終的に、それらは、私たちが前に記述したヘゲモニーの二つの構想――民主的な構想と権威主義的な構想――に依拠している。その二つのうちで共産主義的伝統のほとんどを特徴づけているほうの〔権威主義的な〕構想にとって、解決策は、代表・再現前モデルをうんざりするほど拡張することである。各審級は他の審級の代表・再現前であり、その目的に向かっていくと最終的には階級的核に到達し、それが審級の系列全体に意味を与えると想定される。明らかにこの応答は、政治的関係の不透明性と濃密さをすべて否定する。政治的関係は、それを越えたところで構成された登場人物――階級――が闘争する舞台でしかない。さらに、このような仕方で代表・再現前された階級は、「対自的」〔主体的な自己意識をもった〕階級である以外にない。それは、党の「知的・科学的」世界観に具現した目的論的パースペクティヴであり、すなわち存在論的に特権化された行為者である。このような仕方で、代表・再現前の実践に関する具体的な問題はすべて簡単に取り除かれる。もう一つの〔民主的な〕応答は、社会的行為者が埋め込まれている諸関係の構造的多様性を容認して、代表・再現前の原理を節合の原理に取って替える、というものである。その場合、それらの社会的行為者のあいだの統一性は、それらの基底にある共通の本質が表出したものではなく、政治的な構築と闘争の所産である。もし労働者階級がヘゲモニー的行為者として、自分のまわりに数多くの民主的な要求および闘争をうまく節合した場合、これは何らかの先験的な構造的特権のおかげではなく、階級の側での政治的イニシアティヴのおかげである。かくして、ヘゲモニー的主体が階級的主体であるのは、ただ、階級位置を基盤にして、あるヘゲモニー的形成体が実践的に節合されるという意味においてでしかないのである。その場合、私たちが扱っているのは具体的な労働者たちであって、「歴史的利益」によって構成される顕在的勢力《エンテレケイア》ではない。政治とヘゲモニーを節合としてとらえる考えを——曖昧さと限界はあったが——理論的に成熟した仕方で表現した思想家が、第三インターナショナルの世界にただ一人存在した。私たちが言っているのは、もちろんアントニオ・グラムシのことである。

グラムシという分水嶺

グラムシの思想の特有性は、通常、二つの異なった、そして見たところ矛盾した仕方で提示される。そのうちの一つの解釈においては、グラムシは著しくイタリア的な理論家とされた。彼の概念上の革新は、イタリアの後進性の特殊な諸条件に関連づけられた。たとえば、統一化された国民国家を構築しようとするリソルジメント・プロジェクトの失敗、工業の北部と農業の南部との根強い地域的分裂、ヴァティカン問題の結果としてカトリック大衆が祖国の政治的生活に統合されていないこと、資本主義の不十分で矛盾した発展、などである。要するにグラムシは、「不均等な発展」の独創的な理論家かつ政治的な戦略家ではあったが、彼の概念は先進資本主義の諸条件にはほとんど関連しない、というのである。これとは異なる第二の読解においては、彼は西欧の革命の理論家として提示される。[10]彼の戦略構想は、先進工業文明の複雑さと、文明の社会的・政治的関係の濃密さとを基盤にしたとされる。そうした解釈者のなかには、グラムシを、一九二九年の世界恐慌後の資本主義の再編成の理論家として、そして政治と経済が次第に絡み合う文脈における大衆闘争の複雑化の理論家として見る者さえいる。[11]事実としては、グラムシの理論的革新はこうした二つの読解よりも一般的な水準に位置している。だからこそ、こうした二つの読解の双方とも可能なのだ——そして部分的には妥当する。グラムシは、同時代の他のいかなる理論家よりも、政治的再構成とヘゲモニーの地形を押し拡げた。それと同時に彼は、ヘゲモニー的結節を理論化することで、レーニン主義的な「階級同盟」のカテゴリーをはっきりと凌駕した。先進工業諸国と、資本主義の周縁地域との双方において、政治的闘争の条件は正統派的段階論が想像していたものからますます離れていったので、グラムシのカテゴリーはどちらのケースにも等しく当てはまったのである。それゆえ、彼のカテゴリーの有意性は、マルクス主義の一般理論の水準に置かれるべきであって、それを特殊な地理的文脈に帰すことはできない。

しかしながら、出発点は厳密にレーニン主義的なアプローチであった。『南部問題についてのノート』(一九二六年)は、ヘゲモニーの概念が使用された最初のグラムシのテクストであるが、そのなかで彼は次のように述べている。

プロレタリアートが指導的かつ支配的な階級になれるのは、彼らが階級同盟の体制をつくりだすのに成功するかぎりにおいてである。階級同盟の体制のもとで、プロレタリアートは、労働者階層の大半を資本主義とブルジョア国家とに反対するよう動員することができる。イタリアに現存する実際の階級関係において、階級同盟の体制をつくりだすとは、広汎な農民大衆の同意を勝ち取るということである。(12)

この指導的役割の前提条件として、労働者階級は、みずからのコーポラティズム的利益の狭い防衛に限定されたままではなく、他のセクターの利益をも取りあげるべきである。しかしながら、その論理は依然として、あらかじめ構成されたセクター的利益の論理でしかないので、階級同盟の考えと完全に両立可能である。レーニンの場合と同様に、指導はたんに政治的なものにすぎず、「道徳的かつ知的」なものではない。「階級同盟」を凌駕するヘゲモニー概念への決定的移行がなされるのは、この「政治的」

次元から「知的かつ道徳的」次元への移動においてである〔第一の置換〕。というのも、政治的な指導は、状況による諸利益の一致を土台にし、そこに参加する諸セクターはそれぞれ別個のアイデンティティーを依然として保持しうるのに対して、道徳的・知的な指導は、「観念」と「価値」の集合体が数多くのセクターによって共有されること——あるいは私たち自身の用語を用いるならば、ある主体位置が数多くの階級セクターを横断すること——を要求するからである。グラムシによれば、知的・道徳的な指導は、より高次の総合を、つまり「集合的意志」を構成し、そして「集合的意志」は、イデオロギーを通じて「歴史的ブロック」を統一化する有機的な接着剤となる。これらはすべて、レーニン主義的パースペクティヴを置換する効果をもつ新しい概念である。すなわち、もはやヘゲモニー的結節の関係的特性は隠蔽されることなく、反対に完全に可視化され理論化されるのである。グラムシの分析は、革命と関係に関する経済主義的図式のなかに構造的に位置づけることのできない、一連の新しい集団間の関係を概念的に規定する。それと同時にイデオロギーが、まさにそうした新しい集団間の関係が構成される地形として表示される。[13]

かくして、すべてはイデオロギーがどのように構想されるかにかかっている。ここでグラムシは、古典的な問題構成に関して二つの新しい基本的な置換をもたらす〔第二、第三の置換〕。一つは、イデオロギーを物質的なものとして構想することである〔第二の置換〕。イデオロギーは、「観念の体系」とも、社会的行為者の「虚偽意識」とも同一化されない。

それは、諸制度と諸装置とにおいて具体化される有機的で関係的な全体であり、数多くの基礎的な節合原理を中心に歴史的ブロックを溶接する。この構想は、イデオロギー的なものを「上部構造」として読解する可能性を除外する。事実、歴史的ブロックの概念と有機的接着剤としてのイデオロギーの概念とを通じて、新しい全体化のカテゴリーが、旧来の土台／上部構造の区別を凌駕する。しかしながら、これだけでは十分ではない。なぜなら、道徳的・知的指導は、このままではまだ、ヘゲモニー的階級による従属的セクター全体のイデオロギー教化として理解されうるからである。その場合には、諸階級を横断する主体位置は存在しないであろう。というのも、諸階級を横断するように見えるものも、実際には支配階級の付属品でしかなく、かりにそうした付属品が支配階級以外のセクターに存在するとすれば、それは虚偽意識の現象としてしか理解されえないからである。

グラムシが第三の、そしてもっとも重要な置換を導入するのは、この決定的な地点においてである。それは、イデオロギーの還元主義的な問題構成との決別である。グラムシにとって、政治的な主体は——厳密にいえば——階級ではなく、複雑な「集合的意志」である。同様に、ヘゲモニー的階級によって節合されるイデオロギー的諸要素は、必然的な階級帰属をもたない。まず集合的意志に関していえば、グラムシの立場は明快である。つまり、集合的意志は、分散させられ分断化された歴史的諸勢力の政治的‐イデオロギー的節合の結果である。

ここから、実践的（集合的）活動においてさえ、「文化的側面」が重要であることが導き出される。歴史的行為は「集合的人間」によってのみ遂行され、そして「集合的人間」は「文化的‐社会的」統一性の達成を前提とする。「文化的‐社会的」統一性を通じて、それぞれ異なる目的をもつ分散したさまざまな意志が、対等で共通の世界観を基盤にして、一つの目的に溶接される。(14)

この「一つの目的に溶接された」「集合的人間」ほど、レーニン主義的な「階級同盟」の考えから離れているものはない。次に階級帰属に関して言えば、集合的意志の場合と同様に明らかなのは、グラムシにとって、有機的イデオロギーは純粋に階級主義的な閉じた世界観を代表・再現前《リプレゼント》しない、ということである。有機的イデオロギーは、それ自体としてはいかなる必然的な階級帰属ももたない諸要素の節合を通じて形成される。この関連において、次の決定的に重要な箇所を検討しよう。

重要なのは、そのようなイデオロギー的複合体が、新しい歴史的局面の最初の上演によってさらされる批判である。この批判によって、それまで古いイデオロギーに属していた諸要素の比重が多様化し変化する過程が可能になる。それまでは副次的で従属的だったものが、あるいは付随的だったものさえもが、いまや第一義的なものと見なされる──新しいイデオロギー的・理論的複合体の核となる。古い集合的意志はその矛盾しあう諸要素に解体するだろう。というのも、従属的な諸要素が社会的に発展するからである。(15)

他方、自律的な意識として提示されたこの理論的な意識は、どのように形成されるべきなのか。そのような自律的な意識を構成するために、各人はどのように諸要素を選び組み合わせるべきなのか。押しつけられた要素はどれも先験的に退けられねばならないのであろうか。それが押しつけられたものである以上は退けられねばならないであろうが、しかしそれ自体として退けられるのではない。すなわち、それぞれの所与の集団に特有の新しい形態を与えることが必要になるであろう。(16)

かくして私たちは、当時の共産主義運動内部で定式化された、他の反経済主義的な立場からグラシムを区別する中心点を理解することができる。たとえば、ルカーチとコルシュの二人もまた、上部構造に割り当てられていた地形の古典的な比率を改めた。しかし彼らがそうしたのは、革命主体を労働者階級と同一化する階級還元主義的なパースペクティヴの範囲内でのことであった。したがって、節合という意味でのヘゲモニーはまったく考えられなかった。この節合という意味でのヘゲモニー概念を導入したのはグラムシであり、まさにそのグラムシによる導入が、第二インターナショナル的二元論が出現し、そしてそれが第三インターナショナルの言説において拡大再生産されるのを可能にした根本的条件を、ラディカルに転覆させたのである。一方において歴史的偶然性の場が、それまでのいかなる言説においてよりも隈無く社会的関係に浸透した。つまり、社会的関係の諸分節は、それらのあいだの本質的な結びつきを失い、段階論的パラダイムの諸契機に転換されることがなくなったのである。そしてそれら自身の意味は、いかなる歴史法則によっても成功を保証されることのない、ヘゲモニー的節合に依存するようになった。私たちのこれまでの分析の用語でいえば、多様な「要素」ないし「課題」はもはや、それらをヘゲモニー化する勢力との関係から切り離されたアイデンティティーをもたなくなった、といえよう。他方において、こうした不安定な節合が、名を与えられて理論的に考えられるようになり、社会的行為者のアイデンティティーそのものに組み込まれていった。このことは、なぜグラムシが「国民－人民的」なものと、「統合的国家」のような概念の定式化とを重要と考えたかを説明してくれる。というのも、それらにおいては、支配的セクターはみずからの本性とアイデンティティーそのものを、ヘゲモニー実践を通じて変更するからである。グラムシにとって、階級は国家権力を奪取するのではなく、階級が国家になるのである。

　私たちが民主的なヘゲモニー実践と呼んだものが成立する条件が、すべてここに出揃っているように見えるかもしれない。にもかかわらず、グラムシによる構築物の全体は、結局のところ首尾一貫していない構想に依拠している。それは、古典的マルクス主義の二元論を完全には乗り越えることができていない。グラムシにとって、たとえ多様な社会的要素は――節合的実践を通じて獲得される――関係的なアイデンティティーのみをもつのだとしても、あらゆるヘゲモニー的形成体において単一の統一化原理がつねに存在していなければならない。そしてこの単一の統一化原理とは、一つの基本的階級であるほかない。かくして、社会的秩序の二つの原理――統一化原理の単一性とその必然的な階級的性質――は、ヘゲモニー闘争の偶然的な結果ではなく、あらゆる闘争を包摂する必然的な構造的枠組みとなる。階級的ヘゲモニーは、闘争の完全に実践的な結果ではなく、最終的な存在論的基礎をもつ。なるほど、経済的土台は労働者階級の最終的勝利を保証しないかもしれない。というのも、その勝利は労働者階級のヘゲモニー的指導力にかかっているからだ。しかしながら、労働者階級のヘゲモニーが失敗した場合でも、そのあとにはかならずブルジョア・ヘゲモニーの再構成がつづくことになり、したがって結局のところ、政治的闘争は依然として階級間のゼロサムゲームなのである。これがグラムシの思想に内在しつづける本質主義的核心であり、それはヘゲモニーの脱構築的な論理に制限を加える。しかしながら、ヘゲモニーはつねに基本的な経済的階級と一致しなければならないと主張することは、たんに経済が最終審級で決定することを再確認するだけではない。その主張は次のことも意味している。つまり、経済が、ヘゲモニーを再構成する社会の潜在力に、克服不可能な制限を与える以上、経済的空間を構成する論理自体がヘゲモニー的でないのだ。ここに、経済を必然的法則によって統一化された同質的空間と見なす、自然主義的な先入観が、その力を余すところなくふたたび現われる。

この基本的な曖昧さが明確に見られるのは、グラムシの「陣地戦」の概念においてである。私たちはすでに、古典的マルクス主義の言説における軍事的メタファーの機能に注意を促したが、カウツキーからレーニンにいたるまで、マルクス主義的な政治の構想は、クラウゼヴィッツに多くを負う想像力に依拠してきたと言っても過言ではないであろう。(17) その主たる帰結が、隔離効果と呼ばれうるものであった——というのも、社会的勢力間の関係が軍事的関係として理解される場合、それぞれに固有の別個のアイデンティティーはつねに保持されるからである。カウツキーの「消耗戦」から、ボルシェヴィキ化攻勢および「階級対階級」の極端な軍事主義にいたるまで、厳格な分割線の確立が政治の条件そのものと考えられた——そこで構想されていた「政治」とは、たんに階級闘争の地形の一つにすぎない。それとは対照的に、グラムシにとって「陣地戦」は、ある文明の発展的解消と、新しい階級核を中心にした別の文明の構築とをともなう。かくして、対立者たちのアイデンティティーは、はじめから固定化されているどころか、その過程のなかで絶えず変化する。これが厳密な軍事的意味での「陣地戦」とほとんど関係しないことは明らかである。

というのも、厳密な軍事的意味での「陣地戦」では、敵勢力が味方側に継続的に移行することなどないからである。それどころか、グラムシの「陣地戦」では、軍事的メタファーは正反対の方向でメタファー化されている。つまり、レーニン主義においては政治の軍事化があったのだとすれば、グラムシにおいては戦争の脱軍事化があったのである。[18] にもかかわらず、こうした非軍事的な政治の構想への移行は、そうした新しいヘゲモニーの——そしてもちろん古いヘゲモニーの——階級的核は全過程を通じて不変であると論じられるところで、ちょうど限界に達する。この意味で、古典的マルクス主義とグラムシの対決のなかには、連続性の要素が存在するのであり、闘争しあう二つの軍隊というメタファーは、その生産性を部分的に保持しうるのである。

かくして、グラムシの思想は、労働者階級の地位に関する基礎的な曖昧さのまわりで宙吊りにされているように思われる。そしてこの曖昧さは最終的に、彼の思想を矛盾した立場に導く。一方において、労働者階級の政治的中枢性は、歴史的で偶然的なものである。それによって労働者階級は、自分の殻から抜け出し、自分自身のアイデンティティーを、複数の闘争および民主的要求と節合することによって転換することを求められるのである。他方において、この節合の役割を労働者階級に割り当てているのは、経済的土台であるように見えるであろう——ゆえに、労働者階級の中枢性は必然的なものであるように見えるであろう。ラブリオーラにおける形態学的で本質主義的な構想から、〔グラムシにおける〕

ラディカルな歴史主義的構想[19]への移行は、まだ首尾一貫したかたちでは成し遂げられていない、という印象は免れない。

いずれにせよ、グラムシの思想を、第二インターナショナル・マルクス主義のさまざまな古典的潮流と比較すれば、彼のヘゲモニー概念のラディカルな新しさは一目瞭然となる。第一次大戦後、カウツキー[20]は社会主義への移行の民主的な構想を定式化した。そのとき彼は、ボルシェヴィキの経験を対抗モデルとして利用した。ロシアにおけるような後進性の条件で社会主義への移行を成し遂げようとすれば、独裁的な諸実践は不可避的であったにもかかわらず、そうした独裁的実践の責任は――カウツキーの見解によれば――ボルシェヴィキにあるというのだ。しかしながら、彼が提案したオルタナティヴは、資本主義的発展の神話的法則が社会的敵対を単純化するまで待機する、というものであった。つまり、そうすれば「大衆」と「階級」のズレが消失し、それとともに指導者と被指導者の分裂の可能性もすべて消失する条件が出揃う、というのである。それとは反対に、グラムシのヘゲモニー理論は、社会的複雑性を政治的闘争の条件そのものとして容認し、そして――レーニン主義的な「階級同盟」論に関する三つの置換を通じて――歴史的主体の複数性と両立しうる政治の民主的実践のための基盤を整備したのである[21]。

ベルンシュタインについていえば、グラムシはベルンシュタインによる政治の優位の肯定を共有し、また階級帰属には還元しえない闘争と民主的要求との複数性の容認を共有している。しかし、ベルンシュタインにとってこうした個々の闘争と要求が統一化されるのは、唯一、ある画期的な水準で進歩の一般法則が介入することを通じてである。そうしたベルンシュタインとは異なり、グラムシには発展の原理の余地はない。闘争に意味を与えるのはヘゲモニー的節合であり、闘争が——社会主義的な視点から見て——進歩的であることは前もって保証されない。それゆえ歴史は、民主的改良の上昇的連続体としてではなく、ヘゲモニー的形成体や歴史的ブロックの不連続的系列として見なされる。私たちが前に行なった区別の用語でいえば、グラムシはベルンシュタインと「改良主義」を共有しているかもしれないが、「漸進主義」を共有していないのは明らかである。

ソレルに関しては、状況はより複雑である。疑いなく、ソレルは彼の「ブロック」と「神話」の概念において、グラムシよりもラディカルに、歴史の基底にある形態学についての本質主義的ヴィジョンと決別している。この点において、そしてこの点においてのみ、グラムシの歴史的ブロックの概念は一歩後退を表わす。しかしながら、それと同時に、グラムシのパースペクティヴはソレルよりも明らかに前進している。というのも、グラムシの節合としてのヘゲモニー理論には民主的な複数性の理念が含まれているのに対して、ソレルの神話はたんに階級の統一性を再現するよう定められていたからである。この神話を引き継いだその後の諸変型は、社会内部のラディカルな分割線を確保しようとしただけで、けっしてヘゲモニー的再集結の過程を通じて新しい統合的国家を構築しようとはしなかったであろう。

た。「陣地戦」の考えは、ソレルのパースペクティヴとはラディカルに異質なものであった。

社会民主主義——停滞から「計画主義」へ

ヘゲモニー的政治への転回は、政治的かつ理論的な空虚を埋めるためになされたのであったが、そうした空虚は、第一次世界大戦後の各国の社会民主党による実践にも見出される。このケースでは、厳密に階級的な課題と、運動の新しい政治的な課題とのズレは、ある特徴的なかたちをとった。それは、労働運動から出てくる要求と提案のリストが限定的であったのに対して、戦後の危機の結果として政権へと投げ込まれた社会民主党が直面した政治的問題は多様で複雑であった、という矛盾である。この新しくて特異なかたちの「不均等で複合的な」発展は、次のような社会的勢力には政治的な麻痺効果をもたらさざるをえなかった。麻痺効果を被ったのは、「客観的条件」が熟せば生産力の漸進的発展が、自分たちを政権に導いてくれるだろうと想定して、生産力の漸進的発展にすべてを賭けていた社会的勢力である。この場合、社会民主党の厳密に階級主義的なメンタリティーの否定的な帰結がすべて生じることになった。このことは、戦後の危機の結果として生まれた広汎な民主的要求と敵対とをヘゲモニー化することの能力が、社会民主党において限られていたことに見られた。

かくして、世紀の変わり目から第一次世界大戦の終わりにいたるヨーロッパの社会主義運動は、革命政党を装いながら、実は労働組合のたんなる議会内機関にすぎなかったのである。その実際の活動は、労働組合の諸問題に限られ、その建設的行動は、賃金と労働時間、社会保障、関税問題、あるいはよくいって選挙法改正などの諸問題に限られていた。軍国主義に対抗する闘争、および戦争阻止は、重要であったにもかかわらず、党の主要な仕事にとっては「付随的なもの」にすぎなかったのである。(22)

このメンタリティーは、終戦から大恐慌までの期間、社会民主主義の活動全体を支配することになった。たとえばドイツでは、一九一八年一一月以降、社会主義人民委員会議による布告のほとんどは、もっぱら労働組合の要求と選挙制度の改良とに関するものであり、重要な政治的・経済的問題と向き合う試みはまったくなされなかった。この狭量な階級主義的メンタリティーはまた、社会民主党が政権についた社会でラディカル・デモクラシー化政策がまったく存在しなかった事態にも反映していた。階級主義的メンタリティー——それが改良主義的か革命的かはほとんど関係ない——は、新しい人民的なヘゲモニー・ブロックの内部でさまざまな民主的要求および敵対を節合しようとする集合的意志の構築への道を閉ざしたのである。軍隊も官僚制もまったく改良の手を加えられなかった。そして外交政策については、社会民主党政府——とりわけ、他の政治的勢力が支配していた内閣に参画した社会主義者の閣僚——は、支配的な潮流に追従するにとどまり、いかなる政治的オルタナティヴも定式化しなかった。

厳密な意味での経済の分野においては、戦後の社会民主主義国の支配的な政策は、国有化(「社会化」と呼ばれた)の政策であった。オットー・バウアーは『社会主義への道』[23]において、企業の民主的管理とともに段階的な国有化を提案した。国有化プロジェクトはオーストリア以外の数多くの国にも現われ、そのなかでもドイツ、英国《ブリテン》、スウェーデンなどでは、社会化計画を調査するための委員会が設置された。だが、こうした活動からは何も生まれなかった。「いくつかの国では社会民主党員が政府を形成したり政府に参入したりしたが、社会化の最初の試みの世界的成果はゼロであった。つまり、一九三六年のフランス軍事産業の例外を除けば、西欧で戦間期を通じて社会民主党政府によって国有化された会社は一つもなかった」[24]。社会化の大失敗のあと大恐慌の時期まで、社会民主主義は経済プロジェクトのオルタナティヴをまったくもたなかった。

この失敗にはさまざまな理由があるが、それらは結局のところ、二つの主たる要因に由来する。第一に、ヘゲモニー的プロジェクトが欠如していた。つまり、広汎な民主的闘争の前線を節合する試みをすべて断念し、その代わりにただ労働者の利益を代表したいと望むだけだったので、社会民主主義は、国家の諸装置の社会的・政治的論理を変更する力をもたなかったのである。この地点で選択肢は明確となった。つまり、労働者階級の諸セクターに有利な社会的措置をできるだけ多く獲得するために、ブルジョア内閣に参画するか、あるいは野党側に参入してみずからの無力さを倍加させるか、このいずれかであった。社会民主主義の特徴として、労働組合の利益の圧力団体的な性質があったために、前者の選択肢がほとんどつねに強要された。

しかしながら、構造的変化に関する社会民主主義の麻痺には第二の理由があった。それは、第二インターナショナルの経済主義の残存、つまり経済は必然的法則によって支配され、意識的な規制を寄せつけない同質的な空間を構成するという見解の残存である。A・シュトゥルムタールは鋭敏なコメントをしている。

まったく奇妙なことに、急進主義的《ラディカル》マルクス主義の伝統が、ヘルマン・ミュラーその他の右派指導者たちのなかにまだ生きており、それが彼らの頑固なレッセ・フェール支持を強めた。「資本主義は改良されえない」という信念は、マルクス主義の信条の一部であるが、それは、社会主義政党をそのはじまりにおいてすべての中産階級的な改良運動から分離するために考案された。資本主義はそれ自身の法則にしたがうものと考えられ、……社会主義革命だけが旧体制の社会的諸弊害を一掃しうるとされた。この理論は明白に、民主的方法への信念よりも、革命的方法への信念を含意していた。しかし、社会主義運動は、デモクラシーを容認したときでさえ、当初の理論の基礎的イデオロギーを完全に捨てることはなかったのである。この見解によれば、資本主義政府の運営は、伝統的な資本主義経済の枠組みの内部でなされねばならなかった。……かくしてヘルマン・ミュラーは、他の点では彼に深い不信を抱いていた急進主義者《ラディカル》たちの支持を受けたのである。(25)

こうしたパースペクティヴに変化を余儀なくさせ、同時に社会民主主義的政治の再定義のための新しい基盤を与えたのは、大恐慌であった。一九三〇年代の「計画主義」は、新しいタイプの態度の最初の表現であった。ケインズ主義の実行は、新しい福祉国家型の経済的オルタナティヴを創出した。その間、高賃金政策が、総需要の拡大に貢献し、それによって経済成長の刺激となるかぎりにおいて、ケインズ主義のもとで労働者の利益に普遍主義的な地位が認められるようになった。(26)

しかしながら、絶頂にある計画主義——計画主義の主要な唱道者であるアンリ・ド・マンの作品で定式化されているような(27)——は、たんなる経済的提案以上のものであった。それは、社会主義運動の目的をラディカルに新しい反経済主義的な型につくりなおす試みであった。すでに私たちが経済主義的で還元主義的な型のマルクス主義の危機のうちに出現するのを見てきた要素のすべてが、ド・マンにおいて現われている。たとえば、経済的「利益」を土台にした主体性の合理主義的な構想への批判（彼は精神分析を真剣に研究した最初の社会主義者の一人であった)。階級還元主義への批判。労働者階級よりも幅広い大衆ブロックの必然性。社会主義を国民的なオルタナティヴとして、新しい基盤のうえでの国民の有機的再構成として提唱する必要性。社会主義的な集合的意志の多様な構成要素を接着してくれるような――ソレル的な意味での――神話の要請、など。それゆえ、「計画」はたんなる経済主義的な道具ではなかった。それは、ブルジョア社会の衰退と闘い、ファシズムの進軍に対抗することを可能にする歴史的ブロックの再構成のための、枢軸そのものであったのである(ド・マン個人は、一九三八年以降、親ファシズム的な立場をとった。また、フランスにおけるマルセル・デア派の社会主義者たちも同様の展開を見せた。だからといって私たちは、戦争と大恐慌以後の社会情勢の転換のなかで、社会主義に政治的イニシアティヴを取り戻そうとする現実的な努力としての計画主義の意義を忘れるべきでない。計画主義のテーマの多くは、一九四五年以後の社会民主主義の共同財産となっているーーもっとも、共同財産になったのはとくにその経済ーテクノクラート的な側面であり、よりラディカルで革新的な政治的洞察は、概して捨て去られる傾向にあったが)。

これに関連して、これまでしばしば注目されてきた曖昧さを想起することが有益である。それは、第二次世界大戦後の社会民主主義的政治の制限化の核心に触れる曖昧さである。(28) 計画主義の左翼的支持者たちのプロジェクトは、資本家セクターが次第に消失していくような混合経済を確立することであった。かくしてそれは、実際には社会主義への移行の道であった。しかしながら、計画主義者たちのなかでよりテクノクラート的な連中にとって重要だったのは、資本主義の進行に内在する不均衡を——とくに信用統制を通じて——矯正するような国家の介入の領域を創出することでしかなかった。こうした〔左翼かあるいはテクノクラートの〕選択肢《オルタナティヴ》のそれぞれが明確に示しているのは、左派の選択肢も右派の選択肢も、ともに経済的政策に関係していたことである。それに対して、ラディカル・デモクラシー化と新しい集合的意志の構築のプロジェクトは、不在であったか周辺的位置を占めるにすぎなかった。一九四五年以前、ヘゲモニー的節合の試みをことごとく妨げていたのは、社会民主主義運動の頑固な階級主義であった。一九四五年以後——福祉国家の創出とともに——、この階級主義はかなり弱まったが、もちろん民主的過程が深まる方向で弱まったのではなく、ケインズ主義的国家の拡大を通じて弱まったにすぎない。つまり、ケインズ主義的国家においては、もはやさまざまなセクターの利益が、明確な階級線に沿って規定されなくなっただけのことである。この意味において、社会民主主義は、既存の国家形態の内部での政治-経済的オルタナティヴであり、既存の国家形態に代わるラディカルなオルタナティヴではなかった（ラディカルなオルタナティヴということで私たちが言っているのは、現行国家の暴力的打倒をともなう「革命的な」オルタナティヴのことではなく、国家ならびに市民社会の内部で、支配的なヘゲモニー形態に対抗する「陣地戦」を可能にする、多様な敵対の深化と節合のことである）。このヘゲモニー的なオルタナティヴの不在の結果として、社会民主主義は、一方で労働組合との特権的でプラグマティックな関係へと、他方で多かれ少なかれ左翼的ではあるがテクノクラート的な政策へと、みずからを貶めた。そのどちらにせよ、それらが社会民主主義のなかで組み合わさり、すべては国家水準で実施される解決策に依存するようになった。ここに、ある綱領の「左派性」の程度は、それが国有化しようとする会社の数によって測定される、などという不合理な考えの根がある。

本質主義の最後の砦——経済

私たちのこれまでの分析は、二つの異なるパースペクティヴから理解されうる。もっとも、厳密にいえばそれらは互いに補いあっているが。第一の視点から見ると、私たちが提示してきた図柄は、正統派パラダイムが解体していく分裂と分断の過程である。しかし、このパラダイムが占めていた空間は空虚なままではない。第二の視点から見ると、その分裂と分断の過程は、新しいヘゲモニーの節合と再構成の論理が出現し拡大していく過程として理解されうるのである。それでも、この拡大がある限界に直面したのを私たちは見た。つまり、労働者階級が、階級同盟における政治的指導者として考えられるのであれ（レーニン）、歴史的ブロックの節合的核として考えられるのであれ（グラムシ）、その基本的アイデンティティーは、ヘゲモニー実践が作用する地形とは異なる地形において構成されるのである。かくしてそこには、どんな戦略的－ヘゲモニー的構想もまたぐことのできない敷居がある。そして経済主義的パラダイムの妥当性が、ある審級で維持されている——その審級は歴史の合理的基層であるから、それは最終審級だが決定的審級である——ならば、それには必然性が与えられ、したがってヘゲモニー的節合は、たんなる偶然性としてしか構想されない。この最終的な合理的基層が、すべての歴史過程に傾向的意味を与える。それは社会的なものの地勢学において特有の位置を占める。どこでかといえば、経済の水準においてである。

かくして、経済的水準がヘゲモニー実践の主体を構成する。しかしながら、経済的水準がこの役割を果たすためには、三つの非常に厳格な条件を満たさねばならない。第一に、その運動法則は厳密に内発的でなければならず、政治などの外的介入から生じる非決定性をすべて除外しなければならない——さもなければ、主体を構成する機能は経済にのみ割り当てられるわけにはいかなくなるだろう。第二に、経済的水準で構成される社会的行為者の統一性と同質性は、この水準の運動法則そのものから生じるものでなければならない（経済の外部にある再構成の審級を必要とするような、位置の分断化と分散はすべて除外される）。第三に、こうした行為者が生産関係のなかで占める位置は、行為者に「歴史的利益」を付与しなければならない。したがって、たとえ行為者が——「代表・再現前《リプレゼンテーション》」のメカニズムを通じてであれ、「節合」のメカニズムを通じてであれ——経済以外の社会的水準に現前するとしても、このことは最終的には経済的利益を土台にして説明されなければならない。それゆえ、経済的利益は、ある特定の社会的領域に限定されず、社会全体を包括するパースペクティヴのための係留点なのである。

経済主義と還元主義を乗り越えようと懸命に闘争したマルクス主義の潮流でさえも、いま私たちが記述したような経済的空間の構造化についての本質主義的な構想を、何らかの仕方で維持した。かくして、マルクス主義内部での経済主義的潮流と反経済主義的潮流とのあいだの論争は、歴史過程の規定において上部構造にどれだけ重要性が付与されるべきかという、副次的な問題へと必然的に縮小された。だが、もっとも「上部構造主義的」な構想も、自然主義的な経済ヴィジョンを保持した——その構想が経済の効果の範囲を制限しようと試みたときでさえも。本章の残りの部分で私たちは、この正統派的本質主義の最後の砦について検証したい。現代の論争を参照しながら、私たちは次のことを論証しようと試みたい。すなわち、経済の空間それ自体が一つの政治的空間として構造化されること、そしてそこでは、社会の他のあらゆる「水準」においてと同様に、私たちがヘゲモニー的なものとして特徴づけた実践が完全にはたらくこと、これである。しかしながら、この課題にとりかかる前に、これまで経済主義が批判される際にしばしば混同されてきた、二つの非常に異なる問題を区別する必要がある。第一は、経済的空間の本性および構成にかかわる問題である〔経済の審級それ自体の特質の問題〕。第二は、経済的空間それ自体にとっては外的な社会的過程の規定において、経済的空間はどれだけ重要なのかという、第一の問題とはまったく関係のない問題である〔経済の審級と他の審級とのあいだの相互決定の関係の問題〕。第一の問題こそ決定的なものであり、本質主義的パラダイムとのラディカルな決別のための土台をなす。第二の問題は、私たちがこれから本書で明らかにしようと試みる諸理由から、社会的なものの一般理論化の水準では決着できない（ある情勢において、社会のすべての水準で生じることが、経済の水準で起こることによって絶対的に決定されると主張することは、第一の問題に対する反経済主義的な応答と——厳密にいえば——論理的に両立不可能というわけではないのである）。

私たちが述べた、最終的には経済的水準がヘゲモニー的主体を構成するための三つの条件は、古典的マルクス主義理論の三つの基礎的テーゼに合致している。第一に、経済の運動法則の内発的性質に関する条件は、生産力の中立性のテーゼに合致している。第二に、経済的水準での社会的行為者の統一性の条件は、労働者階級は次第に同質化し貧困化するというテーゼに合致している。そして第三に、生産関係は経済的領域を越えた「歴史的利益《インタレスト》」の場所でなければならないという条件は、労働者階級は社会主義に基本的な利害関心《インタレスト》をもっているというテーゼに合致している。私たちはこれから、これら三つのテーゼが誤っていることを論証しようと試みたい。

マルクス主義にとって生産力の発展は、社会主義へと向かう歴史的発展において鍵となる役割を果たす。ここで前提となっているのは、「過去の生産力の発展が社会主義を可能なものにし、そして未来の生産力の発展が社会主義を必然的なものにする」[29]ことである。生産力はプロレタリアートの形成の根源にある。生産力が発展するにつれて、プロレタリアートはますます数を増やし、搾取されていく。その歴史的使命は、高度に社会化され発展した生産力を占有し集団管理することである。目下のところ、資本主義的生産関係がこうした生産力の発展に対する克服不可能な障害となっている。それゆえ、ブルジョアジーとプロレタリアートのあいだの矛盾は、第一義的な経済的矛盾の社会的・政治的表現である。経済的矛盾が、生産力の一般的な発展法則を、資本主義的生産様式に特有の発展法則へとつなぐ。この見解によれば、歴史が意味と合理的基層とをもつのは、生産力の一般的な発展法則のおかげである。ここから経済は、人間の行動から独立して客観的現象に作用する、社会の一メカニズムとして理解されうるようになる。

さて、こうした生産力の一般的な発展法則が完全に妥当するためには、生産過程に介入するすべての要素がその法則の決定にしたがうことが必要である。このことを保証するために、マルクス主義はある虚構に訴えねばならなかった。つまり、労働力を商品として構想したのである。サミュエル・ボウルズとハーバート・ギンタスは、この虚構によっていかにマルクス主義が、資本主義的生産過程の一要素としての労働力の諸特徴全体を理解できなくなってしまうかを示した。労働力が、生産に必要な他の要素と異なっているのは、労働力について資本家は、たんに購入する以上のことをしなければならない点である。つまり資本家は、労働力が労働を生み出すようにもしなければならないのである。これは本質的な側面である。しかしながら、労働力を商品として構想すると、労働は商品の使用価値となる。したがって、この構想には労働力の本質的な側面が含まれない。というのも、もし労働力が他の要素と同様の商品にすぎないならば、明らかにその使用価値は、それが購入された瞬間からただちに自動的に有効なものになりうるからである。

> 労働を資本に対する労働力の使用価値として定めてしまうと、まったく基本的な区別が覆い隠されてしまう。それは、社会的実践の能力を有した人々に具体化された生産的投入と、その他の、その生産的サーヴィスの「消費」が資本による所有だけで保証されてしまうような投入との区別である[30]。

資本主義が労働を組織化することの大部分は、資本家が購入した労働力から労働を搾り取る必要があることの結果としてのみ理解されうる。このように資本家は、労働過程のまさに核心部において、みずからの支配を行使する必要があるのだ。この必要が理解されなければ、生産力の発展は理解不可能である。これによってもちろん、生産力の発展を自然的な、自発的に進歩する現象として考えることは全面的に疑問視されることになる。それゆえ私たちは、経済主義的な視点の二つの要素――商品としての労働力と、中立的な過程としての生産力の発展――が、互いに補強しあっていることを理解することができる。労働過程に関する研究がマルクス主義の伝統のなかで長いあいだ軽視されていたことは、不思議なことではない。

ついに論争の引き金を引いたのは、ブレイヴァマンの『労働と独占資本』[31]の公刊であった。同書が擁護するテーゼは、資本主義下のテクノロジーの指導的原理は構想と実行の分離であり、それがさらに労働の劣化と「脱熟練化」とをもたらす、というものである。資本家はこのようにして労働者を支配し、労働過程を統制しようと闘争する。テイラー主義は、この闘争における決定的な契機である。資本が労働過程の統制を直接的生産者からもぎ取る必要がある背景には、資本蓄積の法則がある、とブレイヴァマンは仮定する。しかしながら彼は、なぜこの法則が、労働者の熟練技能を破壊して彼らをただの実行者へと堕落させようとする絶え間ない〔資本の〕努力を通じてあらわれるのかについて、現実的な説明をしていない。そのとき彼は、とりわけ、この〔資本の〕支配の論理を全能の力――明らかに縛られることなく作用する――として提示する。あたかも資本が利用できる経済的力は、歴史の発展進路に抵抗して影響を及ぼすことを、労働者階級に許さないかのようだ。ここには、商品としての労働力、つまり資本の論理に全面的に従属した労働力という旧来の考えが、依然として効果を発揮しつづけている。

ブレイヴァマンの立論とは反対に、商品としての労働力という考えを批判し、商品の使用価値としての労働という考えを批判することによって、私たちは、資本は労働過程を統制する必要があるのだということを理解できる。事実、ひとたび労働力が購入されれば、そこから最大限可能な労働が搾り取られねばならない。ここから、労働過程は一連の支配関係なしには存続しえなくなる。ここからまた、資本主義が労働を組織化することは、独占資本主義が到来するずっと以前から、生産の技術であるだけでなく支配の技術でもなければならなかった。この側面は、これまで数多くの作品のなかで強調されてきた。たとえば、スティーヴン・マーグリンとキャサリン・ストーン(32)はこう論じている。労働の分断化と専門化は、効率性などとはまったく関係がなく、資本が労働過程を支配することの結果なのだ、と。労働者は社会的実践の能力を有するのだから、彼は押しつけられた統制メカニズムに抵抗して、それとは違う別の技術を使用するよう資本家に強制することができるであろう。かくして、労働過程の展開を決定するのは純粋な資本の論理ではない。労働過程は、たんに資本が支配を行使する場所ではなく、闘争の場なのである。

西欧と合衆国でなされた最近の数多くの研究は、労働過程の展開を、労働者と資本家とのあいだの力関係の視点から、そして労働者の抵抗の視点から分析している。こうした研究は「生産の政治」の存在を明らかにし、資本主義の発展は競争の法則と蓄積の必要性との結果にすぎないという考えに挑戦している。リチャード・エドワーズは『争われた地形[33]』において、〔資本による〕統制の三つの主要形態を区別している。単純統制（警戒を基本とする）。技術的統制（組み立てラインに見出されるような機械のリズムへの労働者の従属に合致する）。そして最後に、官僚制的統制（位階的権力の制度化を通じてあらわれる）。官僚制的統制は、もはやそれ以前の統制形態のように労働過程の物理的構造に依存するのではなく、その社会的構造に依存する。エドワーズは、労働者の抵抗があるからこそ、資本は新しい統制形態を試す必要に駆られるのだ、と主張する。同様に、ジャン＝ポール・ゴドマールは、フランスのケースにおけるテクノロジー的支配の四つのサイクルを区分している。

〔第一に〕「一望監視的」サイクル。〔第二に〕（工場内および工場外での）拡張的規律化のサイクル。〔第三に〕機械化をモデルにして再編成された労働過程における規律の内面化をともなう、二重の過程に基づくサイクル。これを私は機械論的規律のサイクルと呼ぶことを提案する。そして最後に、契約的規律のサイクル。ここでは、規律の内面化が、形式上および実際上の部分的な権力委譲によって進行する[34]。

一九六〇年代イタリアの労働者主義者《オペライスタ》たちに目を移せば、彼らは、資本の発展が、その論理を労働者階級に見境なく押しつけるどころか、いかに労働者階級の闘争に従属しているかを論証した。たとえばマリオ・トロンティ(35)は、労働者階級の闘争が、資本にその内的構成と支配形態とを変更するよう強制してきたと指摘している。というのも、労働者階級は、労働日を制限することによって、絶対的余剰価値から相対的余剰価値へ移行するよう、資本を強要してきたからである。これを受けてパンツィエーリは、生産とは「政治的なメカニズム」であり、「労働のテクノロジーと組織化を、階級間の力関係を打ち立てるものとして(36)」分析することが必要である、というテーゼを支持するようになった。こうした研究に共通した考えはこうである。つまり、労働過程の組織形態の変化は、たんに絶対的余剰価値と相対的余剰価値との差異の観点からは理解されえないので、資本主義的統制に特有の歴史的形態は、社会的関係全体の一部として研究されねばならない、ということである。さらに比較史分析は、さまざまな国のあいだにある重要な差異を明らかにしている。たとえば英国《ブリテン》では、労働組合が強いがゆえに、他国に比べて変化に対する抵抗が大きなものになっている。

こうした観点から労働者の闘争を理解するならば、明らかに、それを資本主義の内発的論理によって説明することはできない。なぜなら、労働者の闘争の活力そのものを、労働力の「商品」形態に包摂することはできないからである。ここでは、資本の論理と労働者の抵抗の論理とは分裂しており、それが資本主義的労働過程の組織化に影響を及ぼしている。しかし、もしそうであるなら、生産力の拡大の性質およびリズムもまた決定的な影響を受けざるをえない。かくして、生産力は中立的であり、その発展は自然的で単線的なものとして構想されうるというテーゼには、まったく根拠がないのである。このことはまた、経済を自律的で自己制御された世界として理解するのを可能にする唯一の根拠をも取り除くことになる。それゆえ、社会的行為者の構成において経済的領域に排他的特権が与えられるという、私たちの第一の条件は満たされない。

この結論によってすでに、私たちの第二の条件もまた満たされないのではないかと思われる。というのも、主体が経済の側にはない論理によって統一化されるのであれば、経済はそのような主体を構成することがほとんどできないからである。それでも、「労働者階級」という主体の多様な位置のさまざまな脱中心化について検討することは重要である。第一に、ほかならぬマルクスにおける労働者階級の概念が、それぞれ固有の運動法則をもった二つの別個の関係を扱っている。一つは、労働力の販売を通じて確立される賃金関係である——これは労働者をプロレタリアートに変える。もう一つは、労働者が労働過程において占める場所から帰結する関係である——これは労働者を肉体労働者にする。この二分法が、マイケル・ブラウォイ(37)による生産の関係と生産における関係とのあいだの示唆に富む区別の下地になっている。この区別がマルクスには見えなかったのだとすれば、その理由は、その二つの関係がマルクスの直面した歴史的経験においては一致する傾向にあったからだけではない。労働力を単純な商品として理解することによってマルクスは、労働過程において確立される関係に自律性と有意性をいっさい認めない傾向にあったことにも、その理由はある。しかしながら、依然として明らかなのは、その二つの関係はそれぞれ異なった仕方で発展しつづけ、その結果、その二つの関係を統合していた「労働者階級」という共通ラベルが問題含みのものになっていることである。つまり、賃金関係のほうは先進資本主義において一般化したのに対して、工業労働者階級のほうは数ならびに重要性の点で衰退した。この非対称性が、労働者階級の境界をめぐる最近の論争を支配してきた曖昧さの根源にある。

労働者階級の統一性の構成に特有のメカニズムとして、貧困化理論を支持することはもはやできない。このことが判明すると、労働者階級の統一性のための経済的土台を発見しようとする二つの新しい試みがなされた。一つは、「脱熟練化」現象を中心としたもの(ブレイヴァマン)であり、もう一つは、「真の」労働者階級を構成する、より限定的な労働者の核を同定しようとしたもの(プーランツァス)である。ブレイヴァマンは、テイラー主義分析から出発して、こう論じる。構想と実行の分離から帰結する労働の劣化は、さらに広汎な労働者層を——彼らが商品生産部門に雇用されているかどうかにかかわらず——、プロレタリアート化した労働者階級のカテゴリーへと引き込むのだ、と。(38) 彼によれば、マルクスが予見した分極化はそれゆえ実現に向かっている途中にあるのであって、労働条件の劣化の進行は、労働者にみずからを組織化しシステムに対抗して政治的に闘争するよう促すだろう。しかしながら、北米の労働者階級を扱う研究のなかで、このブレイヴァマンの同質化テーゼを共有しているものはほとんどない。それどころか、一般的な傾向としては、労働者階級の分裂と分断が強調されている。たとえばエドワーズ、ゴードン、およびライクの研究は(39)、労働過程における統制形態が、人種差別《レイシズム》および性差別《セクシズム》と結びつきながら労働市場の細分化《セグメンテーション》を生みだし、それが労働者階級の分裂へと結晶化していった様子を示している(40)。西欧での同様の研究(41)もまた、社会的構造の単純化が進行するというテーゼを論駁しており、そして現在の一般的傾向は、経済の次のような二つのセクター間での分極化に向かっていることを確証している。つまり、十分な賃金と保護のある一般セクターと、いかなる保障も受けていない非熟練ないし半熟練労働者という周辺セクターとのあいだの分極化である。私たちはこれに第三のセクターとして、数が不断に増加している構造的失業者を付け加えることができるかもしれない。そうすれば、同質化テーゼは本当に維持されえないことが明らかになる。さらに、脱熟練化についていえば、それはブレイヴァマンが考えたような一般的性質を示していない。つまり、それはいくつかのセクターでは進行しているにもかかわらず、新しい熟練技能の創出という並行した過程もまた進行しているのである。

さらに、二元的な労働力市場の創出についていえば、それは、労働者の抵抗と闘う資本家のさまざまな戦略に関連づけられるべきであって、資本主義的発展の単純な結果として理解することはできない。かくしてアンドリュー・フリードマンは、英国《ブリテン》のケースにおいて、労働者集団のあいだに資本家の権威に対する抵抗力の違いがあり、それぞれの抵抗力に応じて資本家がさまざまな戦略を用いている様子を示した(42)。ある一国内で、また同一の会社内で、中心的労働者と周辺的労働者の区別がなされうる。彼らはそれぞれ異なった労働市場に属している。そして彼らの賃金と労働条件には、彼らの不平等な抵抗力が反映されている。一般に女性と移民は保護のない市場におかれている。しかしながら、フリードマンはこのような細分化《セグメンテーション》を、労働者階級を分裂させる陰謀の結果としてではなく、組合も重要な役割を果たす力関係の帰結として理解する。それゆえ、労働者階級内部での分裂は多くの者の期待に反して根が深く、そしてある程度は労働者自身の実践の結果なのである。それはたんに経済的な分裂ではなく、政治的な分裂である。

今日、労働者階級の同質性について語ることは不可能であり、ましてや、それが資本主義的蓄積の論理に内在するメカニズムに由来すると考えることなど不可能である。それゆえ、労働者のアイデンティティーは共通の利益を中心に構成され、しかも生産関係における階級的配置から帰結するという考えを維持しつづけるために、私たちが前に言及した第二の方向性が試みられた。つまり、より限定的な定義を用いて真の労働者階級を突き止める試みである。そこでは、分断の現実は全面的に受けいれられて、統一的アイデンティティーは、分断によって生じた断片の一つに帰せられる。この点において、ニコス・プーランツァスとエリック・オーリン・ライトの論争を検討することが有益である。[43] プーランツァスによれば、生産的労働が労働者階級の境界を同定《アイデンティファイ》するための基準であり、[44] そして非生産的賃金労働者は「新しい小ブルジョアジー」を構成する。〔分断の結果生まれた〕相互に異質な諸セクターは、この「新しい小ブルジョアジー」のカテゴリーに包摂されることになり、諸セクターの異質性はプーランツァスにとって特別な問題とはならない。彼の見解では、経済的水準だけで階級を規定することはできず、また新旧の小ブルジョアジーは、プロレタリアートとブルジョアジーに対しては同じイデオロギー的位置を占める。したがって彼は、新旧の小ブルジョアジーを同じ階級カテゴリーに分類することはまったく正当であると思ったのである。このアプローチは、エリック・オーリン・ライトによって批判された。彼は、プーランツァスの生産的労働の定義を拒絶するだけでなく、そのような基準が労働者階級の境界を規定するのに役立つという考えそのものを拒絶する。彼の立論はこうである。生産的労働と非生産的労働とが区別されるからといって、非生産的労働者は〔労働者階級と〕異なる階級利益をもち、社会主義に関心をもたない、ということではけっしてない。彼は述べる。

> 社会的分業における二つの位置〔プロレタリアートとブルジョアジー〕が、経済的基準を基礎にしてそれぞれ異なる階級に位置づけられていることの含意は、その二つの

位置は経済的水準で基本的に異なる階級利益をもつ、ということである。(45)

彼が提起する解答は、「曖昧な」階級位置と「曖昧でない」階級位置とを区別することである。そして「曖昧でない」階級位置が、プロレタリアート、ブルジョアジー、および小ブルジョアジーなのである。(46) これら三つの曖昧でない位置とともに、ライトは彼が「矛盾した階級位置」と呼ぶものを、つまり二つの曖昧でない位置の中間を区別する。経済的基準が「矛盾した階級位置」を示す場合には、イデオロギー的・政治的闘争が階級利益の規定において決定的な役割を果たすことになる。

このような「真の」労働者階級のディオゲネス的探求の理由は、もちろん、政治的なものである。つまりその目的は、社会主義的パースペクティヴと直接つながる経済的利益をもち、それゆえ反資本主義的闘争を指導するよう定められているような労働者カテゴリーを規定することである。しかしながら、このように労働者階級の限定的な定義から出発するアプローチには問題がある。すなわち、そうしたアプローチは依然として「客観的利益」の概念に基づいているのである。「客観的利益」の概念は理論的基盤をいっさい欠いており、分析家が恣意的に利益を何らかの社会的行為者のカテゴリーに帰すといったほどのことしか意味しない。古典的見解では、階級の統一性は利益を中心にして構成されるものではあったが、しかしそれは社会的構造の与件ではなかった。それは統一化の過程であった。もっともそれは、生産力の発展と一緒に進行する貧困化およびプロレタリアート化から帰結するものではあったが。ブレイヴァマンのいう脱熟練化を通じた同質化は、これと同じ説明水準に属している。客観的利益は歴史的利益であった。なぜならそれは、科学的知によって認識される歴史の合理的で必然的な運動に依存していたからである。黙示録的歴史の構想だけを放棄して「客観的利益」の考えは保持する、などというのは不可能である。というのも、「客観的利益」は黙示録的歴史の構想の内部でのみ意味をもつのだから。プーランツァスとライトの双方とも、労働者階級の分断化を、多様な社会的行為者のあいだでの位置の分断化として想定しているように思われる。双方とも、より実質的な現実に注意を払っていない。その実質的な現実を、古典的マルクス主義は十分に自覚していた。すなわちそれは、位置の分断化は社会的行為者それ自身の内部に存在しており、それゆえ社会的行為者は究極的な合理的アイデンティティーを欠いている、という現実である。経済的闘争と政治的闘争との緊張、労働者階級の「ブルジョア化」についての理論的分析、あるいは、デモクラシーの進歩を通じて労働者はプロレタリアをやめて市民になるというベルンシュタインの主張など、これらが含意していたのは、労働者階級は弱くしか統合されておらず、しばしば矛盾しあう複数の主体位置によって支配されている、ということであった。

ここにおいて、選択肢《オルタナティヴ》は明確となる。一つは、この矛盾を含む複数性はやがて取り除かれ、無条件に統一された労働者階級が、プロレタリア的千年王国の瞬間に、自分自身と透明な関係をもつだろう、という歴史の理論をもつことである——この選択肢の場合には、労働者階級の「客観的利益」ははじめからただちに規定されうる。そうでなければもう一つの選択肢は、そうした理論を放棄すること、またそれと同時に、行為者全体の「客観的」利益を規定するときにある主体位置を他の主体位置よりも特権化するための基盤を、すべて放棄することである——この場合には、客観的利益という考えが無意味になる。私たちの見解では、社会的敵対の規定をさらに進展させるために必要なのは、多様でしばしば矛盾しあう位置の複数性を分析し、古典的言説の「労働者階級」のような、完璧に統一化された同質的な行為者という観念を捨てることである。「真の」労働者階級とその境界の探求は誤った問題であり、それ自体が理論的・政治的有意性をいっさい欠いている。

このことが明らかに含意しているのは、労働者階級と社会主義は両立不可能だということではなく、それとは非常に異なる主張である。つまり、社会主義への基本的な利害関心は、経済的過程における最終的位置から論理的に演繹されることはありえない、ということである。これとは正反対の見解——そのような〔社会主義への関心と経済的位置との〕論理的結節は、資本家による経済的余剰の吸収を阻止しようという労働者の利害関心によって与えられるという見解——が妥当するとすれば、それはさらに次のことが想定される場合だけであろう。(a)労働者は、資本家と同様に、経済的余剰を最大化しようとする経済人《ホモ・エコノミクス》である。あるいは(b)労働者は、自然発生的に協力しあう存在であり、自分の労働生産物の社会的配分を望む。しかしながら、たとえこのように想定されたとしても、これらのほとんどありそうもない仮定のどちらも、必要とされている証明とはならないであろう。というのも、生産関係における位置と生産者のメンタリティーとのあいだには、論理的な結びつきなどまったく存在しないからである。ある支配形態に対する労働者たちの抵抗は、たんに生産関係のなかではなく、社会的関係の集合体のなかで彼らが占める位置に依存するだろう。ここにおいて、ヘゲモニー的行為者がもっぱら経済的領域によってのみ構成されるための、私たちの残り二つの条件——ヘゲモニー的行為者は、完全に経済的空間の内部で主体として構成されること、そしてその階級位置から引き出される「歴史的利益」が付与されること——のどちらも、満たされないことは明白である。

目下の帰結

結論を出そう。経済の場は内発的な法則にしたがって自己制御された空間である、というのは事実ではない。また、最終的な階級的核において固定化されうる社会的行為者を構成する原理など、存在しない。さらに、階級的位置は歴史的利益の必然的な場所ではない。ここから、次の含意がただちに引き出される。カウツキー以降、マルクス主義は、労働者階級の社会主義的決意は自然発生的に生まれるのではなく、知識人の政治的媒介に依存することを知っていた。しかしながら、そのような媒介は節合として――すなわち、異質な諸要素からなる政治的構築として――構想されることはなかった。知識人の政治的媒介には認識論的な土台があった。つまり、社会主義的知識人は、労働者階級のなかにその客観的な運命を読み取ったのである。グラムシにおいて、ようやく政治は節合として構想され、彼の歴史的ブロックの概念を通じて、深遠でラディカルな複雑さが社会的なものの理論化に導入される。だが、グラムシにとってさえ、ヘゲモニー的主体のアイデンティティーの最終的核が、みずからが節合する空間の外部に構成される。つまり、ヘゲモニーの論理は、古典的マルクス主義の理論的地形に対して、脱構築的な効果のすべてを発揮しているわけではないのである。しかしながら私たちは、階級還元主義のこの最後の砦が倒壊するのを目撃したばかりである。階級主体の統一性と同質性そのものが、一連の不安定にしか統合されていない位置へと分裂したのである。そして、生産力の中立的性質は放棄されているのだから、不安定に統合されているだけの諸位置を、未来での必然的な統一化の地点に関連づけることなどできない。いまやヘゲモニーの論理が、節合と偶然性の論理として、ヘゲモニー的主体のアイデンティティーそのものを決定するようになったのである。ここから数多くの帰結が生じる。それらこそ、私たちのこれからの分析の出発点である。

一、非固定性があらゆる社会的アイデンティティーの条件となる。私たちがすでに見たように、最初期のヘゲモニーの理論化にあったあらゆる社会的要素の固定性は、ヘゲモニー化された課題と、その自然的な行為者と想定される階級との解体不可能な結節に由来していた。もっとも、その課題とそれをヘゲモニー化する階級との絆は、事実的あるいは偶然的なものにすぎなかったのだが。しかし、そうした課題が階級との必然的な結節をもたなくなると、アイデンティティーを階級に付与するのは、唯一、ヘゲモニー的形成体内部での節合ということになる。そのとき、階級的アイデンティティーは純粋に関係的なものとなった。そして、この関係の体系それ自体が固定化されなくなり安定しなくなった——それによってヘゲモニー実践が可能になった——ので、あらゆる社会的アイデンティティーの意味は、絶えず遅れて現われる。「最終」縫合の瞬間はけっして到来しないのである。しかしながら、これによって、必然性のカテゴリーそのものが倒壊するだけでなく、ヘゲモニー的関係を純粋な偶然性の観点から説明することもはや不可能になる。というのも、必然性/偶然性の対立を理解可能なものにしていた空間が解体したからである。物語さえ実行すればヘゲモニー的結節を理論的に把握できる、などという考えは蜃気楼であったことが判明する。ヘゲモニー的結節は、物語に代わる新しい理論的カテゴリーの観点から規定されねばならない。そのカテゴリーは、自己同一性をどうしても確立できないようなタイプの関係をとらえようと試みる類いのものでなければならない。そうであるかぎり、そうしたカテゴリーの地位は一つの問題となる。

二、こうした社会的なものの非固定性が効果を発揮する次元に簡単に言及しよう。最初の次元は、政治的主体性の地形に属す。私たちがすでに見たように、ローザ・ルクセンブルクにおいては、さまざまな敵対と、政治的な決裂地点とを結節する象徴的次元が、新しい社会的勢力――これをやがてグラムシは「集合的意志」と呼ぶことになる――の母型であった。しかし、この社会的なものの象徴的構成の論理は限界に直面した。つまり、経済主義的な歴史構想が形態学の水準でしつこく残存していたのである。しかしながら、経済主義的な歴史構想が解体するや、さまざまな社会的異議申し立てが階級の境界から溢れだし、自由にはたらくことができるようになる（ここでの「自由に」、というのは、闘争や要求の先験的な階級的性質を一切もたずに、ということであって、ある情勢においてあらゆる節合が可能であるという意味ではもちろんない）。しかしながら、もしこれが事実であれば、私たちの分析にとって重要な三つの帰結を引き出すことができる。**第一の帰結**は、社会主義と具体的な社会的行為者との結節にかかわる。私たちがすでに論証したように、社会主義の目的と、社会的行為者が生産関係のなかで占める位置とのあいだには、いかなる論理的・必然的関係も存在しない。また、それらのあいだの節合は外的なものであり、両者の統一化の自然的な運動に由来するものではない。言い換えれば、両者の節合はヘゲモニー的関係とみなされねばならない。したがって、社会主義的視点から見れば、労働者の闘争は統一的な方向に進歩しているようには見えない。つまり、労働者の闘争の方向性は、その他のあらゆる社会的闘争とちょうど同じように、あるヘゲモニー的文脈の内部での節合形態に依存する。これと同じ理由から、労働者の闘争以外のさまざまな決裂地点と民主的敵対は、労働者の要求と対等の立場で、社会主義の「集合的意志」と節合されうるのである。反資本主義闘争の「特権的主体」――実践的な意味ではなく存在論的な意味での――の時代は完全に乗り越えられた。**第二の帰結**は、この十年のあいだに非常によく議論されてきた「新しい社会運動」の本性にかかわる。ここでは、二つの支配的な思想傾向が、私たちの理論的立場と両立しえない。第一の思想傾向は、新しい社会運動の本性と効力に対して、社会主義的変革の特権的主体という問題構成の内部でアプローチするものである。このようにアプローチしてしまうと、新しい社会運動は、労働者階級（正統派的見解での基本的主体）との関係において辺境ないし周辺にあるものと考えられるか、体制へと統合されてしまった労働者階級（マルクーゼ）の革命的代用物と考えられることになる。しかしながら、私たちがこれまで述べてきたことが示しているのは、社会主義の政治的実践を解き放つのに特権的な地点など存在しないのであって、それは数多くの異質な地点から苦労して構築される「集合的意志」にかかっている、ということにほかならない。それゆえ私たちは、新しい社会運動をめぐる議論におけるもう一つの支配的な思想傾向にも同意できない。それは、その運動は進歩的だと先験的に確証するものである。地域的コミュニティー運動、エコロジー闘争、性的マイノリティー運動などの政治的意味は、はじめから与えられているわけではない。つまり、それらの政治的意味は、その他の闘争および要求とのヘゲモニー的節合に決定的に依存しているのである。**第三の帰結**は、さまざまな主体位置のあいだの関係を構想する仕方にかかわる。これまでの私たちの分析は、その関係を脱全体化する傾向にあった。しかしながら、脱中心化の作業がここでの結論であるならば、私たちはせいぜい、脱中心化されたさまざまな主体位置の固定性という、新しいかたちの固定性を主張することしかできないであろう。もし、主体位置それ自体が固定化されないのであれば、次のことは明らかである。脱全体化の論理は、さまざまな闘争および要求の分離を主張することはできない。また、節合を、すでに構成されつくされた異質な諸要素の結節関係として構想することはできない。ここにおいて、「重層的決定」の概念のラディカル化が、社会的節合に特有の論理を解明するための鍵を私たちに与えてくれる。

三、しかしながら、私たちの分析の論理は、次のことを含意しているように見えるかもしれない。つまり、「ヘゲモニー」の考えそのものが疑問視されるべきだ、と。このヘゲモニーのカテゴリーが出現し妥当性を有した言説領域は、当初は〔ロシア社会民主主義という起源においては〕ある分裂の理論的地形に限定されていた。〔その分裂とは〕本質の水準で構成された階級が歴史的偶然性に直面し、それ固有の本性《ネイチャー》とは異質な課題を引き受けるよう強いられた〔という分裂である〕。しかし私たちは次のことを見てきた。一方において、この分裂は、〔本質と偶然性という〕これら二つの次元の区別の崩壊を生き延びることができなかった。そして他方において、民主的な方向での前進の範囲内で、ヘゲモニー化された課題はヘゲモニー的主体のアイデンティティーを変更した。このことは、「ヘゲモニー」はたんに過渡的な概念にすぎず、本質主義的な言説の解体の一契機にすぎず、その後も生き残ることはできないということを意味しているのだろうか。次の二つの章で私たちが示そうと試みるつもりなのは、これは適切な答えではないということであり、そしてヘゲモニーの概念に内在している緊張はあらゆる政治的実践にも内在しているということ、厳密にいえばあらゆる社会的実践にも内在しているということである。

【注】

（1）「縫合」の概念を私たちはしばしば使用していくことになるが、これは精神分析からとられている。その明示的な定式化はジャック＝アラン・ミレールによる（'Suture elements of the logic of the signifier', *Screen*, Winter 1977/78, vol. 18, no. 4, pp. 24-34）。もっとも、暗黙のうちにそれはラカン派の理論全体にはたらいているが。それは、言説の連鎖を基盤にした主体の生産を示すために使用される。すなわち、主体は、主体と大文字の他者――象徴的なもの――との不一致を基盤にして生産されるのであり、この不一致は、大文字の他者が完全な現前として閉じるのを妨げる（ここから、無意識は、主体と大文字の他者とのあいだの結合／分割をはたらかせる縁（エッジ）として構成される）。「縫合は、主体とその言説の連鎖との関係を示す。これから見るように、縫合はその関係のなかで、欠如している要素として姿をあらわし、代役のかたちをとって姿をあらわす。というのもそれは、そこで欠如していながらも、純粋かつ単純に不在というわけではないからである。広義での縫合とは――欠如が何かの代わりをするという位置を含意するかぎりにおいて、欠如と欠如を一要素とする構造との一般的関係である」（Miller〔ミレール〕, pp. 25–6）。しかしながら、この欠如の契機は一つの側面にすぎない。第二の側面では、縫合は埋め合わせ（filling-in）を含意する。スティーヴン・ヒースが指摘しているように「縫合は欠如の構造だけでなく、主体の入手可能性を、ある種の閉鎖（closure）を示しもする……。それゆえ、ラカン自身が「縫合」の用語を使用するとき……その用語に「疑似－同一化《アイデンティフィケーション》」の意味を与えており、それを「想像的なものと象徴的なものとの機能」と定義していること……は、驚くに値しない。……問題となっているものは明らかである。すなわち、「自我」とは分割であるがそれでもやはり結合であり、代役とはその構造における欠如であるが、それにもかかわらず同時に、凝集の、つまり埋め合わせの可能性なのである」（S. Heath, 'Notes on Suture,' *Screen*, pp. 55–6）。私たちが縫合の概念を政治の場へ拡張する際に強調しようと試みたいのは、こうした二重の運動なのである。ヘゲモニー実践が縫合的なのは、それが作用する場が、社会的なものの開放性によって規定されている、つまり、あらゆる記号表現《シニフィアン》の究極的な非固定性によって規定されている場合である。この当初の〔起源における〕欠如こそ、まさにヘゲモニー実践が埋め合わせようとするものなのである。全体的に縫合された社会とは、この埋め合わせがその究極的な帰結にまで到達した社会、それゆえ、みずからを一つの閉ざされた象徴的秩序の透明性と同一化し遂げた社会であろう。私たちがこれから見るように、社会的なもののそのような閉鎖は不可能である。

（2） ジャック・デリダが「代補の論理」について語った意味においてである。もちろん、「決定的なもの」の特有性と必然性とのあいだの結節が断ち切られれば、「非決定的なもの」の代補性もまた消滅する。私たちがすでに見たように、これこそソレルの神話に起こったことである。しかしながら、ソレルの場合には、二元論の出現を可能にした唯一の地形も消滅する。

（3） P. Anderson, pp. 15 ff.

（4） トロツキーの永続革命テーゼの初期の定式化に関しては、次を見よ。A. Brossat, *Aux origines de la révolution permanente: la pensée politique du jeune Trotsky*, Paris 1974; Michael Löwy, *The Politics of Combined and Uneven Development*, London 1981, chapter 2.

（5） L. Trotsky, *1905*, London 1971, pp. 333, 339.

（6）「自然にも歴史にも奇跡など存在しない。あらゆる革命を含めて、歴史のあらゆる急転回が、非常に豊富な内容を示し、競合勢力間の闘争と連合の非常に特殊な思いがけない組み合わせを展開するので、俗物の頭には多くのことが奇跡に見えるに違いない。……革命があのように急速に、また――外見上は、うわべを一見したところでは――あのようにラディカルに成功したのは、きわめて独特な歴史的状況として、まったく異なる諸潮流、まったく異質な諸階級利益、まったく反対の政治的・社会的諸志向が融合し、しかもすこぶる「調和的な」仕方で融合したからにほかならない。」Lenin, *Letters from Afar*, 'First Letter. The First Stage of the First Revolution', *Collected Works*, vol. 23, pp. 297, 302.〔『遠方からの手紙』、「第一信　最初の革命の最初の段階」、『レーニン全集』第二十三巻、大月書店、一九五七年、三二七、三三二頁〕

（7）「政治的デモクラシーの諸機構も、これと同じ方向にはたらいている。この時代では、なにごとも選挙なしには行なえず、なにごとも大衆なしには行なえない。そして、出版と議会主義の現代では、へつらい、嘘、ペテン、俗受けする流行り文句による巧妙なごまかし、そして、左右を問わず労働者に――かれらがブルジョアジー打倒のための革命的闘争を断念するならば――なんでも好きな改良と恩恵を与えようという約束などの、多岐にわたる制度を体系的に運営してしっかり整備することなしには、大衆の支持を獲得することは不可能である。私はこの制度を、イギリスの大臣ロイド・ジョージにちなんでロイド・ジョージ主義と呼ぶことにしたい。というのも、かれは、「ブルジョア的労働者党」の古典的な国におけるこの制度の一流にしてもっとも器用な代表者のひとりだからである。第一級のブルジョア的実務家であり、狡猾な政治家であり、人気のある雄弁家であり、労働者聴衆の前でどんなものでもお望みどおりの演説を、革命的な演説でさえもやり、そして、従順な労働者のためであれば、社会改良（保険等）のかたちでかなりの施し物をとってくることのできる男、そんなロイド・ジョージは、ブルジョアジーに立派に奉仕しており、しかもまさに労働者のあいだでそうしているのだ。かれは、ほかならぬプロレタリアートのあいだで、つまり大衆を精神的に従属させることをブルジョアジーがもっとも必要とするところで、そしてそれがもっとも困難なところで、ブルジョアジーの影響を伝達しているのである。」Lenin, 'Imperialism and the Split of Socialism', *Collected Works*, vol. 23, p. 117-8.〔「帝国主義と社会主義の分裂」、『レーニン全集』第二十三巻、一二五—一二六頁〕

（8） *Pyatyi usemirnyi Kongress Komunisticheskogo Internatsionala. 17 iunya-8 iuliya 1924 g. Stenograficheskiotchet*, Moscow-Leningrad 1925, I, pp. 482-3. これは次のものに引用されている。M. Hájek, 'La bolscevizzazione dei partiti comunisti', in E. J. Hobsbawm et al., eds., *Storia*, Turin 1980, vol. 3, p. 468.

（9） Cf. E. Laclau, *Politics and Ideology in Marxist Theory*, London 1977, pp. 138ff.〔横越英一監訳『資本主義・ファシズム・ポピュリズム——マルクス主義理論における政治とイデオロギー』、柘植書房、一九八五年、一三八頁以降〕

（10） とくに次を参照。Ch. Buci-Glucksmann, *Gramsci and the State*, London 1980.〔大津真作訳『グラムシと国家』、合同出版、一九八三年〕

（11） B. de Giovanni, 'Lenin and Gramsci: State, Politics and Party', in Ch. Mouffe, ed., *Gramsci and Marxist Theory*, London 1979, pp. 259-88. このデ・ジョヴァンニの解釈に対する批判としては、同論文集へのCh・ムフの序文を見よ。

（12） A. Gramsci, 'Notes on the Southern Question', in *Selections from Political Writings 1921-26*, ed. and trans. Q. Hoare, London 1978, p. 443.〔「南部問題にかんするいくつかの主題」、山崎功監修『グラムシ選集』第2巻、合同出版、一九六二年、二八五頁〕

(13) グラムシにおけるヘゲモニー、イデオロギーおよび国家のあいだの関係性については、次を見よ。Ch. Mouffe, 'Hegemony and Ideology in Gramsci', in *Gramsci and Marxist Theory*, pp. 168-204; Ch. Mouffe, 'Hegemony and the Integral State in Gramsci: Towards a New Concept of Politics', in G. Bridges and R. Brunt, eds., *Silver Linings: Some Strategies for the Eighties*, London 1981.

(14) A. Gramsci, *Quaderni dal Carcere*, ed. V. Gerratana, Turin 1975, vol. 2, p. 349.

(15) Ibid., p. 1058.

(16) Ibid., vol. 3, p. 1875.

(17) 論文集 *Clausewitz en el pensamiento marxista*, Mexico 1979 に収録されている諸試論、とりわけ次の研究を見よ。Clemente Ancona, 'La influencia de *De la Guerra* de Clausewitz en el pensamiento marxista de Marx a Lenin', pp. 7-38. しかしながら、この論文集は、軍事的考えの政治的メタファー化よりも、戦争と政治との関係性に言及している。

(18) これは文字どおりの意味においてであって、ここには武装対決それ自体も含まれる。毛沢東以降、「人民戦争」は大衆の「集合的意志」の構成過程と考えられており、そこでは軍事的側面は政治的側面に従属している。それゆえ、「陣地戦」は武装闘争/平和闘争の二者択一を超越している。

(19) アルチュセールは誤って、グラムシの「絶対的歴史主義」を、ルカーチとコルシュの仕事のような二〇年代の他の「左翼主義」と同一視した。他の箇所で私たちは次のように主張した(E. Laclau, 'Togliatti and Politics', *Politics and Power* 2, London 1980, pp. 251-58 を見よ)。つまり、グラムシが「絶対的歴史主義」と呼ぶものは、まさにあらゆる本質主義とあらゆる先験的な目的論とのラディカルな拒絶であり、それゆえ「虚偽意識」の考えとは両立不可能である以上、アルチュセールのこの同一視は誤解に基づく、と。これに関するグラムシの介入の特有性については、次を見よ。Ch. Buci-Glucksmann, op. cit.

(20) カウツキーが大戦後に、とくに一〇月革命との関連で採用した立場に関する適切な研究は、次に見出される。A. Bergounioux and B. Manin, *La social-démocratie ou le compromis*, Paris 1979, pp. 73-104.

(21) このゆえに、イタリア共産党の理論家たちに対するM・サルヴァドーリ(Salvadori)の批判('Gramsci and the PCI: Two Conceptions of Hegemony', in *Gramsci and Marxist Theory*, pp. 237-58)は、あまり説得力をもたない。この批判によれば、グラムシの思想は決裂と権力奪取の契機を本質的に重要と見なしつづけているので、ユーロコミュニズムがグラムシ的伝統を民主的戦略の源泉として主張したことに正統性はありえなかった。かくしてグラムシは、西欧の条件に適したレーニン主義の最高の契機を構成することになる。グラムシにとって「陣地戦」が「軌道戦」への序曲でしかなかったことは疑いない。だが、だからといってグラムシにおける「構造的レーニン主義」について語ることが正当化されるわけではない。このことが正当化されるとすれば、それはただ、改良/革命、平和的な道/暴力的な道の二者択一が、唯一の有意的な区別である場合だけだ。しかし、私たちがすでに見たように、グラムシの思想は全体として、この二者択一の重要性を取り消し、その二者択一の絶対性を取り除く方向に向かっている。より重要な側面として、グラムシの政治的主体性の構想も、それがヘゲモニー的結節を概念化する形式も、レーニン主義的な「階級同盟」論とは両立しえない。

(22) A. Sturmthal, *The Tragedy of European Labour, 1918-1939*, London 1944, p. 23.〔神川信彦・神谷不二訳『ヨーロッパ労働運動の悲劇——一九一八〜一九三九年』I、岩波書店、一九五八年、二〇頁〕この早い時期の作品は、社会民主主義的政治の限界と、組合のコーポラティズム的メンタリティーとの関係を打ち立てようとする非常に透徹した試みである。

(23) Vienna 1919.〔日高明三訳『社会主義への道――社会化の実践』、アカギ書房、一九四六年〕

(24) A. Przeworski, 'Social Democracy as a Historical Phenomenon,' *New Left Review*, no. 122, July-August 1980, p. 48.

(25) A. Sturmthal, pp. 39-40.〔邦訳、四五―四六頁〕

(26) A. Przeworski, 'Social Democracy,' p. 52.

(27) とくに、*Au-delà du marxisme* (1927) と *L'Idée socialiste* (1933) を参照。〔前者のドイツ語版 *Zur Psychologie des Sozialismus*, 1926 の邦訳は、川口茂雄訳『社会主義の心理学』、柏書房、二〇一〇年〕

(28) たとえば次を見よ。A. Bergounioux and B. Manin, pp. 118-20.

(29) G. A. Cohen, *Karl Marx's Theory of History*, Oxford 1978, p. 206.

(30) S. Bowles and H. Gintis, 'Structure and Practice in the Labour Theory of Value,' *Review of Radical Political Economics*, vol. 12, no. 4, p. 8. この考えはすでに、カストリアディスの一九六一年の論文「現代資本主義下の革命運動」によって批判されている。〔江口幹訳『社会主義か野蛮か』、法政大学出版局、一九九〇年所収〕

(31) H.B.Braverman, *Labour and Monopoly Capital. The Degradation of Work in the Twentieth Century*, New York 1974.〔富沢賢治訳『労働と独占資本――20世紀における労働の衰退』、岩波書店、一九七八年〕

(32) S. Marglin, 'What do Bosses Do?', *Review of Radical Political Economics*, vol. 6, no. 2, 1974; K. Stone, 'The Origins of Job Structure in the Steel Industry,' *Review*, vol. 6, no. 2, 1974.

(33) R. Edwards, *Contested Terrain: The Transformation of the Workplace in the Twentieth Century*, New York 1979.

(34) Jean P. de Gaudemar, *L'ordre et la production. Naissance et formes de la discipline d'usine*, Paris

1982, p. 24.

(35) M. Tronti, *Ouvriers et capital*, Paris 1977, p. 106.

(36) 次のものに引用されているパンツィエーリの言葉。B. Coriat, 'L'operaïsme italien,' *Dialectiques*, no. 30, p. 96.

(37) M. Burawoy, 'Terrains of Contest: Factoty and State under Capitalism and Socialism,' *Socialist Review*, no. 58.

(38) Braverman, passim.

(39) D. Gordon, R. Edwards and M. Reich, *Segmented Work, Divided Workers*, Cambridge 1982.〔河村哲二・伊藤誠訳『アメリカ資本主義と労働 ――蓄積の社会的構造』、東洋経済新報社、一九九〇年〕

(40) 彼らは、労働者階級の三つの異なる部分に対応した三つの労働市場の存在を区別している。第一の市場には、専門職タイプの職業のほとんどが含まれる。それは中間層の領域であり、彼らは安定雇用を享受し、昇進と比較的高い給料の可能性に恵まれている。こうした特徴は、それに従属する〔第二の〕市場にも見出されるが、第一の市場との違いは、この〔第二の市場に含まれる〕層の労働者――「伝統的な」労働者階級と、第三次産業の半熟練労働者――が、事業内で獲得した特殊な熟練技能しか所有しておらず、また彼らの仕事が反復作業で機械のリズムに縛られている、という点にある。第三に、非熟練労働者に対応する「副次的市場」がある。彼らには昇進の可能性がなく、雇用保障もなく、低賃金しかもらえない。こうした労働者は、組合に加入させられておらず、離職もはやく、そして黒人と女性の割合が非常に高い。

(41) たとえば M. Paci, *Mercato del Lavoro e classi sociali in Italia: Ricerche sulla composizione del proletariato*, Bologna 1973を見よ。産業社会についてのより全般的なパースペクティヴとしては、S. Berger and M. Piore, *Dualism and Discontinuity in Industrial Societies*, Cambridge 1980を見よ。

(42) A. L. Friedman, *Industry & Labour. Class Struggle at Work and Monopoly Capitalism*, London 1977.

(43) N. Poulantzas, *Classes in Contemporary Capitalism*, NLB, London 1975; E. Olin Wright, *Class, Crisis and the State*, London 1978.〔江川潤訳『階級・危機・国家』、中央大学出版部、一九八六年〕

(44) プーランツァスにおける「生産的労働」の概念は、マルクスの場合よりも限定的である。というのも、プーランツァスはそれをこう定義するからである。「余剰価値を生産しながら、搾取関係の基層として役立つ物質的要素を直接に再生産する労働。つまり、物質的富を増大させる使用価値を生産することによって、物質的生産に直接に関与している労働」(p. 216)。

(45) Wright, p. 48.〔邦訳、四七頁〕

(46) プロレタリアートに帰属するための基準は、(1)物理的生産手段への統制をもたない、(2)投資と蓄積過程への統制をもたない、(3)他者の労働力への統制をもたない、である。これとは反対にブルジョアジーは、これら三つの項目への統制を行使することによって定義される。小ブルジョアジーは、投資、蓄積過程、物理的生産手段を統制するが、他者の労働力への統制は行使しない。

3　社会的なものの実定性を越えて——敵対とヘゲモニー

いまや私たちは、ヘゲモニーの概念を理論的に構築しなければならない。これまでの私たちの分析は、出発点となる精確な言説的位置そのものというよりは、それ以上のものとそれ以下のものとを提供してきた。それ以上というのは、ヘゲモニーの空間はたんに、「思考されないもの」が配置される空間ではないからである。むしろ、ヘゲモニー的空間において、社会的なものは理解可能性の基盤を獲得し、社会的なものが理解可能なものになることで、ばらばらだった社会的なものの諸契機は、閉じたパラダイムの内部性へとまとめられる。ヘゲモニーの空間は、そのような社会的なものの構想全体が突如現われてくる空間なのである。それ以下というのは、ヘゲモニー的関係が出現する地表は多様だからである。それら多様な地表が調和して一緒になり、そこに一つの理論的な空虚を形成し、それを埋めるために新しい概念〔ヘゲモニーの概念〕が要請される、などということはない。それどころか、ヘゲモニー的関係が出現する地表のいくつかは、ヘゲモニー概念が解体する地表であるように見えるであろう。というのも、ヘゲモニー的結節は、諸平面の分化のうえに、つまり節合するものと節合されるものとの不均等のうえに設立されるが、あらゆる社会的なアイデンティティーが関係的なものであるということは、ヘゲモニー的結節の基礎である諸平面の分化が、つまり節合するものと節合されるものとの不均等が解消することを意味するからである。それゆえ、ヘゲモニーの概念を構築するためには、一つの首尾一貫した文脈内部での単純な思弁的努力ではなく、より複雑な戦略的運動が必要であり、そこでは相互に矛盾しあう言説的地表のあいだでの交渉が求められる。

これまで述べてきたすべてのことから帰結するのは、ヘゲモニーの概念は節合のカテゴリーによって支配された理論的な場を想定する、ということである。ここからさらに帰結するのは、節合される諸要素は別々に同定されうる、ということである（のちに私たちは、節合された諸々の全体性から切り離して「諸要素」を特定化することは、どのようにして可能なのかを検討しよう）。いずれにせよ、節合が一つの実践であって、所与の関係的複合体の名称ではないとすれば、そこでは、当の実践が節合したり再構成したりする諸要素が何らかのかたちで別々に現前するのでなければならない。私たちがこれから分析したいと思っている理論化のタイプにおいて、節合的実践が働きかける諸要素は、当初、失われた一つの構造的もしくは有機的全体性の諸断片として特定化されていた。一八世紀において、ドイツ・ロマン主義の世代は、断片化と分割の経験をみずからの理論的反省の出発点ととらえた。一七世紀以降、宇宙《コスモス》は意味に満ちた位階秩序《オーダー》であり、その内部で人間は決められた精確な場所を占める、という見解はすでに崩壊していた。そしてこの見解に代わって、主体の自己規定的な構想が、つまり主体は宇宙《ユニヴァース》の自分以外のものと外部性の関係を保つ実体であるという構想が、出現した（つまり、ウェーバーのいう世界の脱魔術化）。これによって、ロマン主義の疾風怒濤《シュトゥルム・ウント・ドラング》世代は、その失われた統一性を、つまり分割の克服を可能にする新しい総合を、熱心に探し求めるようになった。人間は一つの完全な全体性の表現であるというロマン主義の考えは、一七世紀以降に合理主義によって確立されたすべての二元論――身体／精神、理性／感情、思考／感覚――と決別しようと試みる(1)。周知のとおり、ロマン主義者たちは、この分離の経験を、社会の機能分化および階級分裂と強く結びついたものとして考え、機能分化や階級分裂にともなって官僚制国家が複雑化し、国家はその他の社会的生活の領域と外部性の関係に入った、と考えた。

再節合されるべき諸要素が、失われた統一性の諸断片として特定化されていた以上、次のことは明らかであった。つまり、なされる再構成がいかなるものであれ、それはギリシア文化に特有の自然的な有機的統一性とは反対に人工的な性質のものとなるであろう、ということである。ヘルダーリンはこう述べた。

私たちの存在の仕方については、二つの理想がある。その一つは、このうえない単純さという条件である。そこで私たちのもろもろの欲求は相互に調和し、私たちの力と調和し、そして私たちの関わっている一切と調和するのだが、それはただ自然の組織編成(organization)を通じてであり、私たち自身の行為は少しも含まれない。もう一つは、このうえない陶冶という条件である。そこでは、こうした調和は、無限に多様化し強化した欲求と力とのあいだで生まれるであろうし、私たちが私たち自身に与えることのできる組織編成を通じて生まれるであろう(2)。

いまや、すべてはこの「私たちが私たち自身に与えることのできる組織編成」を、つまり諸要素に新しいかたちの統一性を与えてくれる組織編成を、私たちがどのように構想するかにかかっている。すなわち、その組織編成は偶然的なものであり、それゆえ諸断片それ自体の外部にあるのか、それとも、諸断片と組織編成の双方とも、みずからを超越する一つの全体性の必然的な契機なのか。前者のタイプの「組織編成」のみを節合として構想できることは明らかであり、後者のタイプは厳密にいえば媒介である。しかし、同様に明白なのだが、従来の哲学的言説において、節合と媒介との距離は、明確な分水嶺としてよりも、霧のかかった曖昧な領域として提示されてきたのである。

この曖昧さは、目下の私たちのパースペクティヴから見れば、ヘーゲルの思想が統一性と断片化の弁証法にアプローチするときに示す曖昧さである。彼の仕事は、ドイツ・ロマン主義の最高の瞬間であると同時に、社会に関する最初の近代的《モダン》な――すなわち、ポスト啓蒙主義の――反省でもある。それは、ユートピアからの社会批判でもなければ、確実で所与のものとして受けいれられる位階秩序を可能にするメカニズムの記述や理論化でもない。ヘーゲルの省察は、むしろ、社会的なものの不透明性から出発する。ヘーゲルにおいて社会的なものは、合理性と理解可能性に直面しているのだが、それは、分離を統一性へと導く理性の狡智を参照することによってのみ発見できるような、とらえにくい合理性と理解可能性なのである。かくしてヘーゲルは、二つの時代のあいだの分水嶺に位置するものとして現われる。第一に、彼は合理主義の最高地点を代表する。最高地点とはすなわち、合理主義が理性の領域内で、二元論をもちださずに、差異の世界の全体性を包摂しようと試みる瞬間である。それゆえ、歴史と社会は合理的で理解可能な構造をもつ。しかし第二に、この総合は、みずからを解体する種子のすべてを包含している。というのも、歴史の合理性を確証するには、理性の領域に矛盾を導入するという対価を支払わなければならないからである。これは不可能な作業である。なぜなら、それは、みずからが要請する方法に絶えず違反することを要求するからである。このことはすでに、一九世紀においてトレンデレンブルクによって論証されていた[3]。このことを示すだけでも、ヘーゲルの言説が合理主義とは非常に異なるものとなったのは明らかであろう。つまり、それは論理的ではない偶然の移行の連続になったのである。まさにここにこそ、ヘーゲルの近代性《モダニティ》がある。彼にとって、アイデンティティーは、実定的でみずからのうちに閉ざされたものではけっしてなく、移行、関係、差異として構成されるのだ。しかしながら、ヘーゲルの論理的諸関係が偶然的な移行になったのであれば、それらのあいだの結合を、それらの基底にある縫合された全体性の契機として固定化することはもはやできない。すなわち、それは節合になったのである。

　この〔節合と媒介とのあいだの〕曖昧な領域は、やがてマルクス主義の伝統において、「弁証法」の概念の矛盾した使用のうちにあらわれる。一方において、「弁証法」の概念は、固定化の論理を回避しよう——すなわち、節合のことを考えよう——と試みられるときはいつでも無批判的に導入されてきた（たとえば、毛沢東の絵画的な弁証法の考え。彼は、弁証法的移行の論理的性質について無理解であったからこそ、節合の論理を弁証法と偽って、政治的‐言説的水準に導入することができた）。他方において、開かれた節合の不連続的な契機よりも、先験的な移行の必然的な性質のほうが重視されるとき、「弁証法」は閉鎖（closure）の効果を発揮する。私たちは、こうした曖昧さと不精確さを理由にマルクス主義をあまり非難すべきではない。もし、トレンデレンブルクがすでに指摘したように、そうした曖昧さと不精確さがあらわれるのが……すでにヘーゲルにおいてなのであれば。

いまや、「弁証法」の言説的使用によって構成されたこの曖昧な領域こそ、解体されねばならない最初のものである。節合の領域内にしっかりとどまるために、私たちがはじめにしなければならないのは、みずからの部分的諸過程を基礎づける全体性としての「社会」という構想を放棄することである。それゆえ、私たちはこう考えねばならない。社会的なものの開放性が、存在するものを構成する土台である、あるいは存在するものの「否定的本質」である、と。また、多様な「社会秩序」は、諸々の差異からなる場を飼い馴らそうとする試みではあるが、しかし不安定な、そして最終的には失敗に終わる試みである、と私たちは考えねばならない。したがって、社会的なものの多形性を、媒介の体系を通じて把握することはできないし、また「社会秩序」を、社会的なものの基底にある原理として理解することもできない。「社会」に特有の縫合された空間など存在しない。というのも、社会的なものそれ自体がいかなる本質ももたないからである。

ここで三つの注釈が重要である。第一に、二つの構想〔節合と媒介〕には、それぞれ異なる社会的なものの論理が含まれている。「媒介」のケースで私たちが扱うのは、論理的な移行の体系であり、そこにおいて諸対象〔諸客体〕のあいだの関係は、諸概念のあいだの関係に追従するものとして構想される。それに対して、第二の節合の意味において私たちが扱うのは、偶然的な関係であり、その本性は〔あらかじめ決定されているのではなく〕私たちが規定しなければならない。第二に、必然的法則によって統一化された集合体としての社会という構想を批判するとき、私たちは、たんに諸要素間の関係の非‐必然的な性質をもちだせばよいというわけではない。というのも、たとえ私たちがそうしたとしても、そのときでも諸要素それ自体のアイデンティティーの必然的な性質を保持しうるからである。社会的関係へのいかなる本質主義的なアプローチをも否定する構想は、あらゆるアイデンティティーは不安定であると言明し、「要素」の意味を最終的な字義性において固定化することは不可能であると言明しなければならない。第三に、諸要素の集合体が分断され分散させられたものとして現われるのは、唯一、諸要素の統一性を要請するような言説との対比においてである。言説構造の外部では、分断について語ることは明らかに不可能であり、諸要素を特定化することさえ不可能である。だが、言説構造は、たんなる

「認識的」あるいは「観想的」実体ではなく、社会的関係を構成し組織化する節合的実践である。このような仕方で、私たちは先進産業社会の複雑化と分断化を話題にすることができる――つまりこれは、永遠の相のもとで、先進産業社会がそれ以前の社会よりも複雑だという意味ではなく、先進産業社会は基本的な非対称性を中心にして構成されるという意味である。この非対称性は、次の二つのあいだに存在する。つまり、一方に、差異のさらなる増殖――「社会的なもの」の意味の余剰――があり、他方に、そうした差異を安定的な節合構造の契機として固定化しようとする言説的試みが直面する困難がある。

それゆえ私たちは、節合のカテゴリーを分析することからはじめなければならない。節合のカテゴリーは、私たちがヘゲモニーの概念を練り上げるための出発点になるだろう。このカテゴリーを理論的に構築するとき、私たちは二つの段階を踏む必要がある。第一に、節合的関係に入る諸要素を特定化する可能性を確立すること。第二に、この節合を構成する関係的契機の特有性を規定すること。この課題にはさまざまな点から切り込んでいけるであろうが、私たちはむしろ回り道からはじめたい。まず私たちは次のような理論的言説を詳細に分析する。つまり、その理論的言説においては、私たちが練り上げたいと思っている諸概念のいくつかが存在してはいるけれども、それらの発展はいまだ本質主義的な言説の基礎的諸カテゴリーによって阻まれている、というような理論的言説である。この意味で、アルチュセール学派の展開を考察しよう。アルチュセール学派の主題のいくつかを、その学派の基礎的諸概念を爆破するような仕方でラディカル化することによって、適切な「節合」概念の構築を可能にする土台を構成しようと試みたい。

社会形成体と重層的決定

アルチュセールの理論的展開は、「複雑な構造をもつ全体」としての社会という彼の構想を、ヘーゲル的な全体性の考えから徹底的に区別しようとすることからはじまった。ヘーゲル的全体性も非常に複雑なものであるが、しかしその複雑性は、つねに、単一の自己発展過程における諸契機の複数性の類いでしかなかった。

> ヘーゲル的全体性は、〈理念〉が疎外されていく発展である。したがってそれは、厳密にいえば、理念という単純な原理の現象、自己開示である。この単純な原理は、みずからの現われのすべてのなかに存続し、それゆえその疎外のなかにすら存続する。理念の疎外はその回復を準備する。(4)

このヘーゲル的構想は、差異を一つの本質の自己発展における必然的な媒介と同一視するものであり、それによって現実的なものを概念へと還元してしまう。これはアルチュセール的な複雑性とは非常に異なるものである。というのも、アルチュセール的な複雑性は、重層的決定の過程に内在している複雑性だからである。この重要なアルチュセール的概念は、彼以降、見境なく不精確に使用されてきたので、それが当初もっていた意味と、それがマルクス主義的言説にもたらすと期待された理論的効果とを、特定化する必要がある。

重層的決定の概念は精神分析に由来し、そのマルクス主義への拡張には表面的な比喩という性質以上のものがあった。この点に関して、アルチュセールは非常に明快である。

> 私がこの概念を発明したのではない。すでに指摘しておいたように、この概念は二つの既存の学問領域、つまり言語学と精神分析から借用されている。これらの学問領域においては、この概念は客観的な弁証法的「内包」を有しており、そして――とくに精神分析においては――この概念がここで指示する内容と形式的に十分に類縁した「内包」を有しているので、ここでの借用は恣意的なものではない(5)。

フロイトにとって、重層的決定は通常の「融合（fusion）」や「合併（merger）」といった過程ではけっしてない――それらはせいぜい物理的世界との類比によって確立された比喩でしかなく、いかなる多‐因果性とも両立可能であろう。そうではなく、重層的決定は、まさに象徴的次元と意味の複数性とをともなうタイプの融合にほかならない。重層的決定の概念は、象徴的なものの場で構成され、その外部ではいかなる意味ももたない。その結果として、社会的なもののうちに存在するすべてのものは重層的に決定される、というアルチュセールの言明の、もっとも深い潜在的な意味は、社会的なものはみずからを象徴的秩序として構成するという主張にある。それゆえ、社会的関係が象徴的――すなわち、重層的に決定された――性質のものであるということは、次のことを含意している。つまり、社会的関係は、みずからを内在的法則の必然的契機へと還元してしまうような最終的な字義性をもちあわせていない、ということだ。本質と現象という二つの平面があるわけではない。というのも、最終的な字義を固定化することができ、それによって象徴的なものが意味作用の二次的で派生的な平面になってしまうような可能性などないからである。社会と社会的行為者はいかなる本質ももたない。それらに規則性があり、何らかの位階秩序《オーダー》が確立されるといっても、それは相対的で不安定な固定化からなるにすぎない。こうした分析は、社会的関係の重層的決定性を出発点とする、新しい節合概念を練り上げる可能性を開いたかに見えた。しかし、実際はそうならなかった。重層的決定の概念はアルチュセール的言説から姿を消すようになり、こうした閉鎖（closure）〔重層的決定の概念の発展が阻まれ、アルチュセール的言説が閉鎖的なものになること〕の進行は、新しいかたちの本質主義を設置するにいたった。この過程はすでに「唯物弁証法について」ではじまっており、やがて『資本論を読む』で頂点に達することになった。

　重層的決定の概念が、マルクス主義的言説の内部に脱構築的な効果のすべてをもたらすことができなかったとすれば、その理由は次のうちにある。つまり、そもそもはじまりから、重層的決定の概念を、アルチュセール的言説にあるもう一つの中枢的な契機と、厳密にいえば重層的決定の概念とは両立不可能な契機と、両立可能にしようと試みたからである。その契機とは、経済による最終審級での決定である。この概念がもつ含意を検討しよう。もし、この〔経済による〕最終的な決定があらゆる社会に妥当する真理であるならば、そのような決定とそれを可能にする条件との関係性は、偶然的で歴史的な節合を通じて発展していくものではなく、先験的な必然性を構成するものとなるであろう。次のことに注意するのが重要である。いまここで議論している問題は、経済の存在の条件があるべきだ、ということではない。これは同義反復である。というのも、何かが存在する場合、それはある条件がその存在を可能にしているからである。問題はこうだ。もし、「経済」があらゆるタイプの社会にとって最終審級で決定的なものであるならば、それはいかなる特定のタイプの社会ともかかわりなく規定されざるをえない、ということであり、そして経済の存在の条件もまた、いかなる具体的な社会的関係からも切り離されて規定されざるをえない、ということである。しかしながら、その場合、そうした存在の条件の唯一の現実性は、経済の存在と決定の役割とを保証することだけになるだろう――言い換えれば、経済の存在の条件は、経済それ自体の内的契機となり、差異は構成的なものではなくなるであろう(6)。

しかしながらそれにとどまらない。アルチュセールは、重層的に決定されていないような現実はないことを前提に、抽象的なものを実体化しない必要性を主張することから出発する。この意味において、彼は毛沢東の矛盾分析だけでなく、一八五七年のマルクス『経済学批判要綱』序説でなされた「生産」といった抽象物の拒絶をも、賛意をもって引用する。それによれば、「生産」は、社会的関係の具体的な体系との関連においてのみ意味をもつ。けれども、アルチュセールは、当の彼が批判する欠陥に陥ってしまう。すなわち、彼のなかに、「経済」という抽象的で普遍的な対象があるのだ。その「経済」が具体的な効果を生み出す（いまここでの最終審級における決定）。また、別の同じく抽象的な対象がある（存在の条件）。存在の条件の形態は歴史的に変動するものの、しかし存在の条件そのものは、経済の再生産を保証するという、前もって確立された本質的役割によって統一化されている。そして最後に、経済とその中枢性は、ありうるすべての社会的配置の不変物なのだから、社会の定義を提供する可能性が開かれることになる。ここにおいてアルチュセールの分析はもとに戻る。経済はいかなるタイプの社会をも最終審級において決定しうる対象である。もしそうであれば、その意味はこうである。つまり、少なくともその最終審級に関して、私たちの前にあらわれるのは単純な決定であって、重層的決定ではない、ということだ。社会にその運動法則を決定する最終審級があるならば、重層的に決定された諸審級と最終審級との関係は、後者による単純で一方的な決定の観点から構想されざるをえない。ここから推論されるのは、重層的決定の場が極端に制限されていることである。なぜなら、それは本質的決定と対立する偶然的な変動の場だからである。そして、社会に最終的で本質的な審級が実際にあるならば、差異は構成的なものではなくなり、社会的なものは合理主義的パラダイムの縫合された空間のなかに統一化されてしまう。かくして、私たちが直面しているのは、一九世紀末以来マルクス主義的言説の場で再生産されてきたのとまったく同じ二元論なのである。

ここにおいて、アルチュセールの合理主義は脱臼〔脱節合化〕しはじめるだろう。次のことに注意することが重要である。出発点に首尾一貫しない二元論があると、それはやがて、当初あった本来の図式を分解するように仕向ける理論に伝染するだろう。実際には、二つの可能性が出現した。第一に、重層的決定の概念がもつ含意のすべてを発展させて、「経済による最終審級での決定」のような概念の不可能性を示し、あらゆるアイデンティティーの不安定で関係的な性質を主張することであった。第二の可能性は、社会的全体性の諸要素のあいだに要請された必然的な結節の論理的な首尾一貫性のなさを論証し、かくして第一の可能性とは異なる道を通って、合理的に統一化された全体性としての「社会」という対象の不可能性を示すことであった。現実にとられた進路は後者であった。その結果として、〔アルチュセールの〕最初にあった合理主義に対して批判が起こったとき、その批判が起こった地形は、社会的なものの合理主義的な構想の可能性を否定しながらも、合理主義の分析上の諸前提は受けいれるものであった。脱構築のこのような進展の結果として、節合の概念はまったく思考されえなくなってしまった。こうした思考路線を批判することが、これまでのとは異なる、私たちの節合概念を構築するための基盤となるだろう。

アルチュセール的な合理主義的パラダイムにおけるさまざまな契機のあいだの論理的な結びつきを断ち切る試みは、バリバールの自己批判によって開始され、[7] 英国《ブリティッシュ》マルクス主義のいくつかの動向において最終的な帰結にいたった。[8] バリバールの自己批判のパターンには、さまざまな要点で『資本論を読む』の立論に隙間を導入することが含まれていた――それは、その立論の論理的な移行が偽物であったことを示す隙間であった。しかしながら、そうした隙間をバリバールが埋めるやり方は、抽象的なものから具体的なものへの移行をもたらすと想定される実体を多様化することであった。かくして、ある生産様式から別の生産様式への移行を理解するには、階級闘争の地形を拡大しなければならなくなった。その地形は不均等なものだったので、それが単一の生産様式の単純な論理へと還元されることは阻止された。そこでは次のように論じられた。再生産には、そうした論理には還元されえないような上部構造の過程が必要であり、ある情勢の多様な側面の不均等は、そこに参加している諸要素のあいだの抽象的な統一性を解体する組み合わせの観点から理解されねばならない、と。しかしながら、こうした分析が、〔アルチュセールの〕最初の定式化にあった諸困難を拡大再生産しただけに終わったことは明らかである。移行の過程をもたらさなければならない闘争を遂行する諸階級とは、実際には何であるのか。もし、それらが、生産関係によって決定される諸利益を中心に構成される社会的行為者であるなら、それらの行動の合理性とそれらの政治的計算の形態とは、生産様式の論理によって決定されうる。それとは反対に、生産様式の論理だけでは諸階級のアイデンティティーを規定しつくせないのなら、それらのアイデンティティーはどこで構成されるのか。同様に、上部構造が再生産の過程に介入することを知ったからといって、そもそもそれが上部構造であることを知っており、それが社会的なものの地勢の内部に場所を割り当てられていることを知っていなければ、大して意味をもたない。こうした脱構築的な路線に沿ったさらなる一歩は、バリー・ヒンデスとポール・ハーストの仕事に見出される。そこでは、「最終審級における決定」と「構造的因果性」の概念は痛烈な批判にさらされた。彼らは、生産力と生産関係との対応は必然的なものではないことを立証して、生産様式の概念をマルクス主義的言説の適当な対象としては捨てるべきだと結論づけた。全体化のパースペクティヴがすべて放棄されると、具体的な社会形成体に存在するタイプの節合は、次のような観点から提起された。

社会形成体は、最終審級における決定や構造的因果性などといった何らかの統一化原理によって統治される全体性ではない。それは、特定の一連の生産関係からだけでなく、生産関係の存在の条件を保証する経済的、政治的、および文化的な諸形態からも構成されているものとして構想されるべきである。しかし、そうした生産関係の存在の条件が保証される必然性などないし、そうした生産関係と経済的、政治的、および文化的諸形態とが結合せざるをえないような社会形成体の必然的構造などない。階級についていえば……もし階級が経済的階級として、つまり生産手段を所有しているという位置か、それとも生産手段から切り離されているという位置を占める経済的行為体として構想されるなら、階級は政治的勢力およびイデオロギー的形態としては構想されえないし、あるいはそうしたものによっては提示されえない[9]。

ここで私たちに提示されているのは、次のような社会形成体の構想である。それは、古典的なマルクス主義的言説のいくつかの対象――生産や生産力などの関係――を特定化し、そうした対象のあいだの節合を、「存在の条件を保証する」という観点から概念化しなおすものである。これについて私たちは次のことを証明したい。(a)諸対象を特定化する基準が不適当である。(b)諸対象のあいだの関係を、相互に「それらの存在の条件を保証する」という観点から概念化することは、いかなる節合概念も提供しない。

第一の点〔(a)〕に関して、カトラーたちは、異論の余地のない言明から出発する。つまり、社会形成体の再生産の一般的なメカニズムを概念の水準で規定しようという、教条的に合理主義的な試みに陥るのでもないかぎり、概念的に特定化されたある関係の存在の条件から、そうした条件が満たされたり、特定の形態がその条件によってとられたりする必然性を引き出すことなど不可能である。しかしながら、これにつづいて、まったく不適当な主張がなされる。すなわち、ある社会形成体の生産関係は、その存在の条件を保証する具体的な形態から切り離して特定化されうる、というのだ。この問題について注意深く検討しよう。資本主義的な生産関係の存在の諸条件――たとえば、私的所有を保証する法的条件――が論理的な存在の条件となるのは、そのような条件が満たされなければその生産関係の存在の可能性を主張することが矛盾したものになる場合だけである。また、次のことが論理的な結論となる。つまり、「資本主義的な生産関係」の概念に、その関係自身がみずからの存在の条件を保証するという意味など一切含まれない。事実、前者〔生産関係〕を一つの対象として構成する言説と同じ言説水準では、後者〔生産関係の存在の条件〕は外的に〔生産関係の外部で〕保証されるであろう。しかし、まさにこのゆえに、こうした生産関係が個別のケースでどのように保証されるのかは分からない、と述べることは不適切なのである。というのも、生産関係と存在条件との区別は、抽象的な生産関係概念に関する言説の内部での論理的な区別であって、そもそも抽象的な生産関係概念がさまざまな具体的ケースへと多様化するはずもない。かくして、英国《ブリテン》では資本主義的な生産関係の存在の条件はあれこれの制度によって保証されている、などと述べるとしたら、二重に不適当な言説上のすり替えがなされることになる。一方において、ある具体的な言説と制度的実践が、それらとは別の言説秩序に属する抽象的な実体——資本主義的な生産関係——の存在の条件を保証する、などということが主張されてしまう。他方において、「資本主義的な生産関係」という抽象的な用語が、英国《ブリテン》における生産関係を指示するのに使用される場合、次のことは明らかである。つまり、ある言説において特定化された対象〔資本主義的な生産関係〕が、それとは異なる言説と実践とによって構成される諸対象——英《ブリ》国《テン》の生産関係の集合体——を参照相手として示す名称として使用されているのだ。しかしながらこの場合、英国《ブリテン》の生産関係は、たんなる「資本主義的な生産関係一般」ではなく、幾重もの実践と言説とが織りなす場所であるので、生産関係とその存在の条件との外部的な関係が先験的に打ち立てられる地形はもはや存在しない。そのうえ、諸対象のあいだの区別を特定化する可能性は、論理的な基準に基づいていたのだから、問題になるのはまさにこの基準の適切さそのものである。もしカトラーたちが主張するように、諸概念のあいだの関係は、それらの概念において特定化される諸対象のあいだの関係を含意しないのであれば、諸対象のあいだの分離が諸概念のあいだの分離から引き出されうるとも言えなくなる。カトラーたちは、諸対象に特有のアイデンティティーとそれらのあいだの分離とを維持しているが、そのとき彼らは、諸対象のうちの一方を何らかの言説のなかで特定化し、他方をそれとは異なる言説のなかで特定化しているにすぎない。

さて、私たちの第二の問題〔b〕に移ろう。「存在の条件を保証する」といわれる結節を、諸要素間の節合として理解することはできないのであろうか。節合関係についてどのような構想がもたれようと、そこには示差的な〔相互に異なるさまざまな（differential）〕位置からなる一つの体系が含まれていなければならない。そして、この体系が一つの布置（configuration）を構成する以上、そこに関与する諸要素のアイデンティティーは関係的なものなのかそれとも非関係的なものなのかという問題が必然的に生じる。この関係的契機をめぐる問題を提起するのに適切な分析の地形が、「存在の条件を保証する」ということによって与えられるなどと考えることは可能であろうか。明らかに不可能である。存在の条件を保証することは、ある対象の存在の論理的要件を満たすことである。しかしそれは、二つの対象のあいだの存在の関係を構成することではない（たとえば、ある法的形態は、ある生産関係の存在の条件が実際に存在していなくても、その生産関係の存在の条件を提供しうる）。他方、もし私たちが、ある対象と、その存在の条件を保証する（諸）審級とのあいだには、関係——たんなる論理的な両立可能性ではなく——が存在していると考えるならば、こうした関係を、審級がその対象の存在の条件を保証するということに基づいて概念化することは明らかにできない。なぜなら、保証することは関係を構成することではないからである。その結果として、もし節合の関係の特有性のことを考えたいのならば、これまでとは異なる地形に移動することが必要である。

ハーストとウーリーはこう主張した。

彼（アルチュセール）は、社会的関係を全体性（totality）として、単一の決定原理によって統治された全体（whole）として構想している。この全体は、自分自身と首尾一貫したものでなければならず、またすべての行為者と関係性とを、みずからの範囲内でみずからの効果にしたがわせなければならない。それに対して私たちは、社会的関係を次のようなものの集積として考える。つまり社会的関係とは、いかなる単一の因果性の原理や首尾一貫性の論理にも対応しないような、また相互に対しても形態において異なり本質的な関係にはないような、諸々の制度、組織形態、実践、および行為者の集積なのである(10)。

この段落には、純粋に論理主義的な脱構築が引き起こす問題のすべてがあらわれている。ここで全体性の考えが拒絶されているのは、全体性と想定されているものの諸要素を統一する結節が非本質的なものであるということによっている。この点について私たちに異論はない。しかし、「制度」、「組織形態」、「行為者」といった要素が特定化されるやいなや、ある問いがただちに生じる。これらの集積が——全体性と対比されるなかで——社会的理論化の適当な対象と考えられるならば、それらのそれぞれの内的な構成要素のあいだの関係は本質的で必然的であると私たちは結論せざるをえないのであろうか。答えがイエスであるならば、私たちは明らかに、全体性の本質主義から要素の本質主義へと移動する。私たちはたんに、スピノザをライプニッツに置き換えたにすぎない。ただし、神の役割はもはや諸要素のあいだの調和を確立することではなく、各要素の独立を保証することだけになってはいるが。それとは反対に、そうした内的要素のあいだの関係が本質的でも必然的でもないならば、そのとき私たちは、〔本質的でない、必然的でないというように〕純粋に否定的な仕方で特徴づけられる関係の本性を特定化しなければならないだけでなく、こうした「適当な」対象の内的要素のあいだの必然的でない関係が、なぜ〔「制度」、「組織形態」、「行為者」などの〕適当な対象それ自体のあいだには存在しえないのかを、説明しなければならなくなる。もしこの説明が可能だとすれば、何らかの全体性の考えがふたたび導入されうるであろう。もっとも、ここには従来との違いがある。つまり、その全体性の考えに含まれるのは、もはや「社会」を統一化する基底的な原理ではなく、開かれた関係的複合体における全体化の諸効果の集合である。しかし、私たちがただ、「本質的関係か非関係的アイデンティティーか」の二者択一のなかで動いているだけなら、社会分析は、これ以上分割することのできない論理的アトムの、無限に後退する蜃気楼を追うことになるだろう。

問題は、こうした諸要素および諸対象のあいだの分離に関する従来の論争全体が、それより優先されるべき基本的な争点を回避してきたことにある。それは、その分離が生じる地形という争点である。この争点が回避されてきたために、非常に古典的な二者択一が分析のなかに密かに忍び込んだのである。つまり、諸対象は概念的に区別された諸要素として分離されるのか——その場合、私たちは論理的な分離を扱うことになる——、それとも、諸対象は経験的に与えられた諸対象として分離されるのか——その場合、「経験」のカテゴリーを避けることは不可能である——、という二者択一である。かくして、諸対象間の統一または分離がなされる地形を特定化しなかったことによって、私たちはふたたび、ヒンデス＝ハースト派がどんなことをしてでも回避しようとした、「合理主義か経験主義か」の二者択一に舞い戻ってしまったのである。この不十分な状況は、実のところ、はじまりから前もって決まっていた。つまり、アルチュセール的合理主義に対する批判が、「全体性」を構成するさまざまな要素のあいだに要請された論理的な結びつきに対する批判という形をとったところに、現在の不十分な状況のはじまりがあるのだ。というのも、論理的な脱構築が遂行されうるのは、唯一、結びつきを断ち切られた「諸要素」が概念的に特定化され固定化される場合だけだからである。すなわちそれは、完全で明白なアイデンティティーが諸要素に付与される場合である。そのとき、唯一開かれている道は社会的なものの論理的な粉砕であり、このこととあいまって「具体的状況」は理論的に不可知なものとされ、それについてただ記述することだけが残る。

しかしながら、本来のアルチュセール的定式化には、こうしたものとは非常に異なる理論的企てが予示されていた。それは、正統派的本質主義との決裂を、その諸カテゴリーの論理的な分解——その結果は、分解された諸要素のアイデンティティーの固定化である

――を通じて行なうのではなく、あらゆるタイプの固定性に対する批判を通じて、つまりあらゆるアイデンティティーの不完全な、開かれた、そして政治的に交渉可能な性質の肯定を通じて、行なうことである。これが重層的決定の論理であった。この論理にとって、あらゆるアイデンティティーの意味が重層的に決定されるとは、すべての字義性がその構成を転覆され凌駕されるものとして現われることにほかならない。そこでは、ある対象が他の対象のなかに現前するので、本質主義的な全体化も、あるいはそれに劣らず本質主義的な諸対象間の分離もなく、さらには、諸対象のアイデンティティーが固定化されることもない。諸対象は、時計の規則正しいメカニズムの部品のように節合されているものとして現われるのではない。諸対象が節合されているものとして現われるのは、ある対象が他の対象のなかに現前することによって、それらすべてのアイデンティティーの縫合が妨げられるからである。この意味において、マルクス主義の歴史についての私たちの検討は、「科学的」社会主義の素朴な実証主義が描くのとは非常に異なる光景を示した。つまりそこで私たちが見たのは、利益を中心にして完全に構成された社会的行為者が、透明な要因によって規定された闘争を遂行するという合理主義的なゲームなどではなく、労働者階級がみずからを歴史的主体として構成する際の諸困難であり、労働者階級の位置性の分散と分断化であり、社会的・政治的な再結集の諸形態――「歴史的ブロック」、「集合的意志」、「大衆」、「人民セクター」――の出現であった。これらの形態は、みずからの形成の新しい対象と新しい論理とを規定するものであった。かくして、私たちがいるのは、ある実体が他の実体によって重層的に決定される場であり、あらゆるパラダイム的固定性が理論的地平の果てへと追いやられる場である。節合に特有のこの側面こそ、いまや私たちは規定しようと試みなければならない。

節合と言説

この議論の文脈において私たちが節合（articulation）と呼びたいのは、節合的実践の結果としてアイデンティティーが変更されるような諸要素のあいだの関係を打ち立てる実践である。節合的実践の結果として生じる構造的全体性を、私たちは言説（discourse）と呼びたい。ある言説の内部で、相互に異なるさまざまな位置が節合されたものとして現われる。そのような位置を私たちは契機（moment）と呼びたい。それとは対照的に、言説において節合されていない差異を、私たちは要素（element）と呼びたい。これらの区別を正しく理解するには、三つの主要なタイプの特定化が必要である。第一に、言説形成体に特徴的な首尾一貫性に関する特定化。第二に、言説的なものの次元および外延に関する特定化。第三に、言説形成体が示す開放性と閉鎖性に関する特定化、である。

一、言説形成体は、その諸契機の論理的な首尾一貫性において統一化されるのではない。また、超越論的主体の先験性において統一化されるのでもない。あるいは、フッサール風の意味付与的主体〔主観〕において統一化されるのでもなければ、経験の統一性において統一化されるのでもない。私たちが言説形成体にあると考えるタイプの首尾一貫性は、フーコーが定式化した「言説形成体（discursive formation）」の概念を特徴づける首尾一貫性に近い（後に示すような違いはあるが）。すなわち、分散における規則性である。『知の考古学』においてフーコーは、言説形成体を統一化する原理に関する四つの仮説を拒絶する。四つの仮説とは、同一の対象への参照、言表（statement）の生産における共通の様式、概念の恒常性、そして共通の主題への参照である。それらの代わりに彼は、分散それ自体を統一性の原理にする。彼がそうするのは、分散が形成体の諸規則によって統治されるかぎりにおいて、つまり分散した諸言表の存在の複雑な諸条件によって統治されるかぎりにおいてである。[11] ここで注意が必要である。諸規則によって統治された分散は、対称的に対立する二つのパースペクティヴから見られうる。第一に、分散として見られる。この場合、諸要素を分散したものとして考えることを可能にする参照点を決定することが要求される（フーコーの場合でいえば、分散について明白に語ることができるのは、共通の対象、様式、諸概念、そして主題を中心にして構成されるような不在の統一性を参照することによってのみである）。しかし〔第二に〕、言説形成体は、分散における規則性のパースペクティヴからも見られうる。その意味では、言説形成体は示差的な〔相互に異なるさまざまな〕位置の集合体としても考えられうる。この集合体は、それ自身の外部にある何らかの基底的原理の表現などではない――たとえば、それは解釈学的読解や構造主義的組み合わせによっては理解されえない。そうではなく、それは一つの布置を構成する。つまり、何らかの外部性の文脈においては一つの全体性としての記号内容を付与されうるような布置を構成する。私たちの主要な関心は節合的実践にある以上、この第二の側面こそ、とくに私たちの興味をひく。

さて、一つの節合された言説的全体性においては、あらゆる要素はそれぞれ他とは異なる〔示差的〕位置を占める――私たちの用語法でいえば、あらゆる要素はその全体性の一契機へと還元される。そこでは、すべてのアイデンティティーは関係的であり、すべての関係は必然的な性質をもつ。たとえば、バンヴェニストは、ソシュールの価値原理を参照しながらこう述べる。

諸価値が「相対的」であるというのは、それらが相互に対して相対的であることを意味する。ところで、そのことはまさに諸価値の必然性の証拠ではないのか。……体系とは、みずからの諸要素を超越しかつ説明する構造における、諸部分の配列もしくは合致のことである。このことを〔ソシュールを除いて〕誰が言おうか。そこでは、すべてがまさしく必然的であるので、全体の変更と細部の変更とが相互に条件づけあう。諸価値の相対性は、つねに脅かされそしてつねに修復されているような体系の共時態において、諸価値が密接に相互依存していることの最良の証拠である。要点はこうである。すべての価値は対立の価値であり、そして相互の差異によってのみ規定される。……もし言語が、とっぴな考えとでたらめに発せられた音とのたまたまの寄せ集め以外のものであるなら、その理由は、必然性がすべての構造と同じく言語の構造にも内在しているからである(12)。

それゆえ、必然性は、基底にある理解可能な原理に由来するのではなく、諸々の構造的位置からなる体系の規則性に由来する。この意味において、いかなる関係も偶然的あるいは外的なものではない。というのも、もし関係が偶然的あるいは外的なものであれば、その諸要素のアイデンティティーは、その関係そのものの外側で特定化されることになるからである。しかしこれは、このようにして構成される言説的−構造的形成体においては節合の実践は不可能だと主張することにほかならない。すなわち、節合の実践には、諸要素への働きかけが含まれるのに対して、ここにあるのは、完全に構成された閉じた全体性の諸契機だけなのである。そうした全体性においては、あらゆる契機ははじめから反復の原理のもとに包摂されている。これから私たちが見るように、もし偶然性と節合が可能であるなら、その理由は、言説形成体は縫合された全体性などではなく、諸要素の諸契機への転換はけっして完結することがないからである。

二、私たちの分析は、言説的実践と非言説的実践との区別を拒絶する。私たちの分析はこう主張する。(a)いかなる対象も、それが出現する言説的な条件の外側に与えられることなどない以上、あらゆる対象は言説の対象として構成される。(b)社会的実践のいわゆる言語的側面と行動的側面との区別は、すべて不適切な区別であるか、さもなければ、言説的全体性の形式のもとで構造化されている、意味の社会的生産の内部での分化として位置づけられるべきである。たとえばフーコーは、言説的実践と非言説的実践との——私たちの意見では一貫性のない——区別を維持していたので[13]、言説形成体の分散の規則性を基礎づける関係的全体性を規定しようと試みる。しかし、彼がそうすることが可能なのは、言説的実践の観点においてのみなのである。

〔臨床医学は〕医学的言説において、数多くの特定の要素のあいだでの関係を打ち立てることとして〔見なされなければならない〕。そうした要素のうちのあるものは医者の地位にかかわり、他のものは医者の語りが発せられる制度的・技術的場所にかかわり、またあるものは知覚し、観察し、記述し、教えるなどする主体としての医者の位置にかかわる。こうしたさまざまな要素(それらのうちのあるものは新しいものであり、他のものは既存のものである)のあいだの関係は、臨床医学的言説によってもたらされたといえよう。つまり、この一つの実践としての臨床医学的言説こそが、そうした要素すべてのあいだに、「現実に」与えられておらず先験的に構成されてもいない関係の体系を打ち立てるのである。そしてそこに何らかの統一性があるとすれば、つまり実践としての言説が使用する、あるいはそれが産出する言表行為の諸様態が、たんに一連の歴史的偶然性のもとに並んでいるだけではないとすれば、その理由は、実践としての言説がこうした関係の束を絶えず使用しているからである。(14)

ここで二つの点が強調されねばならない。第一に、非言説的といわれる複合体——制度、技術、生産組織など——を分析しても、私たちが見出すのは、諸対象のあいだにある、多かれ少なかれ複雑な、さまざまな位置だけであろうし、それらは、それらを構造化している体系の外部にある必然性から生じるものではなく、それゆえ言説的節合としてのみ構想されうる。第二に、臨床医学的言説の節合的本性に関するフーコーの立論の論理そのものが、節合された諸要素のアイデンティティーは部分的にせよその節合によって変更されざるをえないことを含意している。すなわち、分散のカテゴリーによって私たちは、規則性の特性の一部分しか考えることができないのである。分散した諸実体の地位は、諸要素と諸契機のあいだの中間地域で構成されるのだ。(15)

ここで私たちは、私たちが理解するような言説の理論がもつ複雑さのすべてに立ち入ることはできないが、よくある誤解を未然に防ぐために、少なくとも次の基礎的な要点を示しておきたい。

(a)あらゆる対象が言説の対象として構成されるという事実は、思考の外部に世界が存在するかどうかということと、つまり実在論《リアリズム》／観念論《アイディアリズム》の対立と、何ら関係しない。地震や煉瓦の落下は、いまここで、私の意志にかかわりなく生じるという意味において、たしかに存在する出来事である。しかし、それらの対象としての特性が、「自然現象」の観点から構築されるのか、それとも「神の怒り」の観点から構築されるのかは、言説的な場の構造化に依存する。ここで否定されているのは、そのような対象が思考の外部に存在することではなく、それとはいくぶん異なった主張、つまりそうした対象がその出現の言説的な条件の外側でみずからを構成しうるという主張である。

(b)こうした偏見の根には、言説は精神的な性質のものだという仮定がある。これに対して私たちは、あらゆる言説的構造は物質的な性質をもつと主張したい。私たちとは反対のことを論じるならば、言説的介入の外側で構成される客観的領域〔対象の領域〕と、思考の純粋表現から構成される言説という、非常に古典的な二分法を受けいれることになる。これこそまさに、現代思想のいくつかの潮流が打破しようと努めてきた二分法である。[16] たとえば、言語行為理論《スピーチ・アクト》は、言語行為の遂行《パフォーマティヴ》的な性質を強調してきた。ヴィトゲンシュタインの場合、言語ゲームは、分解不可能な全体性の内部で、言語と、言語と相互に結びついている行為との双方を含んでいる。

いまA〔建築家〕は建築用石材によって建築を行なっている。建築用石材には、台、柱、板、そして梁がある。B〔助手〕は石材を渡さなければならない。渡す順序はAがそれらを必要とする順序である。この目的のために、二人は「台」、「柱」、「板」、「梁」という語からなる一つの言語を使用する。Aはこれらの語を叫び、Bはそうした叫びに応じて、もっていきかたを学んだとおりの石材をもっていく。(17)

次の結論は不可避である。「私はまた、言語と、言語が織り込まれている諸行為とからなる全体を、「言語ゲーム」と呼ぶことにしよう(18)」。諸対象の物質的な特性そのものが、ヴィトゲンシュタインが言語ゲームと呼ぶものの一部であることは明白である。そして言語ゲームは、私たちが言説と呼んできたものの一例である。言語の諸要素は、それぞれ他とは異なる〔示差的〕位置を占めるが、そうした位置を構成し、それゆえ関係的アイデンティティーを構成するのは、石材や板の観念ではなく、石材や板そのものである（私たちの知るかぎり、「石材」の観念との結びつきだけで、建築物を構築するのに十分だったことはない）。言語的要素と非言語的要素とは、たんに並んでいるのではなく、相互に異なるさまざまな〔示差的〕位置を構造化する一つの体系を構成する。その体系が、すなわち言説なのである。それゆえ、相互に異なるさまざまな〔示差的〕位置は、非常に多様な物質的諸要素の分散を含む(19)。

この場合、言説的統一性はあるプロジェクトの目的論的な統一性であると論じられるかもしれないが、しかしそうではない。客観的世界〔対象の世界〕が構造化されるのは、必ずしも究極原因的な意味をもつわけではなくほとんどの場合で実際にはいかなる意味も必要としない、関係の連鎖においてである。つまり、私たちが言説形成体について語りうるには、何らかの規則性が、相互に異なるさまざまな〔示差的〕位置を確立するだけで十分なのである。ここから二つの重要な結論が出される。第一に、言説の物質的性質は、基礎を創設する一つの主体の経験や意識のなかで統一化されることはありえない。それとは反対に、多様な主体位置が言説形成体の内部で分散して現われる。第二の帰結として、差異の体系の固定化／ズレとしての節合の実践は、純粋に言語的な現象から構成されることはありえない。そうではなく、節合の実践は、言説形成体を構造化する多様な制度、儀礼、および実践の物質的な密度全体を貫通しなければならない。

　この複雑さを認め、その言説的性質を認めることが、マルクス主義的理論化の地形においては、曖昧なかたちで進行しはじめた。その特徴は、グラムシからアルチュセールにいたって、イデオロギーの物質的性質を次第に肯定していったことである。つまり、イデオロギーはたんなる観念体系ではなく、制度や儀礼などに具体化されるというのである。しかしながら、こうした直観が理論的に完全に発展することはなかった。障害となったのは、あらゆるケースでその直観がイデオロギーの場に付託されたこと、つまり「上部構造」の概念のもとで考えられるアイデンティティーをもつ形成体に付託されたことであった。それは、みずからの物質性の分散に直面してもなお先験的な統一性であり、したがってそれは、階級の統一化の役割への訴え（グラムシ）か、さもなければ再生産の論理の機能的諸要件への訴え（アルチュセール）を必要としたのである。しかし、この本質主義的な仮定がひとたび放棄されれば、節合のカテゴリーはこれまでとは異なった理論的地位を獲得する。すなわち、節合はいまや、節合された諸要素の分散に先行したりその外側にあるような構成面をもたない、言説的実践となる。

(c)最後に、これまで私たちが言説のカテゴリーに付与してきた中枢性の意味および生産性を考察しなければならない。言説のカテゴリーを中枢に置くことによって、客観性の範囲はかなり拡大し、これまでの章での分析によって提出された数多くの関係について私たちが考えることを可能にする条件が創出される。自然科学の言説によって構築されるタイプの客観性を基盤にして、社会的関係を分析することを試みたとしよう。このことはただちに、その言説の内部で構築されうる諸対象〔客体〕と、それらのあいだに打ち立てられうる諸関係の双方を厳しく制限する。いくつかの関係と対象〔客体〕はあらかじめ除外される。たとえば、二つの実体のあいだの客観的な関係として、メタファーは不可能になる。しかし、これによって、社会的・政治的領域における諸対象〔客体〕間の広範囲にわたる関係を概念的に特定化する可能性が除外される。たとえば、私たちが「共産主義的列挙」

と特徴づけたものは、二つの敵対しあう陣営に分裂した社会的空間の内部での、異なる階級セクター間の等価性の関係を基盤にしている。しかし、この等価性は、字義的に多様な内容のあいだで類比の原理がはたらくことを前提にしている——そしてこれはメタファーによる転置でなくて何であろう。次のことへの注意が重要である。共産主義的列挙を通じて構成される等価性は、言説の外側で構成された実在《リアル》する運動の言説的な表現ではなく、それとは反対に、この列挙の言説が社会的関係の造形および構成に寄与する現実的《リアル》な力なのである。これに似たことが、「矛盾」といった考えについても生じる——これについてはあとでまた戻ろう。もし私たちが社会的関係を自然主義的パラダイムのパースペクティヴから考察するならば、矛盾は除外される。しかし、もし私たちが社会的関係を言説的に構築されたものとして考察するならば、矛盾は可能になる。というのも、「現実《リアル》の対象」という古典的な考えは矛盾を除外するのに対して、言説の二つの対象のあいだには矛盾の関係が存在しうるからである。言説的なもの／言説外的なものという二分法と決裂することの主な帰結は、思考／現実《リアリティー》の対立を放棄することであり、ここから、社会的関係を説明できる諸カテゴリーの場が大きく拡大されることになる。類義《シノニミー》、換喩《メトニミー》、隠喩《メタファー》は、社会的関係を構成する最初の字義性に第二の意味を付け加える思考形態といったものではない。そうではなく、それらは、社会的なものが構成される最初の地形そのものの一部なのである。思考／現実の二分法を拒絶するならば、それにともなって、これまで相互に排他的なものと考えられてきた諸カテゴリーを再検討し、それらを相互浸透させなければならない。

三、さて、私たちが「言説」と呼んできた関係的な全体性に移行したとしても、もし言説的全体性の関係的で示差的な論理がいかなる制限化も受けずに拡がるならば、私たちの当初の問題はほとんど解決されえないであろう。そうした場合、純粋な必然性の関係が立ちはだかるであろうし、私たちが以前に指摘したように、あらゆる「要素」が定義からして「契機」であるなら、いかなる節合も不可能であろう。しかしながら、こうした結論がまかり通るのは、言説の関係的論理がいかなる外部からの制限化も受けずに、その最終的な帰結にまで完遂されることを私たちが許す場合だけである[20]。それとは反対に、私たちが、言説的全体性はたんに所与の画定された実定性というかたちではけっして存在しないことを受けいれるならば、その関係的論理は未完のものとなり、偶然性によって貫通されるだろう。「要素」から「契機」への移行が全面的に遂行されることはけっしてない。かくして、はっきりしない中間地帯が出現し、言説的実践が可能になる。この場合、言説的外部から完全に保護された社会的アイデンティティーなどない。その言説的外部は、社会的アイデンティティーを変形し、それが完全に縫合されることを防止する。アイデンティティーと関係の双方が必然的性質を失う。体系的な構造的集合体としての関係が、アイデンティティーを吸収できなくなるのだ。しかし、アイデンティティーが純粋に関係的なものになるので、このことは、完全に構成されるアイデンティティーなどないことの、別の表現にほかならない。

そうであるなら、固定化の言説はすべてメタファー的なものになる。すなわち、字義性は、実際にはメタファーのなかの第一のものなのである。

ここにおいて、私たちの立論は決定的な地点に到達する。あらゆる全体性が未完のものなので、私たちは、分析の地形として、縫合され自己定義された全体性としての「社会」という前提を放棄せざるをえなくなる。「社会」は言説の妥当な対象ではない。差異の場の全体を固定化する――ゆえに構成する――単一の基底的な原理などない。解消不可能な内部性／外部性の緊張があらゆる社会的実践の条件である。つまり、必然性は、偶然性の場への部分的な制限化としてのみ存在する。この地形においては、全面的な内部性も全面的な外部性も不可能である。社会的なものが構成されるのは、こうした地形においてである。社会的なものは、固定化された差異の体系の内部性へと還元されえない。これと同じ理由から、純粋な外部性もまた不可能である。諸々の実体は、相互に対して全面的に外的なものになるためには、みずからに対して全面的に内的なものにならなければならなくなるであろう。すなわち、いかなる外部性によっても転覆させられることのない、完全に構成されたアイデンティティーをもたなければならなくなるであろう。しかし、これこそまさに私たちが拒絶してきたものである。どうやっても完全に固定化されることのない諸々のアイデンティティーからなるこの場こそ、重層的決定の場である。

かくして、絶対的な固定性と絶対的な非固定性のどちらも不可能である。ここで私たちは、この二つの連続する契機について考察しよう。まずは非固定性からはじめる。これまで私たちは、相互に異なるさまざまな〔示差的〕実体の体系——つまり諸契機の体系——としての「言説」に言及してきた。しかし、いましがた見たように、そのような体系は、みずからを転覆させる「意味の余剰」への部分的な制限化としてのみ存在する。この「余剰」は、あらゆる言説的状況に内在している。したがってその「余剰」は、あらゆる社会的実践の構成にとっての必然的な地形である。私たちはそれを言説性（discursivity）の場と呼びたい。この用語は、その余剰とあらゆる具体的な言説との関係のあり方を示している。つまり、余剰は、すべての対象〔客体〕が必然的に言説的な性質のものであることを規定すると同時に、いかなる所与の言説も最終的な縫合を実行することができないことを規定するのである。この地点で、私たちの分析は、最終的な意味を固定化することの不可能性を主張してきた——ハイデガーからヴィトゲンシュタインにいたる——数多くの現代思想の潮流に遭遇する。たとえばデリダは、構造の概念史におけるラディカルな断絶から出発する。その断絶は、中心——形相《エイドス》、起源《アルケー》、目的《テロス》、活動性《エネルゲイア》、存在《ウーシア》、真理《アレーテイア》などの幾重もの形式における超越論的な記号内容——が放棄され、それとともに、差異の流れの根底にある意味を固定化する可能性が放棄される瞬間に、生じるとされる。ここでデリダは、私たちのテクストと一致するような意味において、言説の概念を一般化する。

構造の構成における中心を求める欲望を何らかの仕方で統治する法について考えるだけでなく、こうした中心の現前の法をめぐる置換と代替とを命ずる意味作用の過程をも考えることが必要になった——しかし、中心の現前といっても、それ自体これまであったためしがなく、自己自身からみずからの代替物へとつねにすでに追放されてしまっているのだが。その代替物は、自分よりも前に何らかの仕方で存在していたものの代替物ではない。そこで、こう考えはじめることが必要になった。つまり、中心などなく、中心を一つの現前‐存在物(a present-being)の形式において考えることはできず、中心には自然的な位置などなく、それは固定化された場ではなく一つの機能であり、一種の非‐場であり、そこでは記号の代替が無限になされるのである。これこそ、言語が普遍的な問題構成を侵略する瞬間であり、中心ないし起源の不在においてすべてが言説になる瞬間である——もっとも、この言葉に私たちが同意できるとしてだが。言説とはすなわち、中心、起源、あるいは超越といった記号内容が、差異の体系の外部に絶対に現前しないような体系のことである。超越論的な記号内容が不在であれば、意味作用の領域と活動は無限に拡張される。(21)

私たちの第二の次元〔固定性の契機〕に移ることにしよう。意味の最終的固定性が不可能だということは、部分的な固定化はなければならないことを含意する——さもなければ、差異の流れそのものが不可能になるであろう。意味をこれまでとは異なったものにし、転覆させるためにも、何らかの意味がなければならない。社会的なものがどうやっても社会という理解可能で制度化されたかたちにみずからを固定化できないとしても、それでも社会的なものは、そうした不可能な対象を構築する努力としてのみ存在する。いかなる言説も、言説性の場を支配し、差異の流れを止め、中心を構築する試みとして構成される。こうした部分的な固定化の特権的な言説的地点を、私たちは結節点（nodal point）と呼びたい（すでにラカンは、こうした部分的固定化を、詰め物の縫い目（points de capiton）という彼の概念によって主張しているが、それはつまり、記号表現の連鎖の意味を固定化する特権的な記号表現のことである。記号表現の連鎖の生産性へのこうした制限化こそが、断定を可能にする諸々の位置を確立するのだ——いかなる意味の固定性も生み出すことのできない言説は、精神病患者の言説である）。

ソシュールの言語分析は、言語を、実定的な事項をもたない差異の体系と考え、その中枢的な概念は価値であった。それにしたがえば、ある事項の意味は、純粋に関係的なものであって、それと他のすべての事項との対立によってのみ決定される。しかし、このことが示すのは、私たちに提示されているのは閉じた体系の可能性の条件だということである。

つまり、あらゆる要素の意味をそのように固定化することが可能なのは、その体系の内部においてでしかない。その言語学モデルが人文科学の領域全般に導入されたとき、支配的となったのはこの体系性の効果であった。したがって、構造主義は新しい形態の本質主義となった。つまり、どんな変動にも法則が内在しており、その基底にはその法則を構成する構造があると考え、そうした基底的な構造を探求したのである。構造主義に対する批判には、こうした完全に構成された構造的空間という見解との決裂が含まれていた。しかしまた、構造主義批判は、学名の命名のような、対象への参照によって境界画定がなされる統一性の構想への回帰をすべて拒絶した。それゆえ、その結果として生まれた構想は、自己自身を構成することのできない関係的空間――つねに最終的には不在であるような構造への欲望によって支配される領域――というものであった。記号は分裂の名称であり、記号内容と記号表現との不可能な縫合の名称である。[22]

いまや私たちは、節合の概念を特定化するのに必要な分析上の要素をすべてもつにいたった。すべてのアイデンティティーは関係的であるので――たとえ関係の体系が、安定的な差異の体系として固定化される地点には到達しないとしても――、またすべての言説は、そこから溢れ出す言説性の場によって転覆させられるので、「要素」から「契機」への移行はけっして完結しえない。「要素」の地位は、浮遊する記号表現、つまり言説の連鎖に全面的には節合されえない記号表現である。そして、この浮遊するという性質は、最終的にはあらゆる言説的（つまり社会的）アイデンティティーに浸透する。しかし、もし私たちが、すべての言説的固定化は未完のものであることを受けいれると同時に、あらゆるアイデンティティーは関係的なものであることを肯定するならば、記号表現が曖昧なものであること、つまり記号表現が記号内容に固定化されないことが可能なのは、ただ、記号内容の増殖がある場合だけとなる。言説構造を脱節合化する〔脱臼させる〕のは、ただ、記号内容の貧困ではなく、その反対に多義性なのである。そうしたことが、あらゆる社会的アイデンティティーの重層的に決定された象徴的次元を打ち立てる。社会はどうやっても自己自身と同一になることができない。なぜなら、あらゆる結節点はみずからを溢れ出ていく間テクスト性（intertextuality）の内部で構成されるからである。それゆえ、節合の実践は、意味を部分的に固定化する結節点を構築することであり、この固定化が部分的なものであるのは、社会的なものの開放性に由来する。社会的なものの開放性についていえば、それは、言説性の場の無限性があらゆる言説から不断に溢れ出すことの結果なのである。

それゆえ、あらゆる社会的実践は——その諸々の次元のうちの一つにおいて——節合的である。それは自己定義された全体性の内的契機ではないので、すでに獲得されている何かの表現などではありえず、反復の原理のもとに全面的に包摂されることはありえない。むしろ、社会的実践とは新しい差異を構築することである。「社会」が不可能なかぎりにおいて、社会的なものは節合である。以前に私たちは、社会的なものにとって必然性は偶然性を制限しようとする部分的な努力としてのみ存在する、と述べた。これが含意するのは、「必然性」と「偶然性」との関係を、相互のあいだに境界が設定され、相互に対して外的であるような二つの領域のあいだの関係と考える――たとえば、ラブリオーラの形態学的予測におけるように――ことはできない、ということである。なぜなら、偶然的なものは必然性の内部にのみ存在するからである。このような必然性のなかへの偶然的なものの現前は、私たちが以前に転覆と呼んだものであり、それは象徴化、メタファー化、逆説として現われ、あらゆる必然性の字義性を変形し疑問視する。それゆえ必然性は、基底的な原理のかたちで、つまり土台というかたちで存在するのではなく、関係的な体系の諸差異を固定化する字義化の努力として存在する。社会的なものの必然性は、純粋に関係的なアイデンティティーに固有な必然性――言語学的な価値原理に見られるような必然性[23]――なのであって、自然的な「必然性」や分析的判断の必然性などではない。この後者の意味での「必然性」とは、「縫合された空間において相互に異なるさまざまな〔示差的〕位置の体系」とまったく等価である。

　節合の問題へのこのようなアプローチの仕方には、ヘゲモニーの論理が私たちに突きつけた外見上のアンチノミーを解消するのに必要な要素のすべてが含まれているように見えるであろう。そのアンチノミーとは次のようなものであった。一方で、あらゆる社会的アイデンティティーが開かれた未完のものであることによって、社会的アイデンティティーはさまざまな歴史的－言説的形成体――つまり、ソレルとグラムシの意味での「ブロック」――と節合可能になる。他方で、節合的な勢力のアイデンティティーそのものが、一般的な言説性の場において構成される――このことは、超越論的主体や起源を創造する主体へのかかわりをすべて排除する。しかしながら、私たちのヘゲモニーの概念を定式化する前に、私たちはさらに二つの問いと取り組む必要がある。第一は、私たちの分析における「主体」のカテゴリーの精確な地位に関するものである。第二は、敵対の概念に関するものである。敵対の概念が重要なのは次の事実による。つまり、敵対の基本的次元のうちの一つにおいて、あるヘゲモニー的な節合的実践は、敵対的性質をもつ他の節合的実践と対決することになるが、ヘゲモニー的な節合的実践の特性はそうした対決によって与えられるのである。

「主体」のカテゴリー

このカテゴリーに関する討議は、最近の論争ではしばしば混同されてきた二つのかなり異なる問題の区別を、私たちに要求する。それは、主体カテゴリーは言説的なものなのか、それとも前－言説的なものなのかという問題であり、また異なる諸種の主体位置のあいだの関係性の問題である。

第一の問題はより一貫して注目を浴びてきた問題だが、その議論を通じて、合理主義と経験主義との双方が「人間諸個人」に帰属させている「構成的」役割を疑問視する傾向が次第に強まっていった。こうした批判は、基本的には以下の三つの概念的標的に向けられたものである。第一は合理的で自己自身に対して透明な行為者としての主体の見方であり、第二は諸種の主体位置の集合体にみられる統一性と同質性の仮定であり、そして第三は社会関係の起源および基礎としての主体の構想（厳密な意味での構成性の問題）である。私たちは、こうした批判の主要な諸次元について詳細に言及する必要はないであろう。というのも、そうした批判の古典的諸契機――ニーチェ、フロイト、ハイデガー――は、十分によく知られているからである。近年においてフーコーが明らかにしたのは、彼が「人間の時代」と呼称したものの特徴である「有限性の分析」にまつわる緊張が、一連の対立関係――経験的なもの／超越的なもの、コギト／無思想、起源からの退却／起源への復帰――へと解消されていく過程であった。これらの対立関係は、「人間（Man）」というカテゴリーが統一された主体として保持される限りにおいて、克服できないものである。[24] フーコー以外のもろもろの分析が指摘したのも、「起源としての主体」のカテゴリーと断絶する際の諸種の困難であった。この主体のカテゴリーは、それと決裂しようとする諸種の構想そのもののなかに参入し続けているのだ。[25]

こうした〔主体カテゴリーの言説的性質ないし前‐言説的性質〕の二者択一ならびにその多様な構成的諸要素に関連して、私たちの立場は明らかである。本書で私たちが「主体

(subject)」というカテゴリーを使用する場合、つねに言説構造内部での「主体位置」という意味でそれを使用している。それゆえに主体は、社会関係の起源ではありえないわけであり、そのことは、主体が何らかの経験を可能にする権能を付与されているという限定的な意味においても妥当する。というのも、「経験」はことごとく、可能性の厳密で言説的な諸条件に依存しているからである。[26] しかしながら、これは第一の問題への回答でしかなく、第二の問題に与えられるであろう回答をけっして予示するものではない。すべての主体位置が言説的性質をもつという事実からは、それらの主体位置のあいだで存在しうる関係のタイプに関して、何も決定づけるようなことは生じない。すべての主体位置は言説的位置であるがゆえに、あらゆる言説が保持する開放的性質をそれは共有している。その結果、さまざまな主体位置は、閉ざされた差異システムのなかで全面的に固定されているわけではない。

これら二つのきわめて異なる問題が混同されてしまった理由を、私たちは理解することができる。すべての主体位置の言説的性質の肯定は、起源としての基礎定立的全体性としての主体の概念の拒否と結びついていた。したがって、そこで支配的となるべき分析上の契機は、他の主体位置との関連における特定の主体位置の分散(dispersion)、脱全体化(detotalization)ないし脱中心化(decentring)のそれであった。それらの主体位置相互の節合ないし関係の契機はすべて、分散というメタファーの認識的効果を破壊してしまった。その結果、主体位置相互の関係は、統一化され、また統一化する本質としての主体のカテゴリーを隠密裡に再導入することになる再全体化ではないかという疑惑を招くことになる。ここから、諸種の主体位置の分散をそれら相互の効果的な分離へと変換してしまう地点にいたるまでは、ほんの一歩である。しかしながら、分離への分散の変換は、前に指摘した分析上のすべての問題を明らかに作り出してしまうのである。とりわけ、それは、全体性の本質主義を諸要素の本質主義によって置き換えることに内在する諸問題を生み出す。もしすべての主体位置が言説的位置であるとすれば、その分析は、いくつかの主体位置が他の諸種の主体位置によって重層的に決定される諸形態を、つまり、すでに見たように、あらゆる言説的差異に内在するすべての必然性のもつ偶然的性質の諸形態を、除外できないのである。

　近年、大切な議論を喚起した二つの具体例について考えてみよう。第一は外見的には抽象的と思われるカテゴリー（とりわけ「人間」）の地位に関連する事例であり、第二はフェミニズムの「主体」に関わる事例である。第一の事例は、ヒューマニズムに関する最近の論争全体の中心にある問題である。大文字で始まる「人間（Man）」[27]の地位がかりに本質としてのそれであったとすれば、もろもろの「人（human beings）」としての他の諸特徴と関連したその位置づけは、抽象から具体へと移る論理的段階のなかに銘記されることになろう。このことは、「疎外（alienation）」や「誤認（misrecognition）」といった用語による具体的状況の分析という、周知のあらゆる手品に道を開くことになろう。しかし、もし反対に大文字で始まる「人間」が言説的に構築された主体位置であるとすれば、その想定上の抽象的性質は、他の諸種の主体位置との節合形態をいかなる仕方でも予示するものではない（ここではその節合形態の範囲は無限であって、それはどのような「ヒューマニスト」の想像力に対しても挑戦を意味するのである。たとえば、周知のように植民地諸国では、「人間の権利」と「ヨーロッパ的価値」との等価がみられたが、これは、帝国主義的支配の容易な受容を言説的に構築するために多用された効果的な形態であった）。E・P・トムスンによるアルチュセール攻撃[28]において彼が作り出した混乱は、まさしくこの点に基づいていた。トムスンは、「ヒューマニズム」に言及しつつ、かりにヒューマニズムの価値が本質という地位を否定されるならば、その価値はすべての歴史的妥当性を失ってしまうと主張した。しかしながら、現実において重要なのは、「人間」が近代においてどのように生み出されてきたのか、を何とかして明示することである。さらに重要なことは、「人間主体」――つまり、区別されることのない人間のアイデンティティーの担い手――が、どのようにしていくつかの特定の宗教的言説のなかに出現するようになり、どのように法的慣行において実体化されていき、またどのように他の諸分野で多様に構築されるようになったのか、を明示しようと努力することなのである。

こうした分散への理解のおかげで、「ヒューマニズム」の価値そのものの脆弱性、他の諸価値との等価的節合によるその悪用の可能性、そして特定の人々——たとえば、所有階級や男たち——へのこの価値の限定について、私たちは把握できるようになる。そうした分析は、「人間」が本質としての地位——天からの贈り物という風に——をもつといった想定とはいっさいかかわりなく、「人間」が出現する歴史的条件について、またその観念が目下脆弱になってきている理由について明示してくれる。それによって私たちは、ヒューマニズムの価値を擁護する闘争に、より効果的に、また幻想をもつことなく、従事することができるようになる。しかし、同様に明らかなのは、こうした分析が、分散という契機にのみとどまるわけにはいかないことだ。というのも、「人間のアイデンティティー」には、分散した諸位置の集合体だけでなく、それらのあいだに存在している重層的決定の諸形態も含まれているからである。「人間」とは、一つの基礎的結節点であり、一八世紀以降、まさに数多くの社会的実践の「人間化」へと突き進めていくのを可能にした出発点であった。「人間」が生み出されてきた諸種の位置の分散について主張することは、第一の契機を構成しているにすぎない。第二段階では、そうした複数の位置のあいだに打ち立てられている重層的決定と全体化にまつわる諸関係が明示されていく必要がある。言説的差異システムの非固定性あるいは開放性が、このような類比や相互浸透の効果を可能にしている。

類似したことが、フェミニズムの「主体（subject）」についても言うことができよう。

フェミニズムの本質主義への批判は、ことにイギリスの雑誌『m/f』において行なわれてきた。そこでは数多くの重要な研究が、「女性の抑圧」という前もって構成されたカテゴリー観——その原因が家族であれ、生産様式であれ、他の事柄であれ——を拒絶してきた。それに代えてこれらの研究は、「女性というカテゴリーを産出する特定の歴史的契機、諸制度、慣行」[29]の究明を試みてきている。もし女性を抑圧する単一のメカニズムがあるという想定が否定されるとすれば、フェミニスト的政治にとって、巨大な活動領域が開けてくる。そうなれば、法のレヴェルや、家族や社会政策のレヴェルや、「女らしさ（the feminine)」のカテゴリーを不断に産出する無数の文化形態のレヴェルであれ、性的差異を構築しているあらゆる抑圧的形態に対して個々別々になされている闘争の重要性に目が開かれることになる。それゆえに私たちは、諸種の主体位置の分散（dispersion）という領野にいるわけである。しかしながら、このアプローチの困難は、分散という契機を一方的に強調することから生じてくる。その強調があまりに一方的であるので、相互に何の関係もない諸実践を通じて構築される一連の性的差異の異質な集合体のみが残されることになる。

ところで、社会的慣行において後験的（アポステリオリ）に再現される起源としての性的分断の観念を問題視するのは絶対に正しいが、他方、多種多様な性的差異のあいだでの重層的決定が性的分断の体系的効果を生み出す事実を認識することも、必要である。[30]性的差異のあらゆる構築は、その多数性や異質性がいかなるものであれ、女らしさを男らしさに従属する極として一定不変な仕方で産出する。こうした理由によって、セックス／ジェンダー体系について語ることが可能になるのである。[31]女性を一つのカテゴリーとして産出する社会的諸実践、諸制度、諸言説の集合体は、完全に孤立しているわけではなく、相互に強化し合い、作用し合っている。こうした事実は、女性の従属に単一の原因があることを意味するものではない。私たちの見方によれば、いったん女性のセックス（female sex）が、特定の諸特徴を帯びた女性としてのジェンダー（feminine gender）を含意するようになると、この「想像的意味作用」は、多種多様な社会慣行において具体的な効果を産出することになる。こうして、「女らしさ」を構成する意味作用の集合体に内実を付与する一般的カテゴリーとしての「従属化（subordination）」と、従属化の具体的諸形態を構築している多種多様な慣行の自律性や不均等な発展とのあいだには、密接な相関関係がある。後者の諸種の事例は、女らしさの不変な本質を表現するもので<ruby>は</ruby>ない。しかしながら、これらの従属化の具体的諸形態の構築において、所与の社会における女らしさの条件と関連づけられているシンボリズムは、根本的な役割を演じている。逆に、従属化の多種多様な具体的諸形態は、このシンボリズムの維持と再生産とに貢献することによって、今度は反作用の働きをする。[32]それゆえに、性的分断を構成している男性と女性との起源にある敵対関係という考え方を批判することが可能になる。しかもその場合、「女らしさ」を構築しているさまざまな形態には一つの共通の要素〔女らしさのシンボリズム〕がみられ、これが、性的分断に対して、強力な重層的決定の効果を保持している事実を、私たちは拒否する必要がないのである。

さて次に、マルクス主義の伝統の内部で、社会的および政治的諸主体に関する規定が採用してきた諸種の異なる形態を考察してみよう。出発点ならびに一貫した中心的主題は、明らかである。要するに、主体は社会的諸階級であるということ、彼らの統合は生産諸関係における彼らの位置によって決定づけられた利益をめぐって構成されているということにほかならない。しかしながら、この共通主題について主張する以上に重要なのは、マルクス主義が、諸種の主体位置の統合の範列的諸形態を視野に入れつつ、それらの主体位置の多様化と分散とにこれまで政治的かつ理論的に対応してきた方法について、厳密な究明を行なうことである。第一のタイプの対応は、もっとも単純なものだが、特定の指示対象を通じてなされる不適切な移行によるものだ。たとえばそれは、労働者の政治闘争と経済闘争とは、両者を指導する具体的な社会的行為者――労働者階級――によって統合されるという主張を含意している。このタイプの理由づけ――マルクス主義においてだけでなく、社会諸科学全般に共通している――は、一つの誤謬に基づいている。すなわち、ここでは「労働者階級」という表現が、二つの異なる仕方で使われているのだ。つまり、一方では生産諸関係における特定の主体位置を規定すると同時に、他方、その主体位置を占める行為者を命名している。そこに由来する曖昧さは、論理的に不適切な結論を導き出すのを可能にし、これらの行為者によって占められる他の諸種の位置も「労働者階級の位置」だと言わせてしまうのである（彼らは明らかにその第二の意味での「労働者階級」ではあるが、必ずしも第一の意味でもそうだとはいえない）。すべての社会的行為者の意識は統一され透明であるとの潜在的な仮定は、曖昧さを固定化してしまうのであり、それゆえに混乱をも強化してしまう。

しかしながら、こうしたごまかしが効果をもつのは、経験的に所与である諸種の位置のあいだに統一性を承認しようと試みる場合である。だが、こうしたごまかしは、マルクス主義の伝統においてしばしば見られたように、他の諸位置との関連で、ある位置の本質的異質性を説明しようとする場合には、有効ではない（すなわち、「虚偽意識」に特有の分岐を考えてみよう）。この場合、すでに見たように、階級の統一性は未来における統一性として把捉される。そして、そうした統一性がみずからを表示するのは、代表・再現前《リプレゼンテーション》というカテゴリーを通じてである。そこでの仮定は、現実の労働者とその客観的利害とのあいだに分岐があるので、客観的利害のほうは前衛党によって代表・再現前される必要があるというものである。さて、あらゆる代表関係は、一つの虚構に基礎づけられている。特定のレヴェルで、厳密にいえば不在であるはずの何ものかが現前しているという虚構である。しかし、それは虚構であると同時に、実際の社会関係を組織する原理でもある。そうした理由で代表・再現前とは、その結果が初めから前もって決定されていないゲームの領野に属している。

可能性の拡がりの極端な事例には、代表・再現前の虚構的性質の解体がみられる。その結果、そこでは代表・再現前の手段と範囲とは、代表されるものに対して全面的に透明なものとなる。他の極端な事例には、代表するものと代表されるものとの全面的な不透明性がある。ここで虚構は厳密に字義通りの意味で虚構となる。これら二つの極端な事例はいずれも、不可能な状況を構成するものではないことに留意することが重要である。というのも、両者はともに、はっきりと定義された可能性の条件をもっているからである。要するに、代表するものは規制条件に従わざるをえないので、虚構になるとは代表のもつ虚構性そのものでしかないということになる。また、逆に、規制の全面的な不在は、代表を字義通りに虚構的なものとなしうる。マルクス主義的な前衛党の構想は、こうした特異性を示している。前衛党は、具体的な行為者ではなく、その歴史的利益を代表している。また代表するものと代表されるものとが、同一の言説によって、さらに同一の平面で構成されているがゆえに、そこにはいかなる虚構も存在しない。しかしながら、こうした同義反復的な関係は、プロレタリアートの前衛であるとみずから主張する小さなセクトにおいてのみ、極端な形で存在する。その場合、もちろん、プロレタリアート自身は、みずからが前衛をもっていることすらけっして認識することはないのだ。逆に、一定の意義をもつどんな政治闘争の場合にも、具体的な社会的行為者による自分たちの想定上の「歴史的利益」への忠誠を勝ち取ろうとする、きわめて明白な努力が見られる。もし代表されるものと代表するもの双方を構成している単一の言説の同義反復が放棄されるとするならば、両者は相互に異なるレヴェルで構成される、と結論づけることが必要となる。そうであるならば、最初の誘惑は、これら二つの平面を全面的に分離して、代表の関係の不可能性を、その虚構性から引き出すことであろう。こうして、次のように言われてきたのである。

経済主義の否定は、階級の経済的－政治的－イデオロギー的統一性という古典的観点の否定である。それはまた、政治的・イデオロギー的闘争が、経済階級の闘争だとは考えられないことをも、意味する。中間の道はないのである。……階級的「利益」は、経済によって政治とイデオロギーに与えられるのではない。そうした利益は、政治的実践のなかで発生し、政治的実践の特定の諸様式の効果として規定される。政治的実践が階級的利益を再認するわけではないし、階級的利益を代表・再現前するものでもない。政治的実践が、みずからが代表する利益を構成しているのである。(33)

しかしながら、こうした主張が支持されるのは、ひとえに政治的実践が完全に画定された領域であって、その経済との境界が幾何学的な仕方（more geometrico）で描かれうる場合においてのみである。つまり、経済的なものによる政治的なものの重層的決定、あるいはその逆の重層的決定が、すべて原理の問題として排除される場合にのみ、前述の主張は支持されうるのだ。しかし、こうした分離は、本質主義的構想においてのみ先験的に設定できるということを、私たちは認識している。本質主義的構想は、諸要素のあいだの現実の分離を、概念的分離から引き出し、アイデンティティーの概念的個別化を、完全かつ絶対的に差異化された言説的位置へと転換する。だが、すべてのアイデンティティーが重層決定された性質をもつことを受容するならば、状況は変わる。異なる道が存在している、――それが中間の道であるかどうかは知らないけれども――のであり、それはいずれの場合でも第三の道ではある。「行為者たちを彼らの歴史的利益へと引き入れる」のは、端的に言って、言説を構築する一つの節合的実践である。その言説にあっては、一定の集団――産業労働者――による諸種の具体的要求は、資本主義の打倒を含意した全面的解放に向けられる一歩だと理解される。明らかに、彼らの要求がこのような仕方で節合されることには、いかなる本質的な必然性もない。しかし同時に、彼らの要求がこれとは異なる他のどんな仕方で節合されることにも、本質的な必然性はない。というのも、すでに見たように、節合関係は必然性の関係ではないからだ。

この点に関して、カトラーたちはまったく正しい。政治的実践は、それが代表する利益を「歴史的利益」の言説が行なう実践は、諸種の特定の要求をヘゲモニー化すること、である。

構築するからである。しかし、厳密に検討してみると、政治的なものと経済的なものとの分離は、固定化されているわけではまったくなく、むしろ除去されていることに、私たちは気づくのである。というのは、直接的な経済闘争に関する社会主義的用語に基づく読解は、政治的なものと経済的なものとを言説的に節合し、結果的に両者のあいだに介在する外部性を廃棄してしまうからだ。ここでの二者択一は明白である。つまり、政治的なものと経済的なものとの分離は、その分離を先験的に保証する言説外的平面で生起するのか、あるいは、そうした分離は言説的実践の結果であるのか、のいずれかである。後者の場合、両者の統合を構築する言説であったとしても、両者の分離の可能性を先験的に免除することはできない。もし諸種の位置の分散があらゆる節合的実践の条件であるならば、そうした分散は、社会的行為者たちの政治的アイデンティティーと経済的アイデンティティーとの分離という形態を、必然的にとらねばならない理由はない。経済的アイデンティティーと政治的アイデンティティーが縫合されうるとしたならば、あらゆる代表関係の諸条件は明らかに消滅してしまう。そうなると、代表するものと代表されるものとが単一の関係的アイデンティティーを構成する諸契機であるとする、同義反復的な状況に立ち戻ってしまうことになろう。

　そうではなく、行為者たちの政治的アイデンティティーと経済的アイデンティティーは、いずれも一箇の統一化された言説の差異的契機としては結晶化しておらず、両者の関係は緊張を帯びた不安定な統一でしかないことを、私たちは受け容れることにしよう。私たちはすでに、それが何を意味するかを知っている。すなわち、両者の安定した節合を妨げる多義性による両者それぞれの転覆である。この場合、経済的なものは、政治的なものにおいて現前しており、また現前していない。逆もまた真なりである。そこに見られる関係は、字義通りの差異的関係ではなく、両事項のあいだでの不安定な類比関係である。さて、メタファー的転置を通じたこうした現前の形態こそが、代表の法的虚構（fictio iuris）が想定しようと試みる形態にほかならない。それゆえに代表は、規定的なタイプの関係としてではなく、不安定な振動の領野として構成されることになる。この不安定な振動の消滅点は、すでに見たように、二つの場合のいずれかである。第一は、代表するものと代表されるものとのあいだのすべての絆が切断されることを通じて、虚構が字義化される場合である。第二は、両事項を単一のアイデンティティーの契機として吸収することを通じて、両者の分離されたアイデンティティーが消滅する場合である。

こうしたことすべてが私たちに示しているのは、主体のカテゴリーの特有性は、諸種の「主体位置」の分散の絶対化によっても、また「超越的主体」を中心にしたこれらの位置の同様に絶対化された統一化によっても、打ち立てられえないことである。主体のカテゴリーは、重層的決定があらゆる言説的アイデンティティーに割り当てるのと同様の曖昧かつ不完全で多義的な性質に貫かれている。こうした理由から、言説的全体性の閉域化の契機は、そうした全体性の「客観的」レヴェルでは与えられないが、「意味付与的主体」のレヴェルにおいても打ち立てられえない。というのも、行為者の主体性は、それが一部をなしている言説的全体性の、他のあらゆる点において見られる同様の不安定性と縫合の不在によって貫かれているからだ。「客観主義」と「主観主義」、「全体論」と「個体主義」とは、永久に遅延される充実性への願望を示す対称的な表現なのである。最終的縫合のこうした不在それ自体のおかげで、諸種の主体位置の分散が解消されることはありえない。要するに、諸種の主体位置のいずれもが、分離した位置としてみずからを最終的にはどうしても確立できないがゆえに、諸位置のあいだには重層的決定のゲームが生じることになる。このゲームは、不可能な全体性という地平を再導入することになる。ヘゲモニー的節合を可能にするのは、まさにこのゲームなのである。

敵対と客観性

閉域化の不可能性（すなわち、「社会」の不可能性）は、これまでのところ、差異の継続的な運動としてみずからを開示する、あらゆるアイデンティティーに見られる不安定さとして提示されてきた。しかしながら、私たちが自問しなければならないのは、次の問いである。開示されるものが、もはや「超越的指示対象」の継続的な遅延ではなく、この遅延の空虚さそのもの、つまり、すべての安定した差異――それゆえあらゆる「客観性」

――の最終的不可能性であるような何らかの「経験」、何らかの言説的形態は存在しないのか。答えは然りである。すべての客観性の限界に関するこの「経験」は、厳密な言説的現存の形態を保持しており、そしてこれは敵対にほかならない。

敵対は、これまで歴史学および社会学の諸文献において広く研究されてきた。マルクス主義から「紛争理論」のさまざまな形態にいたるまで、社会において敵対が、どのようにしてまたなぜ生起するのかについて、広汎かつ多様な説明が与えられてきた。しかしながら、この理論的多様性は一箇の共通の特徴を示していた。つまり、それらの議論はことごとく、もっぱらそれらの敵対およびその起源をなす要因に関する記述に焦点を当ててきたのである。敵対関係とは何であるのか、対象間のどのようなタイプの関係をそれは想定しているのか、という本書の問題の核心に迫る試みはほとんどなされないままであった。こうした問いを提出した数少ない試みの一つに、ルーチョ・コレッティによって先鞭をつけられた議論があるが、その議論をまず検討してみよう。コレッティは社会的敵対の特有性について分析したが、その際、「現実的対立」と「矛盾」という二つのカテゴリーが社会的敵対の特有性を説明するのに役立つという主張に関しても分析を施している[34]。

コレッティは、現実的対立（Realrepugnanz）と論理的矛盾とのカント的な区別から議論を始めている。第一の現実的対立は、不一致の原理と合致しており、「A－B」の定式に対応している。これら二つの事項はそれぞれ、それ自体の実定性を有しており、相互に他の事項との関係は独立である。第二の論理的矛盾は、矛盾のカテゴリーであり、「A－非A」の定式に対応している。事項相互の関係は、両事項の現実をすべて表現し尽くしている。矛盾が起こるのは、命題の領域においてである。矛盾に立ちいたるのは、論理的－概念的レヴェルにおいてのみである。これとは反対に、第一のタイプの対立が起きるのは、現実の対象の領域においてである。というのは、どのような現実の対象であれ、もう一方の対象との対立によって、みずからのアイデンティティーのすべてを表現し尽くすことはないからである。それはそれ自体の現実性を保持し、そうした対立からは独立している[35]。こうしてコレッティは、次のように結論づけている。ヘーゲルは、現実を概念に還元する観念論的哲学者として、矛盾を現実的なものへと導入することができた。だが、これは、現実的なものの精神外的性質から出発するマルクス主義のような唯物論的哲学とは相容れない。こうした見解によれば、マルクス主義者たちは、敵対を矛盾と考えることで、嘆かわしい混乱に陥ってしまった。コレッティの課題は、敵対を現実的対立に照らして解釈し直すことにあった。

　次のことに注意しよう。すなわち、コレッティの出発点が、現実的対立か、矛盾か、いずれかの選択を迫る排他的な二者択一であることである。このことは、彼の宇宙《ユニヴァース》が、現実の対象と概念というただ二つのタイプの実体のみを許容するという事実から派生している。それはまた、彼の分析全体の出発点および永続的仮定が、思想と現実との分離にあるという事実から派生する。これらの事由からは、以下に示すように、敵対の説明を可能にするカテゴリーとしての「現実的対立」と「矛盾」という両概念の信用を剝奪する数多くの結果が生じることになる。まず第一に、敵対が現実的対立ではありえないことは、明白である。二台の自動車の衝突には何ら敵対的なものはない。それは、自明の物理的法則に従うだけの物質的な事実にほかならない。この同じ原理を社会的地形に適用するのは、次のように言うに等しい。つまり、階級闘争において敵対的であるとは、警官が戦闘的な労働者を殴りつける物理的行為にすぎず、または議会で一集団の怒号によって他の集団の発言を妨害する行為にすぎない、と。「対立」はここでは物理的世界の概念になり下がっており、それがメタファーとして社会的世界に拡大適用されているか、またはその逆である。しかし、物理的レヴェルと社会的レヴェルの双方の場合に内在する関係のタイプを十分に説明するだけの共通の意味の核心がここに存在しているとあえて想定してみても、明らかにほとんど意味がない。社会的なものに言及するために、「対立的勢力」を「敵対的勢力」によって代替してみるならば、このことは一層はっきりする。というのは、この場合、物理的世界へのメタファー上の転置は、少なくともホメロス後の世界においては起こらないことだからである。この場合、重要なのは、対立の物理的特徴ではなく、論理外的特徴なのだとする反論も、なされうるであろう。しかし、社会的敵対の特有性に関する理論が、論理的矛盾とのたんなる対立——それは二つの社会的勢力間の衝突ならびに二つの石の衝突に共通している――に、どのような仕方で基礎づけることが可能かという問題は、さらに一段と不明確である[36]。

さらにロイ・エジリー[37]とジョン・エルスター[38]が指摘したように、この問題には二つの異なる主張が混在している。すなわち、(a)現実的なことは矛盾しているという主張と、(b)矛盾は現実のなかに存在しているという主張である。第一の主張に関しては、その言辞が自滅的なものであることは疑いえない。弁証法に関するポパーの周知の批判[39]は、この観点からは反証不可能である。しかしながら、第二の主張は、否認できないものである。事実、現実のなかには論理的矛盾という用語でしか記述不可能な状況がいくつもある。命題もまた、現実的なものの一部を形成している。そして矛盾した諸命題が経験的に存在する限りにおいて、矛盾が現実的なもののなかに存在することは自明である。人々は議論するわけであり、一連の社会的慣習――習慣や信念など――が命題の構造を採用しえる以上、それらから矛盾した諸命題が生じない理由はどこにもない（しかしながら、この点でエジリーは明白な誤謬に陥っている。というのも、矛盾した諸命題の可能かつ現実的な存在が弁証法の正しさを証明している、と彼は信じるからである。弁証法は、現実的なものの本質的に矛盾した本性に関する教理であり、現実における諸矛盾の経験的な存在に関する教理ではない）。

こうして矛盾のカテゴリーは、現実的なもののなかに確固たる位置を保持するだけでなく、社会的敵対を説明する基盤を提供しているように思われるであろう。しかし、少し考えただけでも、私たちはそうではないことを納得できる。私たちは皆、数多くの相互に矛盾する信念体系に与しているが、これらの矛盾からはいかなる敵対も生じない。それゆえに矛盾は、必ずしも敵対関係を含意するものではない[40]。しかし、かりに「現実的対立」と「矛盾」の双方を、敵対を説明するカテゴリーから排除してしまったとするならば、敵対の特有性は理解不可能になると思われるだろう。社会学と歴史学の文献における敵対に関する通常の叙述は、こうした印象を確証している。というのも、それらの叙述は、敵対を可能にした諸条件を説明するものではあるが、敵対それ自体を説明してはくれないからである（そうした叙述は、「これは反応を誘発した」ないしは「そうした状況でXまたはZは、そうした反応をするように余儀なくされた」といった表現をもってなされる。換言すれば、テクストの意味を完成するために、説明から突如として飛躍がなされ、われわれの常識や経験への訴えがなされるのである。要するにこれは、説明が中断されるということである）。

こうした中断の意味について解明を試みておこう。最初に自問しなければならないのは、敵対を現実的対立か矛盾に吸収してしまうことの不可能性が、これらのタイプの関係において共有されている何かがあるものへの吸収の不可能性ではないかどうか、ということである。これらの関係は実際に何かあるものを共有しており、それは客観的関係であるという事実である。つまり、そこで共有されている何かあるものとは、矛盾の場合には概念的諸対象のあいだでの客観的関係、また現実的対立の場合には現実的諸対象のあいだでの客観的関係である。しかし、双方の場合、関係を理解可能にするものは、諸対象がすでにそこに存在するということなのだ。要するに、双方の場合、完全なアイデンティティーがかかわっているのである。矛盾の場合、Ａは完全にＡであるので、Ａでないこと（非Ａ）は矛盾であり、それゆえに不可能性なのである。現実的対立の場合、Ａはやはり完全にＡであるので、Ｂとの関係は客観的に決定可能な効果を生み出すのだ。しかし、敵対の場合は、私たちは異なる状況に直面している。つまり、「他者」の現前は、私が全面的に私自身であることを妨げるのだ。そこでの関係は、両者の完全な全体性から派生するのではなく、それらの全体性の構成の不可能性から派生する。他者の現前は論理的不可能性ではない。他者は存在する。だから、それは矛盾ではない。しかし、他者は、因果的連鎖における一箇の実定的な差異的契機として包摂可能なものではない。というのは、その場合、その関係はそれぞれの勢力が何であるのかによって決定され、こうした勢力の存在がそこで否認されてはいないからである（物理的勢力は、それが物理的勢力であるがゆえに、もう一つの同じ対抗的な物理的勢力によって静止状態に導かれる。それとの対比で、土地から農民を排除しようとする地主とその農民とのあいだに敵対が生じるのは、農民は農民ではありえなくなるためなのである）。

敵対が存在する限りにおいて、私は私自身に対して完全な現前を果たすことは不可能である。しかし、私と敵対する勢力もまた、そうした現前は不可能である。敵対する勢力の客観的な存在は、私の非存在の象徴である。こうして敵対する勢力が排除されるのは、この象徴から複数の意味があふれでて、それが完全な実定性として固定化されるのを妨げるからである。現実的対立は事物のあいだの客観的関係である。すなわち、それは、事物のあいだで決定可能なもの、規定可能なものである。矛盾も、諸概念のあいだで同様に規定可能な関係である。だが、敵対はあらゆる客観性の限界を構成し、部分的かつ不安定な客観化として開示される。かりに言語が差異のシステムであるとするならば、敵対は差異の失敗にほかならない。そうした意味で、敵対は言語の限界の内部にみずからを位置づけているのであり、言語の分裂としてのみ、すなわち、メタファーとしてのみ存在可能である。私たちはこうして、なにゆえに社会学的および歴史学的物語がそれら自身の叙述を中断して「経験」を要請し、それらの隙間を埋めるために、それら自身のカテゴリーを超えねばならないのか、その理由を理解することができる。というのは、あらゆる言語とあらゆる社会は、それらに浸透している不可能性をかかえこんでいるが、その不可能性の意識を抑制するものとして構成されているからだ。敵対は、言語を通じて理解される可能性から逃れている。というのも、言語は、敵対が転覆するものを固定化する試みとしてのみ存在しているからである。

敵対は、客観的関係であるどころか、そこではあらゆる客観性の限界が示される関係にほかならない。それは、語ることのできないものでも示すことができる、とヴィトゲンシュタインがつねに述べていた意味での関係なのである。しかし、すでに論証したように、かりに社会的なものは社会を構築するための部分的努力としてのみ存在するだけであるならば──すなわち、諸種の差異からなる客観的かつ閉鎖的システムである──とすれば、最終的縫合の不可能性を証示するものとしての敵対は、社会的なものの限界の「経験」にほかならない。厳密にいえば、敵対は、社会に対して内在的であるのではなく外在的である。またはむしろ、敵対は社会の限界を構成し、社会がみずからを完全に構成することの不可能性を示している。この言述は、たしかに逆説的に見えるかもしれない。しかし、そうであるのは、ただ私たちの理論的パースペクティヴから注意深く排除されねばならない諸種の特定の仮定を秘密裡に導入する場合のみである。とりわけ、次の二つの仮定は、敵対の理論的位置づけに関する私たちのテーゼを不条理なものとしてしまうに違いない。第一の仮定は、「社会」を、一定の領土内で生活する物理的に存在している行為主体の集合体と同一視するものである。もしこの規準が受容されるのであれば、敵対がそれらの行為主体のあいだで生起するものであり、彼らに外在的なものではないことが明らかである。しかし、行為主体間の「経験的な」共存がみられるからといって、そこから、彼らのあいだの関係が客観的で理解可能な様式にしたがって当然形成されると、ただちに推論できるわけではない（「社会」を前述の指示対象と同一視する代償があるとすれば、それは社会からいっさいの合理的に特定可能な内容を除去してしまうことである）。

しかしながら、かりに私たちは「社会」とは理解可能で客観的な集合体であるということを受容してみよう。その場合、もしそうした合理的な全体性に対して、一箇の経験的全体性として把握される社会的なものの基礎的原理の性質を帰属させるとしたならば、私たちの分析とは整合できないもう一つの仮定を導入することになってしまう。というのは、そうした場合、合理的全体性の一契機として再吸収できないような経験的合理性の局面は、もはやそこには何も存在しえなくなってしまうからである。そのような場合、敵対は、他のすべてのものと同じように、社会の実定的で内部的な契機であらねばならなくなる。そうなると私たちは、ヘーゲルの理性の狡智に立ち戻ってしまうことになる。しかし、かりにここで私たちが、非縫合的空間としての社会的なものの構想を主張し、社会的なものとはすべての実定性がメタファーでしかなく、転覆可能なものであると主張することにしよう。そうすれば、客観的立場の否定を、それを説明する基礎的実定性――それが因果的なものであれ、他のいかなるタイプのものであれ――へと差し戻す必要はなくなる。所与の秩序の否定としての敵対は、まったく単純にみれば、そうした秩序の限界なのであって、より広汎な全体性の契機ではないのだ。つまり、そうしたより広汎な全体性との関係において、敵対の二極が、差異的な――すなわち、客観的な――部分的審級を必然的に構成する、といったものではないのである(次のことを理解しよう。敵対を可能にする条件は実定性として叙述されるかもしれないが、しかし敵対それ自体は実定性には還元されないものなのである)。

私たちは、社会的なものの限界に関するこうした「経験」を、二つの異なる観点から考慮しなければならない。一方においては、失敗の経験としてである。もし主体は言語を通じて構築され、象徴的秩序への一種の部分的かつメタファー的包摂であるとするならば、そうした秩序を疑問視するいかなる問いかけも、必然的にアイデンティティー危機を作り上げることになる。しかし、他方、この失敗の経験は、異なる存在論的秩序への接近、または差異を越えた何ものかへの接近を意味するものではない。その理由は端的に、……差異を越えたものなど、ないからである。社会的なものの限界は、二つの領域を分離する境界として記述することもできない。というのは、境界という見方は、どうしてもそれを越えた客観的で実定的である何ものか、すなわち、新しい差異に関する見方を想定するものだからである。社会的なものの限界は、社会的なものそれ自身の内部に所与として存在するものでなければならず、それを転覆する何ものかとして、完全な現前を構成しようとする野心を打ち砕く何ものかとして存在するものでなければならない。社会は、けっして完全には社会になりきることはできない。なぜならば、社会内部のあらゆるものは諸種の限界によって貫徹され、それらの限界ゆえに、社会はみずからを客観的な現実として構成していくのを妨げられているからだ。今や私たちは、こうした転覆が言説的にどのように構築されていくのか、を考察しなければならない。すでに見たように、この考察に必要なのは、敵対的なものの現前それ自体がとる諸形態を規定することであろう。

等価性と差異

こうした転覆はどのようにして起こるのか。これまで見てきたように、完全な現前のための条件は、それぞれの差異的位置が特有かつ代替不可能な契機として固定化されている閉鎖的空間が実在していることである。したがって、その空間の転覆のための、またその閉域化防止のための第一の条件は、それぞれの位置の特有性が解消されることである。まさにこの点において、等価性の関係に関する私たちの前述の所見が、その有意性のすべてを獲得する。一つの事例を挙げてみよう。植民地化された国では、支配権力の現前は、たとえば、着るもの、言語、皮膚の色、習慣の違いといった、さまざまな事柄を通じて日常生活において顕在化している。これらの事柄はそれぞれ、植民地化された人々からの共通した差異化という意味で、他のすべてのものと等価の関係にある。それゆえに、それは差異化された契機というみずからの条件を喪失し、その代わりに、一つの要素としての浮遊する性質を獲得する。こうして等価性は、第二の意味を創出するわけだが、この第二の意味は、第一の意味に寄生しながらも、それを転覆していくのだ。諸種の差異は、それらすべての基礎にある同一の何かあるものを表現するために用いられる限りにおいて、相互に相殺し合うのである。問題は、等価性を構成するさまざまな事項に現前する「同一の何かあるもの」の内容を決定することである。かりに等価性の連鎖を通じて、等価性を構成する諸事項のすべての差異化された客観的規定が失われてしまうとするならば、アイデンティティーが与えられる可能性は、それらの事項すべての基礎にある実定的な決定によるか、あるいは外部的な何かあるものへのそれらの事項の共通した指示によるか、のいずれかのみである。

これらの可能性のうち、第一のものは除外される。共通した実定的な決定は、等価性の関係を必要とすることなく、直接的な仕方で表現される。しかし、共通した外在的な指示の対象は、実定的な何ものかではありえない。というのも、そうした場合、二つの極のあいだの関係は、直接的かつ実定的な仕方でも構築されうるであろうし、そしてこのことは、全体的な等価性の関係に含意されている、さまざまな差異の完全な相殺を不可能にするだろうからである。このことは、たとえばマルクスによる等価性の関係に関する分析においても見ることができる。価値の実体としての労働の非物質性は、物質的に異なった諸商品のあいだの等価性を通じて表現されている。しかしながら、諸商品の物質性と価値の非物質性とは相互に等価ではない。この理由によってこそ、使用価値と交換価値との区別は、差異的でそれゆえに実定的な位置として把捉されうるのだ。だが、ある対象のすべての差異的特徴が等価となるのであれば、その対象について実定的な何かを表現することは不可能である。このことが含意しているのは、等価性を通じて何かが表現されるとしても、それはもはや対象ではない。こうして、植民地化された人々と対立する植民者の実定的な諸規定のすべてを吸収してしまう等価性の関係は、両者のあいだに実定的な差異的位置のシステムを作り出すことはない。その理由は単純で、等価性の関係がすべての実定性を解消してしまうからだ。植民者は、植民地化された人々の対立者として言説的に構築されることになる。換言すれば、アイデンティティーは純粋に否定的なものとなる。否定的なアイデンティティーは、直接的な仕方では――つまり実定的には――代表されえないので、ただ間接的に、その差異的諸契機のあいだの等価性を通じてのみ、代表されうるのである。

それゆえに、あらゆる等価性の関係には曖昧さがつきまとっている。二つの事項が等価であるためには、それらは異なっていなければならない。そうでなければ、単純なアイデンティティーがあるだけになってしまう。他方、等価性が存在するのは、それらの諸事項の差異的性質を転覆する行為を通じてのみである。まさにこの点において、すでに触れたように、偶然的なものが必然的なものを転覆して、後者の完全な自己構成を防止するのである。差異システムのこうした非構成性――あるいは偶然性――は、等価性が導入する非固定性のなかで開示される。この非固定性の究極的な特徴、あらゆる差異の究極的な不安定性は、すべての事項の差異的実定性が解消される全体的等価性の関係において、こうしてみずからを表示することになる。これがまさに、社会的なものの限界としてみずからを打ち立てる敵対の図式そのものである。この図式について留意すべき点は、実定性として規定される極が、否定的な極と対抗するわけではないということである。つまり、一つの極の差異的諸規定のすべてが、他の極への否定的ー等価的指示を通じて解消されてしまうがゆえに、両極はいずれも、みずからそうでないものをもっぱら示すことになるのである。

　もう一度、主張しておこう。何かであるということは、つねに何か以外ではないということである（AであることはBでないことを含意している）。もっとも、こうした陳腐なことが、私たちの力説したいことなのではない。というのも、前述の命題が位置づけられているのは、矛盾原理に全面的に支配されている論理的領域においてだからである。つまり、何かではないということは、それとは異なった何かであることの論理的帰結にすぎず、存在の実定性が、ここでの言説の全体性を支配している。私たちが支持するのは、こうしたこととは異なったことである。むしろそれは次のことである。つまり、ある種の言説的形態が、等価性を通じて対象のすべての実定性を無効にし、否定性それ自体に現実的存在を賦与する、ということである。現実的なものの不可能性――否定性――は、現前という形態を獲得した。社会的なものは、否定性によって――つまり、敵対によって――浸透されているので、透明性という地位、完全な現前という地位を獲得することはなく、またそのアイデンティティーの客観性は、永続的に転覆される。まさにここからは、客観性と否定性との不可能な関係が、社会的なものを構成することになる。しかし、関係の不可能性は存続する。この理由により、これらの事項〔客観性と否定性〕の共存は、境界を接する客観的な関係としてではなく、おのおのの内容の相互的な転覆として把握されねばならないのである。

この最後の点は大切である。もし否定性と客観性とが、それら相互の転覆を通じてしか存在しないのであれば、それは、全体的等価性の条件も、全体的な差異的客観性の条件も、そのいずれもが、けっして完全には達成されないことを意味している。全体的等価性の条件とは、言説的空間が厳密に二つの陣営に分割されることである。敵対は、第三項(tertium quid)を認めないのである。その理由を知るのは、簡単である。なぜなら、もし私たちが等価性の連鎖を、それが対立するもの以外の何ものかとの関連で差異化できるのであれば、それらの諸事項は、もっぱら否定的な仕方でのみ規定することは不可能になるからである。私たちはその等価性の連鎖に、何らかの関係システムにおける特定の位置を賦与することもできたであろう、すなわち、私たちはそれに新しい客観性を賦与することもできたであろう。差異の転覆の論理は、それによって限界を見出すことになったであろう。しかし、差異の論理がけっして完全に縫合された空間をどうしても構成しえないように、等価性の論理もこれを達成することはできないのである。社会的行為者の位置がもつ差異的性質は、等価的な凝固を通じて解消されるが、それはけっして完遂されることはない。社会は完全に可能というわけではないが、また完全に不可能というわけでもない。こうして私たちは、以下のような結論を定式化することが可能となる。すなわち、社会は、みずからを客観的領野として構成できないがゆえに、けっしてそれ自身に対して透明にはならない。同様に、敵対も、社会的なものの客観性を全面的に解消することはやはり無理であるために、全面的に透明にはならない。

ここでいよいよ、等価性と差異という対抗する二つの論理の観点から、政治的空間の構造化について考察しなければならない。二つの論理のどちらかが圧倒的に支配する特定の極限状況の事例を取り上げてみたい。等価性の論理の極端な事例の一つは、千年王国運動に見ることができる。ここでは世界は、運動のアイデンティティーを代表する農民文化と、邪悪を受肉化している都市文化というように、並列的な等価性のシステムを通じて、二つの陣営に分割される。後者は前者の否定的な裏面である。ここでは最大限の分離が行なわれており、等価性のシステムにおけるどの要素も、他のシステムの諸種の要素とは、対立以外のいかなる関係にも入らない。ここには、一つの社会があるのではなく、二つの社会がある。そして千年王国的叛乱が発生するとき、都市への攻撃は凄惨をきわめ、全面的で無差別である。そのすべての要素がみな邪悪を象徴している等価的連鎖の内部においては、いかなる言説も差異を打ち立てることはできない（唯一の別なる選択肢があるとすれば、それは、世界の堕落から全面的に隔離された神の国を建設するための、他の地域への大量移住である)。

さて、これとは反対の事例を考慮してみよう。十九世紀におけるディズレーリの政治である。ディズレーリは、小説家としては、二つの国民という構想から出発した。すなわち、貧困と富という二つの極端への、社会の明白な分割である。私たちは、これにさらに「旧体制」と「人民」とのあいだでのヨーロッパの政治的空間の同様に明白な分割を、付け加えなければならない(産業革命と民主主義革命との複合的な効果のもとにあった一九世紀前半は、正面きった等価性の連鎖の時代であった)。ディズレーリが変えようと欲したのは、このような状況であり、彼の第一の目標は、社会的空間の並列的な分割——つまり、社会を構成することの不可能性——を克服することにあった。彼の処方箋は明快で、「単一の国民」であった。このためには、共和主義から多様な社会的・政治的要求の集合体にまでの拡がりを示している、人民の革命的主体性を作り上げている等価性システムを打ち破る必要があった。この決裂(rupture)の方法は、もろもろの要求を差異に基づいて吸収することにあった。この差異的吸収は、それらの要求を、人民の連帯における等価性の連鎖から隔離し、それらの要求は、その差異的吸収のシステム内部における客観的差異へと変容された。要するに、それらの要求は、「実定性」へと変容され、こうして敵対の前線は、社会的なものの周縁へと置換されていった。純粋な差異的空間のこうした構成は、時代の傾向線であると理解された。それは後になって拡張され、福祉国家の発展によって確証されることになるはずだ、と。これこそが、社会的なものの集合体は、社会の理解可能で秩序づけられた枠組みのうちにやがて吸収されうるとの実証主義的幻想の核心なのである。

こうして等価性の論理は政治的空間の単純化の論理であり、他方、差異の論理は政治的空間の拡張と複雑性の増大の論理であることが分かる。言語学から比較のための事例を引いてみれば、次のように言うことができよう。一方において差異の論理は、言語の連辞的極を拡充し、さらに結合関係を、それゆえに相互の連続関係に入ることのできる位置の数を増大させる。他方で、等価性の論理は、範型的な極——つまり、相互に代替可能な諸構成要素——を拡充し、それによって結合可能な位置の数を減少させるのである。

これまでのところ私たちは、敵対について語る際に、議論を簡略にするために、その用語を単数形で使用してきた。しかし、敵対が必ずしも単一の地点で出現するとは限らないのは、明白である。差異のシステムにおけるいかなる位置も、それが否定される場合には、敵対が起こる場所になりえる。それゆえに、社会的なものの内部では多種多様な形での敵対が可能となるのであり、それらの多くは相互に対立した形で現われる。重要な問題は、等価性の連鎖が根本的に変化し、それに応じて敵対が入り組んだものになることである。さらに重要な問題として、この等価性の連鎖が主体それ自身のアイデンティティーに影響を与えたり、それを矛盾した仕方で貫徹したりすることである。ここからは次のような結論が導き出されることになろう。すなわち、社会関係が不安定になればなるほど、いかに明確な差異システムもより成功することが困難となり、また敵対が立ち現われる地点も多数にのぼるようになる。こうした敵対の増殖は、どのような中心性の構築をもさらに困難なものとなし、その結果として、等価性の統一された連鎖の設立も、より困難なものとなる(これは、グラムシが「有機的危機」という用語で記述した状況に近似している)。

このようにして、もろもろの敵対の基礎である政治的空間の分析において、私たちの問題は、諸種の決裂点およびそれらの可能な節合様式の決定の問題に還元されるように思われる。しかし、ここにおいて私たちは、推論のわずかなズレが、根本的に誤った結論にいたりうるような、危険な領域に足を踏み入れることになる。それゆえに私たちは、印象主義的な記述から出発して、その記述的描写の妥当性の諸条件を決定するように試みてみたい。先進工業諸国と資本主義世界の周縁部とのあいだには、重要な差異的特徴が打ち立てられているように見えるであろう。つまり、前者にあっては、敵対の地点の増殖によって民主主義的闘争の多様化が可能とされているが、しかし、これらの闘争は、その内容の多様性のゆえに、一箇の「人民」を構成するようには作動しない傾向がある。つまり、民主主義の諸闘争が、相互の等価性に参入して、政治的空間を二つの敵対的な領野に分断したりはしないのである。これとは逆に、第三世界の諸国においては、帝国主義的搾取ならびに野蛮で集権化された支配形態の優越的覇権が、人民闘争に対して、はじめから一箇の中枢部、すなわち、単一で明確に規定された敵を付与する傾向にある。ここでは最初から二つの領分への政治的空間の分割がなされており、しかし民主主義的闘争の多様性は当初から限定されたものとなっている。政治的空間の二つの敵対する陣営への分割を基盤にして構成される位置に言及するものとして、私たちはそれを人民的主体位置（popular subject position）と呼称し、社会をそのようには分割しない、明白に画定された敵対の場に言及するものとして、それを民主主義的主体位置（democratic subject position）と名づけることにしたい。

さて、このような記述上の区別を導入することで、私たちは深刻な困難に直面する。というのも、民主主義的闘争が、政治的空間を二つの陣営に、すなわち等価性の二つの並列的な系列に分割しないのであれば、民主主義的敵対は、おのずと他の諸要素との関係システムにおいて一つの精確な位置を占めることになるからである。要するにそれは、二つの系列のあいだに実定的関係のシステムが打ち立てられることを意味する。またそれは、敵対に付着している否定性の負荷が減少することをも意味する。ここから、次のような命題を支持するためにはほんの一歩を要するだけである。すなわち、民主主義的闘争——フェミニズム、反人種差別運動、ゲイ解放運動など——は、たんに二次的闘争にすぎず、古典的意味での「権力奪取」のための闘争は、政治的空間の二つの陣営へのそうした分割をまさに前提としているがゆえに、唯一の真にラディカルな闘争である。けれども、「政治的空間」という概念に対して私たちの分析が厳密な定義を付与してこなかったこともあり、その結果、この概念が、所与の経験的な社会形成体と合致するように密かに使用されてきた事実から、困難な事態が生じている。もちろんこれは、はなはだ不適切な同一化である。いかなる民主主義的闘争といえども、諸種の位置の集合体のなかで出現するが、それは相対的に縫合された政治的空間の内部においてである。その政治的空間を構成しているのは多数の実践であるが、それらの実践の集積は、その一部を構成している行為諸主体の指示的で経験的な現実をすべて網羅しているわけではない。そうした政治的空間の相対的な閉域化は、敵対の言説的構築にとって必要となる。というのも、一定の内部性の画定化が、政治的空間の二つの陣営への分断を可能にさせる全体性の構築に求められるからである。この意味で、社会運動の自律性は、特定の闘争が干渉を受けることなく展開していくために必要不可欠であるだけではない。それ以上にこれは、敵対それ自体が出現するためにこそ、必要不可欠なのである。

フェミニズム闘争の政治的空間は、女性の諸種の異なった従属化を生む慣習と言説の集合体内部において構成される。他方、反人種差別闘争の空間は、人種差別を構成する諸種の慣習の重層的に決定づけられた集合体内部において作り上げられている。しかし、これらの相対的に自律化したそれぞれの空間内部での敵対は、それらの空間を二つの陣営に分断している。このことは、次の事実を説明してくれる。つまり、社会闘争が、それ自体の空間内部で構成された対象に対してではなく、たんなる経験的な指示対象——たとえば、生物学的指示対象である男や白人——に方向づけられる場合、闘争がみずから困難を招いてしまうのである。というのは、それらの闘争は、他の種々の民主主義的敵対が出現する、それぞれの政治的空間の個別性を無視してしまうからである。一例として、生物学的現実としての男性を敵として提示する言説を取り上げてみよう。男性と女性の双方にかかわる、表現の自由を求める闘争や、経済権力の独占に対する闘争といった敵対を推進する必要が生じるとき、この種の言説には、何が起こるのであろうか。それらの空間が相互に自律化する地形に関していえば、その一部は、さまざまな従属形態を制度化してきた言説形成体によって構成され、他の一部はそれらの闘争それ自身の結果にほかならない。

民主主義的闘争の根源的敵対性に関する説明を可能にする理論的地形が、ひとたび構築されたならば、「人民」陣営の個別性には、何が残るであろうか。「政治的空間」と「社会」(経験的指示対象)との非対応性は、「人民的なもの」と「民主主義的なもの」との唯一の差異的規準を無効にしてしまわないだろうか。回答は、以下のようなものになる。つまり、人民的なものの政治的空間が出現するのは、ある政治的論理が、民主主義的等価性の連鎖を通じて、政治的空間と社会(経験的指示対象)との溝を埋めようとする傾向にある状況においてである。このように考えると、人民闘争が発生するのは、支配集団とその他の人々とのあいだに極度の外部性の関係がみられる場合においてのみである。前に言及した千年王国運動の事例では、これは明白である。農民共同体と支配的な都市共同体とのあいだには、実際のところ、いかなる共通要素も存在しない。そしてこの意味では、都市文化のすべての特徴が、反共同体の象徴でありうるのだ。西ヨーロッパにおける人民の諸空間の拡大と構成という大きなサイクルに注目すると、そうしたすべての場合が、権力の外部性または外部化という現象と軌を一にしていることに気づくのである。フランスにおける人民主義的愛国主義の始まりは、百年戦争の期間中に、つまり、外国の兵力の存在といった、きわめて外面的な何ものかから生じた、政治的空間の分割のただなかに認められる。国民的空間の象徴的構築は、ジャンヌ・ダルクのような平民出の人物の活動を通じてなされたものだが、これこそ、西ヨーロッパにおける歴史的行為者としての「人民(people)」の出現の先駆けとなった最初の契機の一つであったといえよう。旧体制とフランス革命の場合には、人民的なものの境界は国内的な境界になり、その条件は、貴族階層および君主制と、他の残りの国民との分離、ならびに前二者の寄生性であった。しかし、行論において指摘したプロセスを経て、一九世紀中葉以降の先進的資本主義諸国では、民主主義的な諸位置の増殖と「不均等発展」とが、人民軸を中心にした人々の単純で自動的な統一性を、次第に弱めていくことになる。民主主義的闘争は、部分的にはそれらの成功それ自体のゆえに、「人民闘争」としては、ますます不統一になる傾向性を示していった。成熟した資本主義下の政治闘争の諸条件は、明確な「境界政治(politics of frontiers)」という一九世紀的モデルから次第に遠ざかっていき、次章で分析を試みる新しい様式を示すようになる。「境界効果」の産出――これこそ敵対に帰属する否定性の拡大の条件である――は、こうして最終的に獲得された参照枠組みにおける明白かつ所与の分離に基礎づけられるのをやめてしまう。この枠組みの産出、さらに相互に敵対して対決しなければならないであろう諸種のアイデンティティーの構成こそが、いまや第一級の政治問題となる。こうした事態は、節合的実践の場を計り知れないほどに拡大し、どのような境界をも何か本質的に曖昧で不安定なものへと変容させ、持続的な置換に従属させてしまうのである。この地点に到達することで私たちは、ヘゲモニー概念の特有性を決定するのに必要な、すべての理論的要素を所持することになる。

ヘゲモニー

いまや私たちが理解しなければならないのは、これまで私たちが分析に付してきたさまざまな理論的カテゴリーが、どのように相互に結合して「ヘゲモニー」概念を生み出すのか、ということである。ヘゲモニーが出現する一般的領域は、節合的実践の場、すなわち、「諸要素」が「諸契機」に結晶化することのない領域である。関係的アイデンティティーの閉鎖システムにおいては、各契機の意味は絶対的に固定されるが、そこではヘゲモニー的実践のための場所はいっさい存在しない。浮遊する記号表現をすべて排除した、完全に成功した差異のシステムは、どのような節合も不可能にするであろう。このシステム内部では反復原理があらゆる実践を支配し、ヘゲモニー化すべき何ものも存在しないであろう。ヘゲモニーは、社会的なものの不完全で開かれた性質を前提とする。それゆえに、ヘゲモニーが起こりえるのは、節合的実践に支配された領域においてのみである。

しかしながら、このことはただちに、節合する主体は誰かという問題を提起する。私たちはすでに、第三インターナショナルのマルクス主義がこの疑問に与えた回答を見てきた。レーニンからグラムシにいたるまで、〔本書の前の箇所で〕すでに分析に付してきたようなニュアンスや差異があるものの、その回答は、ヘゲモニー的勢力の究極的中核を構成しているものとして、一つの基礎的階級があるというものであった。ヘゲモニー的勢力とヘゲモニー化される勢力との差異は、両者のそれぞれを構成している諸平面のあいだでの一箇の存在論的差異として提示される。ヘゲモニー関係は統語法的（syntactic）関係にほかならず、統語法的関係はみずからの関係に先行する形態学的諸カテゴリーに基礎づけられている。しかし、これが私たちの回答ではありえないことは明白である。というのも、まさに諸平面のこうした差異化こそ、本書のこれまでの分析のすべてが解体しようと試みてきた当のものだからである。事実、私たちはふたたび、内部性／外部性という二者択一に対面している。すなわち、その選択肢のいずれかを排他的に受容するとしたならば、私たちは二つの同様に本質主義的な解決に直面することになるのである。ヘゲモニー的主体は、何らかの節合的実践の主体として、みずから節合するものに対して、部分的に外在的でなければならない——そうでなければ、いかなる節合もありえないであろう。しかしながら、他方で、そうした外部性は、二つの異なる存在論的レヴェルのあいだに存在するものと理解することはできない。その結果、解決法は、言説（discourse）と言説性（discursivity）の一般的領域との私たちの区別を再導入することにあるように思われる。そうした場合、ヘゲモニー的勢力およびヘゲモニー化された諸要素の集合体とは両者とも、同一の平面——言説性の一般的領域——のうえで構成されることになる。他方で、外部性は、さまざまな言説形成体に対応するものとなろう。このことに疑いを入れることはできない。しかし、この外部性が、二つの完全に構成された言説形成体には対応しえないものであることも、明記されなければならない。というのも、言説形成体を特徴づけているのは、分散における規則性だからである。もしその外部性が、二つの形成体間の関係における規則的な特徴であるとすれば、それは新しい差異になってしまい、二つの形成体は、厳密にいえば、相互に外在的ではなくなってしまうであろう（そして、それとともにふたたび、すべての節合の可能性も消滅してしまう）。したがって、節合的実践が想定している外部性が言説性の一般的領域に位置づけられているのであれば、外部性は、二つの完全に構成された差異システムに対応するものではありえない。それゆえに、ここでの外部性は、特定の言説形成体のなかに位置づけられる主体位置と、厳密な言説的節合をもたない「諸要素」とのあいだに存在している外部性でなければならない。こうした曖昧さのゆえにこそ、節合は組織化された差異システムにおける社会的なものの意味を部分的に固定することができ、またそうした結節点を作り上げる実践として機能することができる。

ところで私たちは、節合的実践の一般的領域の内部におけるヘゲモニー的実践の特有性を考察しなければならない。ヘゲモニー的節合としては絶対に特徴づけることのできないような二つの状況から出発しよう。一方の極では、一つの事例として、効率性ないし合理性の基準による一連の官僚制的行政機能の再組織化に言及しておきたい。ここには、いかなる節合的実践にもみられる中枢的諸要素が存在している。すなわち、分解され分散した諸要素から作り上げられている組織化された差異システム——それゆえに諸契機のシステム——の構成である。だが、ここで私たちはヘゲモニーについて語ることはない。その理由は、ヘゲモニーについて語るためには、節合的契機だけでは不十分だからである。同様に必要なのは、敵対的な節合的実践との対決を通じて節合がなされることである——換言すれば、ヘゲモニーは、敵対が交差する領域においてこそ出現するのであり、それゆえに等価性効果と境界効果という現象を想定している。ここで第二の反対の極に目を転じてみよう。この状況においては、あらゆる敵対がヘゲモニー的実践を想定しているわけではない。たとえば、千年王国運動の場合、それはもっとも純粋な形態での敵対の事例であるが、そこには浮遊する諸要素の節合がないがゆえに、ヘゲモニーは存在しない。二つの共同体

〔農民共同体と都市共同体〕のあいだの距離は、直接に所与のものとしてあり、初めから獲得されていて、その結果、いかなる節合的構築も想定されていない。等価性の連鎖は、共同体的空間を構成することなく、むしろ既存の共同体的空間を基盤として作用している。こうして、ヘゲモニー的節合には二つの条件が必要となる。それらは、敵対する諸勢力の存在および両者を分離している境界の不安定性である。広大な範囲で浮遊する諸要素の存在、ならびにそれらの対抗陣営への節合の可能性——ここでは対抗陣営は不断に再定義されることが含意されている——のみが、私たちがある実践をヘゲモニー的であると規定するのを可能にさせる地形を形成しているのである。等価性なくして、また境界なくして、ヘゲモニーについて厳密に語ることは不可能である。

この点において明らかになったのは、グラムシ的分析の基本的諸概念を、私たちがどのように復権することができるのか、ということである。もっとも、グラムシを越えて一定の方向へと進んでいくためには、それらの基本的諸概念を急進化していく必要がある。さて、関係的システムの全般的弱体化が、所与の社会的ないし政治的空間のアイデンティティーを規定し、またその結果、浮遊する諸要素の増殖による結合形態がみられる。私たちはこれをグラムシにならって、有機的危機の結合形態と呼ぶことにする。これは単一の地点から出現するものではない。むしろそれは、諸状況の重層的決定の結果である。そしてこの有機的危機は、敵対の増殖においてみずからを現わすだけでなく、社会的アイデンテイティーの全般的危機においても現われるのである。一定の社会的および政治的空間が、相対的な仕方ではあるが、諸種の結節点の設立および傾向的に関係的な諸アイデンティティーの構成を通じて作り上げられる。グラムシは、それを歴史的ブロック（historical bloc）と呼んだ。歴史的ブロックのさまざまな諸要素をつないでいる結合のタイプは、歴史的先験性の何らかの形態のうちでの統一ではなく、分散における規則性である。こうした結合は、私たちの言説形成体という概念と合致している。歴史的ブロックに関して、それが構成される敵対的地形の観点から考察する限りにおいて、私たちはそれをヘゲモニー的形成体と呼んでおきたい。

最後に、ヘゲモニー的形成体は境界現象を含意している限り、陣地戦の概念が、その十全な意味内容を開示することになる。この概念を通じてグラムシは、二つの重要な理論的効果をもたらした。第一に、社会的なもののいかなる閉域化も不可能であることが確認された。境界は社会的なものに内在的であるがゆえに、社会形成体を、社会という理解可能な形態のもとで経験的な指示対象として包摂することは不可能である。どのような「社会」といえども、みずからを分割することで、つまり、みずからを転覆する意味の余剰のすべてをみずからの外部に放逐することによって、合理性と理解可能性の独自の形態を構成する。しかし、他方で、「陣地戦」において境界は揺れ動きつつ、つねに変動していく。そうである以上、行為者たちのアイデンティティーは対立の過程で変化する。それゆえに、行為者たちのなかに、いかなる縫合された全体性からも完全に免れた最終的な投錨地を見出すのは、不可能な企てなのである。私たちが前に述べたように、陣地戦の概念は戦争の脱軍事化に行き着く。実際には、さらなる帰結がもたらされる。この陣地戦の概念は、社会的なものに根源的な曖昧性をもたらすのであり、そのために、社会的なものはどのような超越的な記号内容においても固定化されるのを妨げられる。

しかしながら、まさにこの地点で、陣地戦の概念は、みずからの限界を明示するのである。陣地戦は、社会空間の二つの陣営への分割を想定しており、また両者を分断している境界の移動の論理として、ヘゲモニー的節合を提示するのだ。しかしながら、こうした仮定が不適当であるのは明らかである。二つの陣営の存在は、時にはヘゲモニー的節合の効果になりうるが、その先験的条件ではない。というのも、もし先験的条件であったとしたならば、ヘゲモニー的節合が作用する地形は、それ自体、どうしてもそうした節合の産物ではなくなってしまうからである。グラムシ的な陣地戦は、私たちが前に人民的アイデンティティーに特有なものと特徴づけた政治的空間の分割のタイプを想定している。一九世紀的な「人民」思想に対するその先進性は、グラムシにとって、そうした人民的アイデンティティーが、もはやたんに所与のものではなく、構築されるべきものであったという事実である。それゆえにこそ、ここにはヘゲモニーの節合的論理がある。しかしながら、そこには依然として、旧来の思想に由来する考え方が残ったままである。すなわち、そうした構築は、二分化された政治的空間の内部での境界拡張を基盤にしてつねに作用するという考え方が残存しているのだ。まさにこの点こそ、グラムシの見解を受容できないものとしている。前に指摘したように、これらの政治的空間の増殖およびそれらの節合の複雑さや困難は、先進的な資本主義的社会形成体の主要な特徴となっている。したがって私たちは、グラムシの見解から、節合論理と境界効果の政治的中枢性を継承したいが、そうした現象が生起するために必然的な枠組みとしての単一の政治的空間という仮定を消去したいと考えている。それゆえに、私たちは、そうした現象に政治的空間の複数性が見られる場合には、民主主義的闘争について語り、他方で、ある言説が二つの対立する領域への単一の政治的空間の分割を傾向的に構築する場合には、人民的闘争について語ることにしたいと思う。しかし、明白なのは、ここにおける基礎的概念は「民主主義的闘争」であるということである。つまり、人民闘争の方は、諸種の民主主義的闘争のあいだの等価性効果の増幅に由来する特有な情勢でしかない。

前述のことから明らかなように、グラムシの思想の二つの主要な局面から、私たちは離れてしまっている。それは、(a)諸種のヘゲモニー的主体は必然的に、基礎的諸階級という場において構成されるとする彼の主張と、(b)有機的危機により構成される空白期間を除いて、あらゆる社会形成体は、単一のヘゲモニー的中枢を機軸として構造化されるとする彼の仮定である。前に指摘したように、これらは、グラムシ思想に残っている本質主義の最後の二つの要素であるといえよう。しかし、それらを放棄することで私たちは、連続する二系列の問題――グラムシには生起しなかった問題――に直面しなければならなくなる。

第一の問題は諸平面の分離に関連している。これは、ヘゲモニーが、あらゆる節合関係と同様に想定している外面的契機にほかならない。すでに見たように、この問題はグラムシには何ら問題を提起するものではなかった。というのも、彼の分析においては、「集合的意志」の最終的な階級的核心は、ヘゲモニー的節合の結果ではなかったからである。しかし、この最終的核心の存在論的特権がいったん解消されてしまった場合、事態はどうなるのであろうか。もし、成功したヘゲモニーの事例のように、節合的実践が差異の構造的システム、つまり関係的アイデンティティーの構造的システムをどうにかして構築することができたとしたならば、ヘゲモニー的勢力の外在的性質もまた消滅してしまうのではないだろうか。それは歴史的ブロック内部における新しい差異になってしまわないであろうか。回答は明らかに肯定的なもの（然り）である。何かの差異システムが内部で濃密に溶接されているような状況は、ヘゲモニー的政治形態の終焉を必然的に含意することになる。そうした場合には、従属関係ないし権力関係はあるだろうが、厳密にいえば、ヘゲモニー的関係は存在しない。というのは、諸平面の分離の消滅、つまり、外部性という契機の消滅とともに、節合的実践の領野も必然的に消滅してしまうからである。政治のヘゲモニー的次元が拡大していくのは、社会的なものの開かれた非縫合的な性質が増大する場合だけである。中世の農民共同体にあっては、さまざまな節合に向かって開かれている領域は、ごくわずかしかなかった。こうして、そこにはヘゲモニー的な節合形態はみられなかった。そこにみられたのは、閉鎖システム内部での反復的な慣行から、共同体がみずから脅威を覚えた際の正面きった絶対的等価性への突如とした移行であった。こうしたわけで、ヘゲモニー的な政治形態が支配的になるのは、たかだか近代初期においてなのである。この時代になって初めて、異なったさまざまの社会的諸領域の再生産が、持続的に変動する状況のなかで行なわれるようになり、こうした状況は、新しい差異システムの構築をつねに要求していた。したがって、節合的実践の場が、際限なく拡大されていった。

このようにして、差異の純然たる固定化の諸条件および可能性は、そこでは後退していった。すべての社会的アイデンティティーは、多くの場合、相互に敵対する数多くの節合的実践のぶつかり合う結節点となる。こうした状況においては、節合するものと節合されるものとの溝を全面的に埋めるような完璧な内部化に到達することは不可能である。しかし、この点は力説しておくことが大切なのだが、節合的勢力のアイデンティティーが分離されたまま不変であり続けることも、同様に不可能なのである。双方の場合、ともに転覆と再定義の不断のプロセスに従属しているのだ。これはまことにその通りであるので、等価性システムですら、新しい差異へと変容される危険から免れているわけではない。周知のように、数多くの集団によるシステムとの正面きった対立は、かえってシステムに対して外在的であることを不可能にさせ、そのシステム内部に位置づけられた矛盾、つまり、いま一つの差異になってしまう。ヘゲモニー的形成体はまた、反対勢力がその形成体の基礎的節合システムを否定すべき対象として受け容れる以上、みずからに反対するこうした勢力を内部に取り込むのである。しかし、その場合、否定の場は、形成体それ自身の内部の要因によって規定される。したがって、ヘゲモニー的政治形態を終焉させる諸条件に関する理論的規定はまた、近代におけるこの形態の恒常的拡張の理由をも説明している。

第二の問題はヘゲモニー的中枢の単一性に関連する。もしヘゲモニーを社会的なものの中心として、それゆえにその本質として銘記することを意味する存在論的平面をいったん拒否するとしたならば、ヘゲモニー的結節点の単一性という観念を保持することは、明らかに不可能になる。ヘゲモニーとは、簡単にいえば、一つの政治的な関係のタイプであり、そう呼びたければ、一つの政治の形態にほかならない。しかし、ヘゲモニーは、社会的なものの地勢学の内部における決定可能な位置づけを保持しているわけではない。所与の社会形成体においては、さまざまなヘゲモニー的結節点がありえる。明らかにそれらの結節点のうちのいくつかは、極度の重層的決定に規定されている。要するに、ヘゲモニー的結節点は、数多くの社会関係の凝縮点を構成できるし、こうして多数の全体化効果の焦点になることもできる。しかし、社会的なものとは、それ自体、無限のものであり、基礎に横たわるどんな統一原理にも還元不可能なものである限りにおいて、社会的なものの中心という観念そのものが、まったく意味をなさないものとなる。

ヘゲモニー概念の地位ならびに社会的なものに特徴的な複数性が、前述のようにいったん再定義されるとすれば、私たちは、両者のあいだに存在する関係の諸形態について自問しなければならない。これまで社会的なものの還元不可能な複数性は、しばしば闘争の諸領域や諸形態の自律化として構想されてきた。こうした事実を踏まえて、私たちはここで「自律性」の概念と関連した諸問題のいくつかを多少なりとも分析しておく必要がある。近年、たとえば、「国家の相対的自律性」をめぐって、かなりの論争が行なわれてきた経緯がある。[41] しかし、この論争は、たいていの場合、行き止まりの方向へ向けた議論として提起されてしまった。概して、「国家の相対的自律性」を説明しようとするそうした試みは、縫合された社会——たとえば、最終審級での経済による決定を媒介とした——の仮定を受け容れた枠組みにおいて企てられてきた。このようにして、国家であれ、その他のいかなる実体であれ、その相対的自律性の問題は、解決不可能なものとされてしまったのである。というのは、次の二つの場合のいずれかが生起したからである。要するに、一方では、社会の基礎的な諸決定によって構成される構造的枠組みが、自律性の限界だけでなく、自律的な実体の本質をも説明すると考えられる。この場合、その実体はシステムのもう一つの構造的決定となり、「自律性」の概念は余分なものと見なされることになる。他方で、自律的な実体は、システムによって決定づけられることはないと見なされる。この場合には、実体がどこで構成されるかを説明する必要があり、縫合された社会という前提もまた、放棄されなければならなくなる。

国家をめぐる近年のマルクス主義の議論——とくにプーランツァスの仕事——の大部分を台無しにしているのは、まさしくこの縫合された社会という前提を、それとは両立できない自律性の概念と結合しようとする願望なのである。しかしながら、かりに私たちが社会的なものの最終的な閉域化という仮説を放棄するとしたならば、どのような究極的な統一的基盤にも還元しえない政治的・社会的諸空間の複数性から出発する必要がある。複数性とは、説明されるべき現象というよりも、むしろ分析の出発点にほかならない。しかし、すでに見たように、これら諸空間それぞれのアイデンティティーはつねに不安定であるとするならば、自律性と分散との同一視を単純に肯定することは不可能である。その結果として、全面的な自律性も全面的な従属も、いずれも適切な回答ではないことになる。このことで明示されているのは、安定した差異システムの地形では問題が解決できないということである。ここで明示されているのはまた、自律性と従属はいずれも——そして両者のさまざまな度合いの相対性も含めて——、節合的実践の分野においてのみ、みずからの意味を獲得できる概念であるということである。さらに明らかなのは、自律性と従属はともに、諸種の敵対によって交差している政治的な領野——つまり、ヘゲモニー的実践の場——において作用する限りにおいて、みずからの意味を獲得するということにほかならない。節合的実践は、所与の社会的および政治的諸空間の内部で生起するだけでなく、それらの諸空間のあいだにおいても、行なわれるのである。国家総体の自律性は――とりあえず、国家を統一体として語ることができると仮定して――、ヘゲモニー的諸節合の結果でしかありえない、なんらかの政治的空間の構築に依拠している。そして国家の諸種の異なった部門や装置のあいだに見られる統一性や自律性の度合いに関しても、これと似たようなことを言うことができる。要するに、特定の諸領域の自律化とは、何ものかの必然的な構造的効果ではなく、むしろそのような自律性を構築している厳密な節合的実践そのものの結果にほかならない。自律性は、けっしてヘゲモニーと両立不可能なものではなく、ヘゲモニー的構築の一形態なのである。

類似したことが、近年における自律性の概念の使用――〔「国家の相対的自律性」とは〕別の重要な使用例――に関しても言うことができる。それは、新しい社会運動の拡張が要請する複数主義と結びついた自律性である。ここでも、私たちは同様の状況にある。もし自律化する諸主体や社会的諸勢力のアイデンティティーが一回的かつ決定的な仕方で構成されたのであれば、その問題はひとえに自律性という用語でのみ提起されざるをえないであろう。しかし、これらのアイデンティティーが実存の特定の社会的および政治的諸条件に依拠するものであれば、自律性それ自体は、ひとえにより広汎なヘゲモニー闘争に照らしてのみ、擁護され拡張されうるといえよう。たとえば、フェミニストやエコロジストといった政治的主体は、他のあらゆる社会的アイデンティティーと同様に、ある時点までは浮遊する記号表現でしかない。また、これらの主体が一回的かつ決定的な仕方ですでに保証されてしまっていると考えたり、またそれらの出現のための言説的条件を構成する地形が転覆されえないと考えたりするのは、危険な幻想である。

　それゆえに、ヘゲモニーが特定の運動の自律性を脅かしかねないものだとする疑問は、誤った問題提起でしかない。厳密にいえば、こうした〔ヘゲモニーと自律性の〕非両立性の問題が存在するのは、ひとり諸種の社会運動がモナド（単一体）としてとどまり、相互に結合していない場合に限られる。しかし、それぞれの運動のアイデンティティーが一回的かつ決定的な仕方で獲得されえないのであれば、各運動はみずからの外部で生起している事態に無関心ではいられない。一例を挙げてみよう。英国《ブリテン》における白人労働者の階級的な政治的主体性は、状況に応じて、人種差別的な態度や反人種差別的な態度によって重層決定されている。こうした事態は、移民労働者の闘争にとっては明らかに重要な問題である。これは労働組合運動のいくつかの実践に影響を与え、また労働組合の実践の方は、国家政策の数多くの局面にそれなりの結果をもたらす。そして最終的にこれは、移民労働者自身の政治的アイデンティティーへと跳ね返るのである。ここには明確に、ヘゲモニー闘争が存在している。というのも、白人労働組合の戦闘性と、彼らの人種差別主義あるいは反差別主義との節合は、当初から規定されていたものではないからである。そうではなく、反人種差別運動によって担われる白人労働者の闘争の諸形態は、いくつかの活動や組織的形態の自律化を部分的には経由することになるであろう。それは、部分的には他の諸勢力との同盟体制を通じて、また部分的には諸種の異なる運動の内実のあいだでの等価性システムの構築を通じて実現していくであろう。というのは、反人種差別闘争、反セクシズム闘争、反資本主義闘争は、そのまま放置されたならば、必ずしも結合することはないが、それらの内実のあいだに安定した重層的決定の形態が構築されるならば、もっとも強固な反人種差別闘争が確立するからである。ここでもふたたび、自律性はヘゲモニーに対立するものではなく、より広汎なヘゲモニー的作用を構成する一つの内部的契機になっている(当然のことながら、このヘゲモニー的作用は、「党」という形態、単一の制度的形態、あるいは他のいかなるタイプの先験的装置とも必然的に結合するものではない)。

もしヘゲモニーが政治的関係のタイプであって、地勢学的な概念でないのであれば、ヘゲモニーは明らかに、一定の特権的地点を機軸として諸種の効果を放射するものとして理解することもできない。この意味で私たちは、ヘゲモニーとは基本的に換喩的(metonymical)だと言うことができる。つまり、ヘゲモニーの効果はつねに、置換操作が生み出す意味の余剰から出現するのである(たとえば、労働組合や宗教組織が、それらに伝統的に帰せしめられてきた慣行を越えた組織的な諸機能を共同体内部で担うこともありえるのであり、そのために反対勢力から攻撃され抵抗を受けることもありうるのだ)。

このような置換の契機は、いかなるヘゲモニー的実践にとっても本質的なものである。私たちは、ヘゲモニー的課題に対する階級的アイデンティティーの外部性という形態のもとで、ロシア社会民主主義におけるこの概念の出現そのものを手始めに、一貫してその展開に注視してきた。私たちの結論は、いかなる社会的アイデンティティーもけっして完全には獲得されはしないというものである。この事実こそ、節合的－ヘゲモニー的契機に対して、その中枢性の完全な重みを付与する当のものである。それゆえに、こうした中枢性の条件は、内部的なものと外部的なもの、偶然的なものと必然的なものとの明白な境界線の崩壊である。しかし、このことは次のような結論を不可避的に導き出すのである。つまり、いかなるヘゲモニー的論理も、社会的なものの全体性を説明できないし、社会的なものの中心を構成できない、ということである。その理由は、もしそうである場合、そこには新しい縫合が必然的に生まれてしまい、そうなるとヘゲモニー概念そのものがそれ自身を除去してしまうからである。こうして社会的なものの開放性は、あらゆるヘゲモニー的実践の前提条件である。

さてこのようにして、このことは必然的に第二の結論を導き出す。要するに、私たちが理解したようなヘゲモニー的形成体は、単一の社会勢力に特有の論理として説明することはできない、ということである。あらゆる歴史的ブロック――ないしはヘゲモニー的形成体――は、分散における規則性を通じて構築されており、この分散は、次のような多種多様な諸要素の増殖を含んでいる。関係的アイデンティティーを部分的に規定している差異システム。その関係的アイデンティティーを転覆するが、対立の場それ自体が規則的となり、そうした仕方で新しい差異を構成していく限りで、変形的に再回収されうる等価性の連鎖。さらに権力あるいはそれへの諸種の異なる抵抗形態へと凝縮される重層的決定の諸形態など。重要な点は、権力のあらゆる形態が、等価性と差異という対立する論理を通じて、プラグマティックな仕方で、社会的なものに内在的に構築されていくことである。このことは要するに、権力はけっして基礎定立的でないことを示している。

それゆえに、権力の問題は、ヘゲモニー的形成体の中枢を構成する唯一の階級ないし唯一の支配的セクターの探求という仕方では提起されえない。というのも、定義からして、そのような中枢は、つねに私たちをかわし避けて通るからである。しかしまた、複数主義や、社会的なものの内部での権力の完全な拡散といった、もう一つの選択肢をあてがうのも、同様に誤りである。というのも、このやり方では、あらゆる具体的な社会形成体のなかに存在する結節点の存在や権力の部分的集中の分析に対して、目を閉ざすことになるからだ。まさにこの点でこそ、古典的分析のいくつもの概念――「中枢」、「権力」、「自律性」など――を、みずからの地位を再定義したうえで、再導入することができる。これらの概念はすべて偶然的な社会的論理であり、そうしたものとして厳密に局所的で関係的な文脈においてのみ、みずからの意味を獲得する。こうした文脈にあっては、これらの概念はつねに、他の――しばしば矛盾する――論理によって制限される。だが、それらのうちのどれ一つとして、みずから転覆されることがありえないような空間や構造的契機を規定するという意味での絶対的妥当性を保持することはない。それゆえに、前述の諸概念のいずれかの絶対化を基盤にして、社会的なものの理論に到達することは不可能である。かりに社会というものがいかなる単一の統一的で実定的な論理によっても縫合されないのであれば、私たちの社会理解もそうした論理を提供することはできない。社会的なものの「本質」を決定づけようとする「科学的」アプローチは、事実、まさにユートピア主義の最たるものであろう。

　結論にはいる前に、一つ重要な論点を指摘しておきたい。行論において私たちは、「社会形成体」について経験的な指示対象として語り、「ヘゲモニー的形成体」については差異の節合された全体性として語ってきた。それゆえに、同一の用語――「形成体(formation)」――が、二つの全面的に異なった意味で使用されており、私たちはそこから生じる曖昧さをここで取り除くように試みなければならない。この問題は、より一般的な形では次のように定式化することができよう。つまり、かりに経験的に所与として存在する行為者たちの集合体（社会形成体の場合）あるいは言説的諸契機の集合体（ヘゲモニー的形成体の場合）が、形成体という概念が含意する全体性のなかに含まれると仮定しよう。その理由は、そうした全体性を通じてこそ、それらの形成体を、その外部的なものから区別することが可能だからである。こうして、形成体が全体性として形づくられるのは、それ自身の限界に依拠している。もしヘゲモニー的形成体の場合におけるこうした限界の構築の問題を提起するとすれば、私たちは二つのレヴェルを区別しなければならなくなるであろう。すなわち、あらゆる「形成体」の抽象的な可能性の条件に関連したレヴェルと、ヘゲモニーの論理が「形成体」に導入する個別的差異に関連したレヴェルである。

まず後者の相対的に安定した差異システムとしての形成体の内部的空間から、検討を始めよう。差異の論理だけでは、限界の構築には不十分であることは明白である。というのは、かりに差異の論理が排他的に支配するとしたならば、それを乗り越えるものは他の諸種の差異でしかありえなくなるからであり、同時にこうした差異の規則性はそれらの差異を形成体そのものの一部へと変容させてしまうからである。私たちが差異の領域にとどまるならば、それは無限の領域にとどまることである。そしてそれは、いかなる境界をも考えることを不可能にし、また結果として「形成体」の概念を解体せずにはおかないのだ。すなわち、差異システムの集合体が、差異を越えた何ものかとの関連で全体性として切り出される限りにおいてのみ、限界は存在するのである。そして全体性がみずからを形成体として構成するのは、こうした切り出しを通じてのみである。かりに、既述したことから、そうした差異を越えた何かが、実定的な何か——つまり、新しい差異——ではありえないということが明らかであるならば、唯一の可能性は、それは何か否定的なものにあるということになろう。しかし、等価性の論理こそ、社会的なものという領域に否定性を導き入れるということを、私たちはすでに知っている。このことが含意しているのは、形成体がみずからを記号表現できるのは（つまり、みずからをそれ自体として構成できるのは）、限界を境界へと変形させることによってのみであり、また等価性の連鎖を構成していくことによってのみである、ということである。そこでは等価性の連鎖は、限界を超えたものをそうでないものとして構築するのだ。形成体がみずからを一箇の全体化の地平として構築できるのは、否定性、分割、敵対を通じてでしかない。

　しかしながら、等価性の論理とは、すべての形成体の存在を成り立たせるもっとも抽象的で一般的な条件にすぎない。ヘゲモニー的形成体について語りうるためには、私たちは、これまでの分析が提供している他の条件を導入しなければならない。要するに、その条件とは、社会的および政治的諸空間の持続的な再定義であり、また社会的分割を構築している諸限界を恒常的に置換していく諸過程にほかならない。これらは現代社会ならではのものである。こうした諸条件のもとでのみ、等価性の論理を通じて形づくられる全体性は、ヘゲモニー的性質を取得するのである。しかし、このことはさらに、次のような事態を含意するように思われる。つまり、こうした不安定性が、社会的なものの内部的な諸境界の安定性を掘り崩す傾向にある以上、形成体というカテゴリーそれ自体が脅かされるのである。そしてこうした事態は、まさに実際に起きているのだ。たとえすべての境界が消滅するとしても、このことは、形成体を再認することがより困難になることを意味するだけでない。全体性とは与件ではなく構築物であるがゆえに、それを構成する等価性の連鎖が引き裂かれると、全体性はみずからを隠蔽する以上のことを行なうのだ。つまり、全体性は解体してしまう。

このことのゆえに、「社会形成体」という用語は、ある指示対象を表示するために使われる場合、無意味になる。社会的行為者たちは、指示対象としては、どんな形成体をも作り上げるというわけではない。たとえば、かりに「社会形成体」という用語を用いて、外見上は中立的な仕方で、ある特定地域に暮らす社会的行為者たちを表示しようと試みたとしても、そうした地域の限界についてすぐさま問題が生じる。ここでは政治的境界線の画定が必要になるのである。つまり、行為者たちのたんなる指示対象的実体とは異なるレヴェルで形成される布置が必要とされる。ここには二つの選択肢がある。第一の選択肢は、政治的限界を単純な外面的な与件として考える場合である。この場合、「フランスの社会形成体」や「イングランドの社会形成体」といった用語は、「フランス」や「イングランド」以上のものを指示するものではなく、「形成体」という用語は明らかに余計なものとなろう。第二の選択肢の場合、行為者たちは、彼らを形成するさまざまな社会形成体に再統合される。そのような場合、これらの形成体は国家的境界（国境）と合致しなければならない理由はなくなる。特定の節合的実践が、それらの形成体の拡がりを、形成体それ自体の限界と合致させるものとなろう。けれども、いずれの場合にも、ここには、ある所与の空間を形づくり、同時にそのなかで作動する数多くのヘゲモニー的節合に依拠することになる、開かれたプロセスが存在するのである。

本章を通じての議論のいくつかの点において私たちが試みたのは、社会的なものの開放性と非決定性とを明示することであった。こうした社会的なものの開放性と非決定性こそが、否定性と敵対とに第一義的かつ基礎定立的性質を付与し、また節合的かつヘゲモニー的な実践の存在を保証する。さて〔最終章で〕私たちは、最初の二つの章で行なった政治的議論の流れをふたたび取り上げなければならない。つまり、社会的なものの非決定性、ならびにそこから生じる節合的論理が、ヘゲモニーとデモクラシーとの関係の問題を、どのように新しい形で提起してくれるのかを検討してみたい。

【注】

（1） C. Taylor, *Hegel*, Cambridge 1975, p. 23と、〔テイラー同書の〕第一章全般。

（2） Hölderlin, *Hyperion Fragment*, C. Taylor, p. 35での引用より。〔手塚富雄訳「断片ヒュペーリオン（タリーア断片）」、『ヘルダーリン全集』3、河出書房新社、一九六六年、一五五頁〕

（3） A. Trendelenburg, *Logische Untersuchungen*, Hildesheim 1964（初版は一八四〇年）

（4） L. Althusser, *For Marx*, London 1969, p. 203.〔河野健二・田村俶・西川長夫訳『マルクスのために』、平凡社、一九九四年、三四八頁〕

（5） Ibid., p. 206 (footnote).〔邦訳、三八八頁〕

（6） 見て分かるように、私たちの批判は、いくつかの点でイングランドのヒンデス＝ハースト学派の批判と一致している。しかしながら、私たちは彼らのアプローチにいくつかの基本的な異論をもっている。これについては後に本文で触れる。

（7） E. Balibar, 'Sur la dialectique historique. (Quelques remarques critiques à propos de *Lire le Capital*)', in *Cinq études du matérialisme historique*, Paris 1984.〔今村仁司訳「歴史の弁証法について——『資本論を読む』に関するいくつかの批判的見解」、『史的唯物論研究』、新評論、一九七九年所収〕

（8） B. Hindess and P. Hirst, *Pre-capitalist Modes of Production*, London 1975; B. Hindess and P. Hirst, *Mode of Production and Social Formation*, London 1977; A. Cutler, B. Hindess, P. Hirst and A. Hussein, *Marx's Capital and Capitalism Today*, London 1977, 2 vols.〔岡崎次郎・塩谷安夫・時永淑訳『資本論と現代資本主義』I・II、法政大学出版局、一九八八年〕

（9） Cutler et al., vol. 1, p. 222.〔邦訳、I、二六二頁〕

（10） P. Hirst and P. Wooley, *Social Relations and Human Attributes*, London 1982, p. 134.

（11） M. Foucault, *Archaeology of Knowledge*, London 1972, pp. 31-39.〔中村雄二郎訳『知の考古学』、河出書房新社、一九八一年、五〇—六二頁〕

（12） E. Benveniste, *Problems in General Linguistics*, Miami 1971, pp. 47-48.〔岸本通夫監訳『一般言語学の諸問題』、みすず書房、一九八三年、六一頁〕

（13） フーコーの考古学的方法の限界に関する洞察に満ちた研究において、B・ブラウンとM・カズンズは、こう述べている（'The linguistic fault: the case of Foucault's archaeology', *Economy and Society*, August 1980, vol. 9, no. 3)。「（フーコーは）諸現象を〈言説〉と〈非言説的なもの〉という二つの存在分類に配分したりしない。彼にとって問題は、つねに、特定の言説形成体のアイデンティティーである。ある特定の言説形成体の外側に属するものは、ただその外側に属すにすぎない。そのことでそれが〈非言説的なもの〉という一般的な存在形態の身分に加わるわけではない」。このことはたしかに、「諸現象を二つの存在分類に配分すること」の可能性に関しては、つまり、ある全体性の内部で地域的な分割を打ち立てるような言説に関しては、正しい。しかし、このことは、言説的なものを構想する仕方に関する問題を排除するわけではない。非言説的な実体を容認することは、たんに地勢学的な意義をもつだけではなく、さらに言説の概念を変更するのである。

(14) M. Foucault, pp. 53-4.〔邦訳、八三頁〕H・L・ドレイファスとP・ラビノウは、フーコーに関する彼らの書物においてこの箇所の潜在的な重要性を理解しているが、それをいくぶん性急に退けて、制度を「非言説的」なものとして構想するほうを選んでいる。*Michel Foucault. Beyond Structuralism and Hermeneutics*, Chicago 1982, pp. 65-6.〔山形頼洋ほか訳『ミシェル・フーコー――構造主義と解釈学を超えて』、筑摩書房、一九九六年、一〇五―一〇六頁〕

(15) ここで含意されているのは、厳密にいえば、「形成体」の概念そのものである。問題は次のような仕方で、もっとも一般的なかたちに定式化されうる。すなわち、もし形成体を特徴づけるのが分散における規則性であるなら、その場合、その形成体の限界を規定することはいかにして可能なのか。形成体の外部にあるが、しかしその外部性において無条件に規則的であるような言説的実体ないし差異があるとしよう。もし重要な唯一の基準が分散であるなら、そうした差異の「外部性」を打ち立てることはいかにして可能なのか。その場合、解決すべき最初の問いは、限界の規定が、考古学的事実のうえにみずからを重ねるような「形成体」の概念に依拠するかどうか、というものでなければならない。依拠する可能性を私たちが受けいれるならば、私たちはたんに、すでにはじめから方法論的に除外していた実体――「作品」、「伝統」など――と同じタイプの実体を導入しているにすぎない。依拠しない可能性を私たちが受けいれるならば、明らかに、考古学的素材そのものの内部に、限界を構築することができ、かくして形成体を構成することができる、全体性の効果を生み出す何らかの論理が存在しなければならない。私たちがさらに本文で論じるように、これこそ等価性の論理が果たす役割である。

(16) メルロ＝ポンティは、現象学から出発して、「即自」と「対自」の二元論を克服する試みとして実存的現象学のプロジェクトを構想したが、それは、サルトルといった類いの哲学が乗り越え不可能と考えた対立の克服を可能にするような地形を設定する試みであった。かくして現象は、「物」と「精神」とのあいだに結節を打ち立てる地点として構想される。そして知覚は、〈コギト〉よりも第一義的な、基礎を創設する水準として構想される。「生きられたもの」の還元不可能性を基盤にしている以上、あらゆる現象学には、意味の構想について諸々の限界が内在しているが、だからといって私たちは、現象学のいくつかの定式化のなかに——とくにメルロ＝ポンティの仕事のなかに——、あらゆる形態の二元論に内在している本質主義と決裂しようとする、もっともラディカルな試みのいくつかが見られることを忘れてはならない。

(17) L. Wittgenstein, *Philosophical Investigations*, Oxford 1983, p. 3.〔藤本隆志訳『哲学探究』、『ウィトゲンシュタイン全集』8、大修館書店、一九七六年、一六頁〕

(18) Ibid., p. 5.〔邦訳、二〇頁〕

(19) あるタイプのマルクス主義は、そのように言説的なものを第一義的とする見解は「唯物論」を疑問に付しかねないと反論する。これに対して私たちはたんに、マルクスの諸テクストをざっと通読することを提案しておきたい。とくに『資本論』の、労働過程の章のはじまりにある蜜蜂と建築家についての有名な箇所だけでなく、価値形態分析の全体もざっとお読みいただきたい。そこでは、商品生産過程——資本主義的蓄積の基礎——の論理そのものが、厳密に社会的な論理として提示されている。つまりこの論理は、物質的には別個の対象〔客体〕のあいだに等価性の関係を打ち立てることによってのみ、自己貫徹するのである。その一頁目からこう述べられている――それは〔ニコラス・〕バーボンの主張へのコメントである。「〔バーボンによれば〕「物は、内在的特性をもっている（これは使用価値を表わすバーボンの特殊な用語である）。それは、たとえば磁石が鉄を引きつけるというように、あらゆる場所で同じ特性をもつ」（バーボン、前掲書、六頁）。鉄を引きつけるという磁石の特質は、それが使用されて磁極性が発見されるにいたってはじめて、有用になったのである」。〔『マルクス・コレクション』Ⅳ、筑摩書房、二〇〇五年、五六頁〕

(20) ここでいう「外部」とともに、私たちは言説外的なものというカテゴリーを再導入しているわけではない。その外部は他の言説によって構成されるのである。この外部が言説的なものであることこそ、あらゆる言説の脆弱性の条件をつくりだす。というのも、言説の差異体系は、その外側から働きかけてくる他の言説的節合によって変形され、不安定化されるのであり、こうした事態から言説を最終的に保護してくれるものなどないからである。

(21) J. Derrida, *Writing and Difference*, London 1978, p. 280.〔梶谷温子ほか訳『エクリチュールと差異』下、法政大学出版局、一九八三年、二一四頁〕

(22) こうした縫合化の不可能性についての、そしてそれゆえ、あらゆる関係的体系の最終的な内的理解可能性の不可能性についての構想を、数多くの近年の仕事が、純粋な構造的論理のモデルとして伝統的に提示されてきた体系そのものに、すなわち言語に、拡張してきた。たとえば、F・ガデとM・ペシューは、ソシュールに関してこう指摘した。「詩的なものを特殊な効果の場として、全体としての言語から孤立させる理論について言えば、ソシュールの仕事は……詩的なものを、あらゆる言語に内在している滑ること（slipping）と見なす。つまり、ソシュールが確立したのは、サトゥルヌス詩の特質ではなく、あるいは詩の特質でさえなく、言語そのものの特質である」（*La langue introuvable*, Paris 1981, p. 57）。Cf. F. Gadet, 'La

double faille', *Actes du Colloque de Sociolinguistique de Rouen*, 1978; C. Normand, 'L'arbitraire du signe comme phénomène de déplacement', *Dialectiques*, 1972, no. 1-2; J. C. Milner, *L'amour de la langue*, Paris 1978.

(23) 前に私たちが、バンヴェニストのソシュール批判に関して述べたことを参照せよ。

(24) Cf. M. Foucault, *The Order of Things*, London 1970.〔渡辺一臣・佐々木明訳『言葉と物』、新潮社、一九七四年〕

(25) この点に関して以下を参照。B. Brewster, 'Fetishism in *Capital* and *Reading Capital*', *Economy and Society*, 1976, vol. 5, no. 3; P. Hirst, 'Althusser and the Theory of Ideology', *Economy and Society*, 1976, vol. 5, no. 4.

(26) Cf. ibid.

(27) 「人間」を指すと同時に「人類の男性成員」をも指す 'Man' の使用から派生する曖昧さは、私たちが明らかにしようと試みている言説的曖昧さを表わす徴候でもある。

(28) E. P. Thompson, *The Poverty of Theory*, London 1978. しかしながら、トムスンは単純にアルチュセールを誤読したのだという結論に、私たちは飛びついてはならない。問題ははるかにより複雑である。というのは、たしかにトムスンは、人間的本質という公理に基づく「ヒューマニズム」と、そうした本質の否認に根拠づけられた反ヒューマニズムとを対立させることで、誤った選択肢を提案したことは明らかである。だが、そうであるとしても、ヒューマニズムへのアルチュセールのアプローチが、ヒューマニズムをイデオロギーという場に放逐してしまうこと以外に、ほとんど何らの余地を与えていないことも、同様に真実だからである。というのも、もし歴史には諸種の生産様式の継起によって与えられる理解可能な構造があり、この構造には「科学的」実践によって接近できるのであるならば、これはイデオロギーの平面で構築される何ものかとしての「ヒューマニズム」概念に付随したものとしてしか理解できないのである。そしてこのイデオロギーの平面は、虚偽意識としては理解されてはいないが、生産様式の論理が打ち立てる社会的再生産メカニズムとは存在論的に異なるものでありつつ、同時にそのメカニズムに従属している。「人間」と「生産様式」とを機軸にして構築される、これら二つの本質主義が行き着く袋小路からの出口は、現象と現実という区別が基礎を置いている諸平面の差異化を解体することにある。その場合、ヒューマニズム的言説は、先験的に特権化されたものとしてではなく、また他の諸言説に従属したものでもない、それ固有の地位を獲得するのである。

(29) *m/f*, 1978, no. 1, editorial note.

(30) Cf. C. Mouffe, 'The Sex/Gender System and the Discursive Construction of Women's Subordination,' in S. Hänninen and L. Paldan, eds., *Rethinking Ideology: A Marxist Debate*, Berlin 1983. こうした観点からのフェミニスト的政治への歴史的序論は、以下に見出すことができる。Sally Alexander, 'Women, Class and Sexual Difference,' *History Workshop* 17, Spring 1984. 性的政治のより一般的問題については、以下を参照。Jeffrey Weeks, *Sex, Politics and Society*, London 1981.

(31) この概念は以下の論文で展開された。Gayle Rubin, 'The Traffic in Women: Notes on the "Political Economy" of Sex,' in R. R. Reiter, ed., *Toward an Anthropology of Women*, New York/London 1975, pp. 157-210.

(32) この局面は、『m/f』誌の編集部によって全面的に無視されたわけではなかった。こうしてP・アダムズとJ・ミンスンは、次のように主張したのである。「ある種の「全方面用」(all-purpose) の責任の取り方の形態がいくつか存在する。それらは無数の社会関係を網羅している。つまり、諸個人は多様な評価のなかで、一般的に「責任」を負うのである（他面、その否定的な対極では「無責任」になる）。しかしながら、こうした全方面用の責任の取り方がどれほど普及しているように見えるとしても、それは依然として、特定の社会的諸条件の充足に従属しているのであり、「全方面用」の責任の取り方は、諸種の地位が寄り集まった異質な束として解釈されなければならない。」(P. Adams and J. Minson, 'The "Subject" of Feminism', *m/f*, no. 2, 1978, p. 53.)

(33) A. Cutler et al., vol. 1., pp. 236-7.

(34) L. Colletti, 'Marxism and the Dialectic', *New Left Review*, September/October 1975, no. 93, pp. 3-29; and *Tramonto dell'ideologia*, pp. 87-161.

(35) カントは、矛盾とは異なる現実的対立の特徴を、以下の四つの原理にまとめている。「第一に、互いに対立する規定は、同一の主語のなかに見いだされなければならない。なぜなら、ある規定があるもののなかにあり、他の規定が別のもののなかにある場合には、いかなる現実的対立も生じないからである。第二に、現実的対立のなかでは、互いに対立する規定は、互いに他の矛盾ではない。なぜなら、そうであれば、対立は論理的な次元のものになり、すでに見たように、それは不可能だからである。第三に、一方の規定は、他方の規定が措定したものしか否定することができない。というのは、他方の規定が措定したもの以外を否定しても対立は生じないからである。第四に、規定が互いに対比的であるかぎり、双方とも否定的ということはありえない。なぜなら、双方がともに否定的であれば、一方が措定したものを他方が廃棄することは不可能になるからである。したがって、どのような現実的対立においても、述語は両方とも積極的であり正の量でなければならない。ただし、その場合、双方が同一の述語において統一して、それで互いを廃棄しあうようになる。このように、互いに他のものの負だと考えられるものも、それ自体ではいずれも積極的で正の量を持つのであって、ただそれらが同じ主語のなかで一緒になる場合に、結果がゼロになるのである。」(I. Kant, 'Il concetto delle quantità negative', in *Scritti precritici*, Bari 1953, pp. 268-69.)〔山下正男訳「負量の概念」、『カント全集』第二巻、理想社、二三四－五頁〕したがって、その二つの事項の実定性こそ、現実的対立の基本的な特徴なのである。

(36) ハンス・ケルゼンが、マックス・アドラーとの論争において、社会的世界に属する敵対性を特徴づけるために、現実的対立と矛盾との排他的な二者択一の外部におもむく必要をはっきりと認識していたことを指摘しておきたい。この点に関してのケルゼンの立場の要約としては、以下を参照。R. Racinaro, 'Hans Kelsen e il dibattito su democrazia e parlamentarismo negli anni Venti-Trenta', Introduction to H. Kelsen, *Socialismo e Stato. Una ricerca sulla teoria politica del marxismo*, Bari 1978, pp. cxxii-cxxv.

(37) R. Edgley, 'Dialectic: the Contradictions of Colletti', *Critique*, no. 7, 1977.

(38) J. Elster, *Logic and Society: Contradictions and Possible Worlds*, Chichester 1978.

(39) 'What is Dialectic', in *Conjectures and Refutations*, London 1969, pp. 312-35.

(40) この点で、私たちの見解は、本書の共著者の一人が、敵対概念を矛盾概念に解消してしまっていた以前の見解とは異なっている。E. Laclau, 'Populist Rupture and Discourse', *Screen Education*, Spring, 1980. 私たちは以前の立場を再考する際に、一連の会話においてエミリオ・デ・イポラが行なってくれた批判的なコメントが、もっとも有益であった。

(41) さまざまな現代マルクス主義の理論化のなかでも、国家の相対的自律性の問題への多様なアプローチに関しては、以下の研究を参照。B. Jessop, *The Capitalist State*, New York/London, 1982.〔田口富久治ほか訳『資本主義国家』、御茶の水書房、一九八三年〕

4　ヘゲモニーとラディカル・デモクラシー

一九三七年一一月、亡命先のニューヨークで、アルトゥーア・ローゼンベルクは、フランス革命以後の近代ヨーロッパ史に関する考察に決着をつけようとしていた(1)。この考察は戦闘的知識人としての彼の生涯を締めくくるものだったが、同時に一つの根本的主題に焦点を当てたものでもあった。その主題とは、社会主義と民主主義との関係であり、より正確にいえば、両者の有機的な統一形態を作り出す試みの失敗であった。

民主主義の失敗と社会主義の失敗というこの二重の失敗は、つまり、ローゼンベルクには、一箇の根源的断絶によって支配された漸次的疎外のプロセスの一齣のように思われた。当初、人民の活動の領域として把握された「民主主義」は、一七八九年から一八四八年にかけてヨーロッパの人々の生活を支配していた歴史的対立における大きな主導的勢力であった。一七八九年と一八四八年のバリケード、イングランドのチャーティスト運動による煽動、イタリアのマッツィーニやガリバルディによる大衆動員を支配したのは、「民衆(people)」(「人民[populus]」というよりはむしろ「平民[plebs]」という意味で)、つまり、ほとんど組織化されていず、内的に分断化された大衆であった。その後、一八五〇年代の長期にわたる反動によって、一箇の大きな断絶が生じた。この反動が終わりを告げ、人民による抗議がふたたび活性化されるようになると、主導的勢力に変化が生じた。一九世紀の最後の三十年間、連帯を強めてみずから影響力を示したのは、労働組合もしくは誕生したばかりの社会民主党であった。これらの組織は、当初、ドイツとイングランドに、後にはヨーロッパの他の地域に確立していった。

この断絶は、支配される側の高次の政治的合理性の契機への移行であると、これまでしばしば解釈されてきた。一九世紀の前半には「民主主義」の無定型な性質、社会の経済基盤へのその定着度の欠如が明らかになった。こうした問題性は民主主義を本質的に危うい不安定な存在とし、既存秩序に対する闘争において、民主主義がみずからを確固たる永続的な陣地へと構成していくのを妨げた。この無定型な「民衆」の解体と、その民衆に代わる強固な社会的基盤をもつ労働者階級の台頭によって、人民の運動は初めて成熟したものとなり、支配的諸階級に対する長期の闘争に従事していくことが可能になったのである。たしかに、産業化に由来する社会的成熟のより高次な次元への、さらに政治的実効性のより高次のレヴェルへのこの神話的移行は、「民衆」の無政府的暴動に代えて階級政治の合理性と確実性を実現するものであった。しかし、それにもかかわらず、こうした神話的移行は、ローゼンベルクにとっては悪い冗談としか思えなかっただろう。彼がその著作を書いていたとき、まさにスペインは燃えさかる内戦の火中にあり、ヒトラーはオーストリア「併合（Anschluss）」を画策し、ムッソリーニはエチオピアを侵攻していた。

ローゼンベルクにとって、こうした階級的境界線にそった民衆の結集は、逆にヨーロッパ労働運動の大きな歴史的な罪を形づくるものでしかなかった。歴史的行為者としての「人民」にみずからを構成できなかった労働者たちの挫折は、彼にとっては社会民主主義の本質的な欠陥を示すものであった。この認識は彼にとってアリアドネの糸であり、一八六〇年に始まった煩雑な政治的プロセス全体を解読する導きとなった。統一化された人民という極の形成は、より単純になるのとはまったく逆で、ますます困難さを増し加えていった。というのも、資本主義社会の複雑化と制度化――グラムシが語る「市民社会の塹壕化と要塞化」――がさらに進むなかで、理想的には「人民のあいだ」で統一されるはずの諸部門が、次第に分離され法人組織化されていったからである。こうした社会の複雑化の進行プロセスは、すでに一七八九年から一八四八年にかけてはっきりと現れていた。

一七八九年における民主主義の課題は、隷属農民の地主貴族層に対する闘争と、都市貧民の資本に対する闘争とに、統一的な仕方で到達することにあった。その当時、これは一八四八年におけるよりもはるかに容易だった。実際、この二つの時代のあいだに、産業プロレタリアートは、その大部分はなおも小経営で働いていたにもかかわらず、あらゆる政治問題を、プロレタリアートと資本家のあいだの対立にいたらせるまでに重要性を増した。……このことは、農民運動と労働者運動とを収斂させるために、異常なまでの戦術的老練さを、民主主義的党派の側に要求した。もし民主主義的党派が土地所有農民の頭上を越えて、小借地農や農業労働者の大多数に到達しようとするならば、絶対的に現実的かつ複雑な戦術がさらに要求された。こうしてロベスピエールから五〇年の後には、社会民主主義者の課題はますます難しくなった。一方、同時に民主主義者は、問題解決において、知的により貧しくなった[2]。

そしてもちろん、反体制的な人民の極を構成することの困難性は、一八四八年以後になって増大していった。ローゼンベルクは新たな地点に立って自分自身の方向づけを模索していたのだが、そうすることで実際のところ彼は、みずから半分しか気づいていなかった根本的変容の支配する新たな領域に足を踏み入れていたのである。この根本的変容は、旧来の政治形態の没落を意味していた。というのも、旧来の政治形態においては、社会的なものが二つの敵対的陣営に分割されていくことが、すべてのヘゲモニー構築に先立つ原初的かつ不変の所与であったからである[3]。それだけでなく、その根本的変容はまた、政治的空間の本質的不安定性によって特徴づけられた、新たな状況への移行をも意味していた。この政治的空間の不安定性にあっては、闘争中の諸勢力のアイデンティティーそのものが、絶えざる変容を受けることになり、不断の再規定のプロセスを求めることになる。換言すれば、ローゼンベルクは、先見性を示しつつ同時に躊躇しながらではあったが、政治のヘゲモニー的形態の一般化のプロセスを、私たちに描いてくれたのである。この政治のヘゲモニー的形態は、一連の節合的実践が社会的分化の原理そのものを決定づけるのにひとたび成功すると、あらゆる集合的アイデンティティーの出現のための一つの条件として、要請されてくる。こうしてローゼンベルクはまた、「階級闘争」が、自動的かつ先験的な仕方で社会的分化の原理の基礎に立って、みずからを構成するはずだとの願望の空虚さを、私たちに明らかにしてくれた。

　厳密な意味で、人民対旧体制という対比は、二つの社会形態のあいだの敵対的極限が、既述した条件づきではあったが、明白かつ経験的に所与の分割線の形でみずからを提示した最後の瞬間であった。その時点以降、内的なものと外的なものとの分離線、すなわち、敵対関係が二つの等価システムの相反という形で作り出されるのを促す分断線は、ますます弱く曖昧なものとなり、その分離線の構築の問題は政治の死活問題となるにいたった。要するに、それ以来、ヘゲモニーなしの政治はありえないことになった。このことは、マルクスの介入の具体的意味合いについて、私たちの理解を可能にしてくれる。彼の考察が提示されたのは、人民対旧体制という二分法による政治的空間の分割がその生産性を使い尽くしたように見えたまさにその時であった。その時点ですでに、この人民対旧体制という二分法では、産業社会における社会的なものに特有の複雑性と複数性とを再現できるような政治的なもののヴィジョンを、到底、構築しえなくなっていた。こうしてマルクスは、階級間の対立という新しい原理の基盤に立って、社会的分化という第一義的事実を考察しようとしたのである。しかしながら、この新しい原理は、最初から根源的な不十全性によって掘り崩されていた。それは、階級対立によって社会全体を二つの敵対する陣営に分割することは不可能であるという事実、またこの新しい原理それ自身を政治的領域における分割線として自動的に再生産することが不可能であるという事実に由来している。

こうした理由から、政治的分化の基礎的原理として階級闘争を肯定していく試みは、つねにいくつかの補足的仮説によって補われなければならなかった。これらの補足的仮説は、階級闘争理論の完全な適応可能性を未来へと押しやる機能を果たした。たとえば、歴史学的－社会学的仮説としては、社会構造の単純化にかかわる仮説がある。それによれば、現実の政治的闘争のレヴェルでの行為主体としての階級間の闘争と、生産関係のレヴェルでの階級間の闘争との一致に関する理論である。また、行為主体の意識に関する仮説としては、即自的な階級から対自的な階級への移行にかかわるものがある。いかなる場合でも重要なことは、マルクス主義によって社会的分化の政治的原理に導入されたこうした変更が、ジャコバン派的想像力の一つの主要な構成要素を不変のままで保持していたことである。ここで言うジャコバン派的想像力とは、「決裂」(rupture)の一回的な基礎的契機を仮定すること、そして政治的なものが構成される唯一の空間を仮定することである。ただし、この同時に社会的であり政治的でもある二つの陣営へのこの分化は、未来へと押しやられたがゆえに、時間的次元が変化しただけである。同時にまた、この分化へといたるプロセスにかかわる一連の社会学的仮説が提供されることになる。

本章で私たちが擁護しようとするテーゼは次のものである。つまり、ラディカル・デモクラシーのプロジェクトとの関連で問われなければならないのは、ジャコバン派的な政治的想像力とマルクス主義的な政治的想像力とのあいだの、この継続性の契機である。第一に「決裂」の契機の特権的地位の拒否、および単一の政治的空間への諸種の闘争の統合化の拒否、第二にそれとは逆に社会的なものの複数性と非決定性の受容とは、私たちにとって二つの基本的土台であるように思われる。新しい政治的想像力はこれら二つの土台から構築されねばならないが、それはきわめて解放的であり、その目的設定においては古典的左翼のそれよりもはるかに野心的である。このことは第一に、そこから新しい政治的想像力が出現した地形、さらに私たちが「民主主義の革命」と呼ぶところのものの発祥の現場でもある歴史的地形についての記述を要求している。

民主主義の革命

私たちが提示した理論的問題編成は、社会紛争が先験的に特権化された行為主体に集中して現われるという論点を排除しているだけでない。それはまた、人間学的性質を備えたいかなる一般的原理や基礎への言及をも排除する。たとえば、ここで排除されているものには、諸種の異なる主体位置を統合するだけでなく、さまざまな形態の従属化に対する抵抗に不可避性の性質を賦与するはずだとする一般的な想定も含まれる。したがって、権力に対する諸種の異なる闘争には不可避的なものないし本性的なものは何もない。おのおのの場合に応じて、そうした闘争が出現した理由について、または闘争が採用するさまざまな調整作用についても説明する必要がある。従属化に対する闘争は、従属化それ自体の状況の結果ではありえない。私たちは、フーコーとともに、権力のあるところには必ず抵抗があるという命題を肯定しなければならないが、同時に抵抗の形態は極端に多様なものであろうということを認識しなければならない。

ある特定の場合にのみ、こうした抵抗の形態は、政治的性質を帯びることになり、従属化それ自体の関係に終止符を打つための闘争となる。幾世紀にもわたり、男性支配に対する女性による数多くの抵抗形態がみられたけれども、平等――第一に法の前での平等、さらに他の諸分野における平等――を要求するフェミニズム運動が出現することができたのは、特定の条件と特殊な形態においてのみであった。ここで私たちが、これらの闘争の「政治的」性質について語る場合、当然のことだが、政党と国家レヴェルでの要求という限定された意味合いでそれを語るのではない。私たちが述べているのはある種の行動であり、その目的が従属化の関係のなかで主体を形成してきた社会関係を変革することにあるような行動である。たとえば、現代のいくつかのフェミニズム的実践は、どのような仕方であれ、政党や国家を通じて働きかけることなしに、男性性と女性性との関係の変革を目指してきた。もちろん、私たちは、いくつかの実践が限定的意味での政治的なものの介入を要請するという事実を否定しているのではない。私たちが指摘したいと願っているのは、以下のことである。つまり、社会関係の創造、再生産、変革という意味での実践としての政治は、いかなる社会的なものの特定のレヴェルにも位置づけることができない、ということである。その理由として、政治的なものの問題は、社会的なものの制度化の問題、つまり、さまざまな敵対関係と交叉する十字路における社会関係の規定と節合の問題だからである。

私たちの主要な問題は、不平等に抗する闘争、従属化の関係に挑戦する闘争に方向づけられた集合的行動の言説的諸条件を確定することである。さらに私たちの課題は、従属化の関係が抑圧の関係に転化し、それによってそれ自体を敵対関係の拠点として構成するための諸条件を確定することである、と言うこともできる。私たちはここで、「従属化」(subordination)、「抑圧」(oppression)、「支配」(domination) のあいだに同義性を打ち立てることで決着がついたはずの数多くの用語上のズレによって構成される地点に入りつつある。この同義性を可能にした土台は、明らかに「人間本性」および統一的主体という人間学的仮定である。つまり、もし私たちが先験的に主体の本質を決定できるのであれば、それを否定するいっさいの従属化の関係は、自動的に抑圧の関係へと転化する。しかし、もし私たちが本質主義的パースペクティヴを廃棄するならば、「従属化」と「抑圧」とを差異化し、従属化が抑圧になる厳密な諸条件を説明する必要が生じる。私たちが従属化の関係 (relations of subordination) によって理解するのは、ある行為主体が他の行為主体の決定に従属する関係である。たとえば、被雇用者と雇用者との関係、あるいはある特定の形態の家族における男性と女性の関係などである。これとは対照的に、私たちは敵対関係の場へと転換していった従属化の関係を抑圧関係（relations of oppression）と呼んでおきたい。最後に私たちは、そうした関係の外部に位置する社会的行為者のパースペクティヴないし判断において非正統的であると考えられる従属化の一連の関係を、支配関係（relations of domination）と呼ぶことにしたい。結果としてこれは、特定の社会形成体において実際に現存する抑圧の関係と符合するかもしれないし、また符合しないかもしれない。それゆえに問題は、どのように抑圧関係が従属化の関係から構成されるのかを説明することである。

従属化の関係は、それ自体として考慮される場合、そのまま敵対関係ではありえない理由は明らかである。従属化の関係とは、社会的行為者たちのあいだの一連の差異的位置を端的に確立することである。そして、それぞれの社会的アイデンティティーを実定性として構築する差異の体系は、敵対的になりえないばかりでなく、すべての敵対関係を除去する理念的諸条件を生じさせることを、私たちはすでに認識している。そうすると私たちは、あらゆる等価性を排除した縫合された社会的空間と直面することになる。敵対関係が出現できるのはただ、従属化した主体位置の実定的な差異性が転倒された場合である。「農奴」、「奴隷」などは、それ自身、敵対的位置を指示するわけではない。これらのカテゴリーの差異の実定性が転倒され、従属化が抑圧として構築されるのはただ、「各人に固有の権利」といった異なる言説形成体に照らしてのみ可能となる。このことが意味するのは、従属化の言説を阻止する言説的「外部」の存在なしには抑圧関係はありえないということである[4]。この意味における等価性の論理は、他の言説に対するいくつかの言説の効力の位置を置き換えてしまうのである。一七世紀までの女性の場合のように、彼女らを主体として構築する言説の総体が、純然たる従属化の位置に女性を縛りつけていたならば、女性の従属化に抗する闘争運動としてのフェミニズムは出現できなかったであろう。私たちのテーゼによれば、諸種の不平等に対する闘争を可能にする諸条件が存在するのは、従属化に対する諸種の形態の抵抗を節合する民主主義的言説が入手可能になる瞬間からだけである。女性の場合、イングランドにおいてメアリ・ウルストーンクラフトが果たした役割を、一事例として引き合いに出せるであろう。彼女の一七九二年の著作『女性の権利の擁護』(*Vindication of the Rights of Women*)は、そのなかで民主主義的言説への言及を行なうことでフェミニズムの誕生を決定づけた。その際、民主主義的言説の力点は、市民間の政治的平等の分野から両性間の平等の分野へと置き換えられたのである。

しかし、このような方向に動員されるためには、自由と平等の民主主義的原理は、まずはじめに社会的構想力の新しい母型として、みずからを提示しなければならなかった。あるいは、私たちの用語法でいえば、政治的なものの構築における基本的結節点にならねばならなかった。西欧社会の政治的構想力におけるこの決定的変容は二百年前に起こったのであり、それは次のような仕方で規定することができた。つまり、等価性論理は、社会的なものを生み出すための基本的道具へと転換されていったのである。

このような変容を示すために、私たちは、ド・トクヴィルが使用した表現である「民主主義の革命」について語ることにしよう。この表現によって私たちは、社会的秩序の基礎を神意に見た神学的 - 政治的論理によって支配された、階層的および不平等的な型の社会の終焉を示すであろう。社会体は、以前、一箇の全体性において構想され、そのなかで諸個人は諸種の差異化された位置に固定化されているように見えた。というのも、そうした全体論的様式の社会的なものの制度が支配していた限りにおいて、政治は階層的諸関係の反復以上のものではありえず、同一の型の従属的主体を再生産するものであったからである。民主主義の革命の始まりを告げた決定的時点は、フランス革命に見出すことができる。というのも、フランソア・フュレが指摘したように、フランス革命による人民の絶対的権力の肯定を通じて、社会的構想力のレヴェルにおいて何かまったく新しいものが導入されたからである。フュレによれば、真なる非連続が位置づけられるのはまさにこの時点であった。つまり、その真なる非連続は、新しい正統性の構築において見られたのであり、また民主主義的文化の創出においても見られた。

フランス革命は過渡ではなく、ひとつの起源であり、起源の幻影である。その特異性が、その歴史的意義を引き起こしたものである。その上、この「特異な」要素が、普遍的なものになった。それが、民主主義の最初の実験なのである。[5]

もし、ハンナ・アーレントが言ったように、「世界に火をつけたのは、アメリカ革命ではなく、フランス革命であった[6]」としたならば、それは、フランス革命こそ、人民以外のいかなる正統性にも立脚することのない最初の出来事であったからである。こうしてフランス革命は、クロード・ルフォールが社会的なものの新しい様式の制度化であると表現したものを創始したのであった。人権宣言に象徴された旧体制とのこうした断絶は、ある特定の言説的諸条件を提供することになったが、これらの言説的諸条件は、諸種の異なる形態の不平等を非正統的かつ反自然的なものとして提示し、さらにそれらを抑圧形態として等価なものと見なすことを可能にした。ここにこそ、民主主義的言説のもつ深遠な体制転覆的な力が存在したといえる。そしてこれこそ、平等と自由の拡充を次第により広汎な領域へと促し、それゆえに従属化に対する他の諸種の闘争を活性化する促進要因としての役割をやがて果たすことになった。一九世紀の数多くの労働者の闘争は、政治的自由のための闘争を土台としながら、自分たちの要求を言説的に構築していった。イングランドのチャーチスト運動の場合、たとえばギャレス・ステッドマン・ジョーンズの研究[7]は、チャーチスト運動の目標を決定し、その運動それ自体を構成していくうえで、フランス革命によって深遠な影響を受けたイングランドの急進主義の諸理念が果たした基本的役割を明らかにするものであった（そこから普通選挙権の要求がもつ中枢的役割が生じてくる。だが、この問題は、チャーチスト運動を、基本的に社会的性質を保持する現象として受け止めたり、また新しい産業的プロレタリアートの階級意識の表れとして見る諸解釈においては、ほとんど考慮されてはいない）。

政治的不平等の批判からは、諸種の社会主義的言説を通じて、経済的不平等の批判へと移行する一種の転換が生じた。ここからは従属化の他の諸形態に疑問符を付し、新しい諸権利の要求をなす動きがおのずと発展していった。それゆえに、社会主義的要求は、民主主義の革命に内在的な契機として見なさねばならない。こうした展開は、民主主義の革命が確立した等価性論理を基礎に考えたときに理解可能となる。民主主義の革命の拡散の効果は、ますます多様な方向において増大していった。フェミニズムの場合、課題はまず政治的権利への女性のアクセスを増大させることである。その次は経済的平等である。そしてまた、現代的フェミニズムについていえば、セクシャリティの領域における平等である。それはトクヴィルが指摘した通りであった。

平等が最終的には、他の諸領域と同様に、政治の世界にも浸透しないと想定するのは、不可能である。人々がある点では相互に永遠に不平等であり、他の諸点では相互に平等であると考えるのは不可能である。ある時点で人々は、すべての点で平等になるであろう(8)。

あらゆる場合で、抑圧関係の基礎にあるのは、差異の閉鎖的体系として従属化の関係を構成することの不可能性である。その不可能性が意味しているのは、従属する者と従属される者のアイデンティティー双方がそれらの位置づけを通じて差異の閉鎖的体系に飲み込まれていることにあるのではなく、むしろ双方のアイデンティティーが相互にもつ外部性に由来する不可能性である。この点で労働者の闘争がその敵対的潜在力を通じて経験してきた変容について考慮することは、有益である。一九世紀には根源的に反資本主義的な闘争があったことは、明白である。しかし、この場合、「プロレタリアート」ということで理解されたのが、資本主義的生産システムの確立によってその熟練や生産様式が脅威に曝されていた職人階級ではなく、むしろ資本主義の発展によって生み落とされた労働者のタイプであったとしたならば、それらの闘争はプロレタリアートの闘争ではなかった。これらの「反動的急進派」(クレイグ・カルフーンの表現)は資本主義体制の全体に疑問符を付したのだが、その根強い敵対的性質を説明してくれるのは、職人たちのアイデンティティーの蹂躙への抵抗、ならびにそれに付随した彼らの社会的・文化的・政治的形態の総体の破壊への抵抗を表現する闘争であったという事実である。そこから派生したのは、資本主義が植えつけつつあった新しい生産諸関係への全面的拒否であった。こうして社会的組織化の二つの体制のあいだに横たわる完全な外部性は、社会的空間を二つの陣営に分割するものであり、それこそ、周知のように、すべての敵対関係の条件となった。カルフーンは、E・P・トムソンの『イングランドの労働者階級の形成』（*The Making of the English Working Class*）を批判しているが、その関連で彼は次の論点を説得的に提示している。すなわち、同書において一連の異質な社会集団は「労働者階級」というレッテルのもとで一様に扱われているが、その際、それら集団の目的や動員形態における「旧来の」労働者と「新しい」労働者との深遠な差異については、十分な認識が示されていなかったという批判であった。カルフーンによれば、次のような説明となる。

前者の「旧来の」労働者は、強固な共同体的基盤に依拠して、しかし経済的変化の圧倒的な力に対抗して戦った。後者の「新しい」労働者は脆弱な社会的基礎に立って、しかし新興の産業秩序のなかで戦った。この区別は、労働者階級の継続的発展と急進化の増大という理解に対して、強く否定的に作用する。(9)

厳密に資本主義の産物と考えられる労働運動が出現したのは、英国《ブリテン》の一九世紀中葉においてであり、他のヨーロッパ地域では同世紀末であった。しかし、この労働運動は、資本主義的生産諸関係それ自体——当時すでに着実に根づきだしていた——を疑問視する姿勢を次第に弱めていく傾向にあり、生産内部の諸関係の変革のための闘争に力を集中させていた。マルクス主義的伝統ではこれらの闘争は「改革主義的」であると名づけられ、それ以前の社会闘争と比べて一歩後退したものと考えられていた。これらの闘争は、より急進的な以前の闘争と比較した場合、現実には産業的プロレタリアートの動員の様式により多く呼応するものであった。こうして労働者と資本家とのあいだの従属化の関係は、ある程度、統一化された言説空間における正統な差異的位置として吸収されることになる。

労働者の急進的動員を示したもう一つの時期、つまり、第一次世界大戦末期におけるイタリアとドイツの労働者評議会運動に着目するならば、これらの労働者もまた、その基礎において一連の重層的に決定づけられた状況——つまり、戦後の社会秩序の崩壊、工場の軍事化、テイラー主義の始まり、生産における熟練労働者の役割の変容——と向き合っていたことが理解できる。これらの条件のすべてでは、差異の論理のヘゲモニー的能力を縮減させた有機的危機か、または労働者のアイデンティティーの伝統的諸形態を疑問視した変革か、のいずれかに結びついていた。私たちは、たとえば、これらの闘争において発揮された熟練労働者の中枢的役割について、つまり、一般的に認識されているが、いくつかの異なる仕方で説明されている役割について、忘却することは許されないであろう。[10] このことは、幾人かの人々にとってはすでに現実のものとなったテイラー主義化の危険に対する熟練技術の擁護の問題であったといえよう。他の人々にとってこの問題は、これらの労働者の戦時中の経験にさかのぼる事柄であった。つまり、労働者は、自分たちの生産過程の自己管理の可能性について再考を促され、雇用者との対立へと押しやられていったのである。しかしながら、いずれの場合でも、労働者を反乱へと導いたのは、彼らが取得していたある種のアイデンティティー（生産における彼らの熟練技術や組織的機能）の防衛であった。それゆえに私たちは、前述の「急進的反動派」との並行関係をここに見ることも可能である。というのも、彼らもまた、脅威に曝されている自分たちの一定のアイデンティティーを防衛しようと努めていたからである。

しかし、こうした権力の外部性を、純粋に「発展段階論」の意味で一箇の段階として理解することは、間違いである。しかも、超克されていく過程における一段階にほかならないという事実が、闘争における急進主義の必要条件であるかのように理解することも、たしかに間違いである。かりにそうであったとすれば、そのような急進主義は防衛的闘争にのみ特徴的なものだといえよう。もし既述した「時代錯誤の」闘争がすべての闘争の一条件としての権力の外部性をうまく例示しているとすれば、他方、特定の社会的変容は、それとは対照的に新しい形態の急進的主体性を作り出すことができる。その場合、この新しい急進的主体性は、外部的な押し付けとして——それゆえに抑圧形態として——言説的に構成される基盤のうえで可能となる。従属化の関係は、その瞬間までは疑問視されることなく放置されたのである。まさにこの点において、民主主義的想像力に特有の等価性的転換が重要な役割を果たすことになる。

急進的闘争を過去の遺物のような出来事だとするイメージは、まったくもって現実的ではない。それは、そのイメージのかなりの部分を、第二次世界大戦後の二十年間の新資本主義的な楽観的気分から引き出している。その結果、新資本主義的システムの側での構造変革による無限の吸収力が供給されるかのごとく思われたのだ。さらにそこでは同質的社会に向けた直線的傾向がみられると想定され、その同質的社会においては、すべての潜在的な敵対関係が解消され、差異の体系のなかにあらゆる集合的アイデンティティーが固定化される、と想定されたのである。これとはまったく逆に、私たちが明らかにしようと試みているのは、こうした拡張過程に付随する複雑性であり、しばしば矛盾し合うその局面である。この拡張過程はそれ自体、福祉国家の絶頂期において広汎な社会的要請を満足させようとする活動そのものとして理解できる。しかしそれは、もろもろの支配的なヘゲモニー的形成体の無限の統合化を保証するものではなく、むしろしばしば一連の従属化の関係総体のもつ恣意的性質を、結果として明るみに出すことになった。このようにして、一連の平等主義的な等価性の新たな拡大を可能にし、それによって民主主義の革命の展開を新しい方向に定位していく地形が造られていった。近年の論争において「新しい社会運動」という名のもとにしばしば総括されることになった、新しい形態の政治的アイデンティティーが生じてきたのは、まさしくこの地形においてであった。それゆえに私たちは、これらの運動が立ち現われてきた歴史的文脈のみならず、これらの運動の民主主義的潜在力および曖昧性をも、当然、探究していく必要に迫られているのである。

民主主義の革命と新しい敵対関係

個々の異なる主体的位置のあいだの等価的な組み替えは、敵対関係の出現のための必要な条件であるが、二つの基本的に異なる形態において現われる可能性がある。第一にそれはすでに存在している諸種の従属化の関係の問題であり、その場合、これらの関係は民主主義的想像力の組み替えによって抑圧関係として再節合できる。ふたたびフェミニズムの問題を例にとれば、女性は女性自身として、民主主義的イデオロギーが原理的にすべての市民に承認している権利を拒否されているがゆえに、従属化された女性の主体の構築において亀裂が生じ、そこから一つの敵対関係が生起することもありえる。さらに市民権を要求するエスニック的少数派《マイノリティ》の場合にも、同様のことがいえるであろう。しかし、敵対関係はまた、他の状況においても起こりえる。それはたとえば、既得権が疑問視される場合とか、従属化の形態のもとで構築されたとはいえない社会関係でも、その後の一定の社会変容の衝撃のもとで従属化が起こってくる場合などである。後者の場合、ある一定の主体位置が敵対関係の現場になりえるのは、その主体位置が新しい形態の不平等を意味する慣習や言説によって否定されてしまうからである。しかし、どんな場合でも、抵抗の諸形態が集団闘争の性質を取らせるのは、従属化を差異として固定化するのを妨げる外部的言説の存在にほかならない。

「新しい社会運動」という不十分な名称は、極端に多様化した一連の闘争を一つに分類する用語である。それは、都市問題、エコロジー、反権威主義、反制度化、フェミニズム、反人種主義、エスニック的少数派《マイノリティ》、地域的少数派《マイノリティ》、性的嗜好少数派《マイノリティ》などに関連した多種多様な闘争を網羅している。これらすべての闘争に共通する公分母は、「階級」闘争という仕方で考えられてきた従来の労働者の闘争から差異化をはかっているところにある。この「階級」闘争という観念のもつ疑わしさに固執するのは、無意味である。この「階級」闘争という観念は、諸種のきわめて異なった闘争を生産関係レヴェルにおいて統一的に認識しようとする試みを示していた。これらの諸種の闘争は、「階級」という特権的地位に依拠した言説への固執をあまりにも明白に示しているので、「新しい敵対関係」とは区別されているのである。私たちの観点からこれらの新しい社会運動について興味深いのは、階級のそれとは反対の一つのカテゴリーにこれらの運動を恣意的に集合化する試みを示していることではない。むしろ注目すべきは、より広汎で多様な社会関係への社会紛争の急速な分散化——今日の先進工業社会の特徴として一様に認められる——を節合していくうえで、それらの運動が果たす斬新な役割である。

これこそ、先に提起した理論的問題編成を通じて私たちが分析に付したいと考えている当のものである。こうした観点は、これらの運動を、一連の新しい社会関係全体へと拡充していく民主主義の革命の一齣として把握することを促している。それらの運動の斬新さは、それらの運動が従属化の新しい諸形態を疑問視している事実によって与えられている。私たちは、この連続性と非連続性の関係の二つの局面を区別すべきである。連続性の局面が基本的に意味しているのは、次の事実である。自由民主主義のイデオロギーを西洋社会の「共通感覚」として転換していったことは、階層的原理への革新的挑戦——トクヴィルはそれを「諸条件の平等」と呼んだ——に礎石を据えることになった。つまり、この平等主義的想像力の永続性こそ、一方の旧体制の遺産であった一連の不平等に対する一九世紀の闘争と、他方、現在の一連の社会運動との連続性を確立する当のものである。しかし、第二の観点からみれば、私たちは非連続性についても語ることができる。というのも、近年の従属化の諸形態への敵対関係を通じて、かなりの比率におよぶ新しい政治的諸主体が構成されてきたからである。これら近年の従属化の諸形態は、資本主義的生産関係の定着と普及ならびに国家の漸次的な介入によって生まれてきた。私たちが次に取り上げてみたいのは、こうした新たな従属化の諸関係であり、またそれらの内部に構成されてきた敵対関係である。

社会関係レヴェルで一連の変化が生じ、また新しいヘゲモニー的形成体が強化されていったのは、第二次世界大戦後に生起した再組織化という文脈においてであった。新たなヘゲモニー的形成体は、労働過程や国家形態、支配的な文化普及様式のレヴェルで諸種の変容傾向を節合する役割を果たした。これらの変容傾向は、社会的交流の既存形態に深遠な変化をもたらす可能性を帯びていた。この問題を経済学的観点から検討するならば、決定的な変化とは、蓄積の拡散的体制から集約的体制への移行という仕方でミシェル・アグリエッタが表現したものである。この集約的蓄積体制というのは、資本主義的な生産関係を一連の社会関係全般へと拡充し、後者を利潤のための生産の論理に従属させていく特徴をもつ。アグリエッタによれば、この移行の基本的契機はフォーディスムの導入であるが、それは「生産過程と消費様式との節合原理」[11]として叙述されている。より詳細にみれば、それは、準自動化された生産ラインの周りに組織化された労働過程と、私的消費のために大規模生産される商品の個人的取得を特徴とする消費様式との節合である。こうした資本主義的生産関係の浸透は、二〇世紀の初めに見られ始め、一九四〇年代以降、加速していったが、社会を一つの大きな漠然とした市場へと改編するものであった。そこにおいては新たな「欲求」が不断に創造され、人間労働による製品の多くがますます商品として生産されるようになる。こうした社会生活の「商品化」は、これまでの社会関係を破壊し、それらを商品関係によって取って替えた。こうして資本主義的蓄積の論理が、次第に数多くの領域へと浸透していった。今日、諸個人が資本に従属していくのは、労働力の売り手としてだけではない。彼らは、文化、余暇、病気、教育、性、死ですら、これら無数の社会関係へと自分たちを組み入れていくプロセスを通じて資本への従属を強めていく。個人の生活、集合的生活を問わず、実際に資本主義的関係から逃れることのできる領域などは存在しないのである。

しかし、この「消費社会（consumer society）」は、ダニエル・ベルが予告したようには、イデオロギーの終焉に向かわなかったし、またマルクーゼが危惧したようには、一次元的人間の創造にも向かわなかった。それどころか、無数の新しい闘争が新たな従属化の形態に対抗していく結果をもたらしたが、これらの闘争はまさにその新しい社会の中枢から派生してきたのである。こうして、自然資源の浪費、環境汚染と環境破壊、生産至上主義の帰結は、エコロジー運動を生み出した。マニュエル・カステルが「都市型」[12]と名づけている他の闘争は、社会空間の資本主義的占拠に対する多種多様な抵抗を表現している。全般的な都市化は、経済成長、都市周辺部への平民層の移動、また崩壊しつつある都市内部への平民層の放逐、集合的財やサーヴィスの提供の全般的低下をもたらした。これらは、一連の新しい問題を生じさせ、仕事の社会生活全般の組織化にも影響を及ぼした。それゆえに、数え切れないほどの社会的諸関係こそ、敵対関係や闘争が生起する源泉なのだ。居住環境、消費、多種多様なサーヴィスは、不平等に対する闘争および新たな諸権利の要求のための地形を形成することが可能なのだ。

これらの新しい要求はまた、ケインズ主義的な福祉国家——この構成もまた戦後のもう一つの基本的事実であった——の文脈において検討されねばならない。福祉国家は、明らかに一箇の曖昧かつ複雑な現象にほかならない。というのも、この国家の新類型は、一方において新しい資本主義的蓄積体制が要請する一連の機能を遂行するために必要であったからである。他方、それは、ボウルズとギンティスが「資本と労働との戦後的合意」[13]と呼んだところのものの結果、したがって資本主義によって生じた社会関係の変容に抗する闘争の結果でもあったからである。たとえば、資本主義は共同体型ないし家族型——これらは女性の従属化に依存していたことを忘れないようにしたい——の伝統的連帯のネットワークを破壊するのであり、そのために国家は、病人、失業者、老人などへの多様な「社会的サーヴィス」への介入の役割を果たすことを強いられてきた。その他の分野で国家は、労働者の闘争による圧力のもとで新たな労働政策を保障するために介入した（それはたとえば、最低賃金、労働日の長さ、労災保険および失業保険、社会的賃金などであった）。もしバンジャマン・コリア[14]とともに、この国家計画が、資本の必要性に労働力を従属させるために労働力の再生産に介入する——このことは賃金の上昇と生産性の上昇とを結びつける団体協約や交渉協定の実施により可能となる——ということを受容するのであれば、こうした事態は、同時に労働者にも現実的で重要な利益をもたらす利得にほかならないともいえよう。

　しかし、拡大の一途をたどる社会的再生産レヴェルでの国家の介入は、政策遂行における官僚制化の伸張を付随的に生じさせた。この官僚制化は、先述の商品化とともに、不平等と紛争をもたらす基本的源泉の一つを構成するにいたった。国家が介入したすべての領域において社会関係の政治化が生起し、それが無数の新しい敵対関係をもたらす根本問題となっている。こうした社会関係の二重の変容は、資本主義的生産関係の拡大および新しい官僚制国家形態の拡大から派生しているが、この二重の変容は、すべての先進工業国において、多様な結びつきを示しつつも、共通に見出される。両者の影響は、いつもそうだとは限らないが、一般的に相互に強化し合っている。たとえば、社会的賃金と関連づけられたサーヴィスを国家が提供することによって、「非商品化」の方向にむかう影響が出ることについては、クラウス・オッフェが指摘した通りである。(15) 後者の現象は、利益の源泉となりえる一連の行為様式が公的セクターによって提供され始める限りにおいて、資本主義的蓄積の利害に不利な影響を与えることになろう。オッフェにとってこうした現象は、「脱プロレタリアート化」の現象と関連づけられている。この労働者の「脱プロレタリアート化」は、彼らがどのような価格であれ、みずからの労働力を売らざるをえない状態から脱して、生存を可能にさせる多種多様な報酬を受ける可能性から生じている。こうした変容こそ、資本主義経済の現在の危機における重要な要因となっている。

しかし、ここでの私たちの最大の関心事は、新しい敵対関係の背後にあるこの官僚制化の帰結を分析的に遡ってみることである。重要な事実として、以前は私的領域の部分を構成するものと見なされていた社会的諸関係において、多様な警告と規制が課されるようになったことを挙げることができる。「公的なもの」と「私的なもの」との分断線のこうした移行は、両義的な影響をもたらしている。一方でそれは、社会的諸関係の政治的性質（広義の）を開示する役割を果たしている。そこでは、社会的諸関係とはつねにそれらの形態と意味を付与する制度的様式の結果であるという事実が、明らかにされる。他方、こうした「公的空間」の創造は、真なる民主化の形態によって遂行されるのではなく、新しい従属化の形態を上から押しつけることで達成される。まさにこの点において、無数の闘争が国家権力の官僚制的形態に対抗して出現してくる地点を、私たちは探さねばならないのである。しかしながら、このことによって私たちは、反対の方向性を示唆すると同時に福祉国家にその特有の両義性を与えている無数の他の局面を見過ごすことは許されない。たとえば、「積極的自由」と命名された一種の権利の出現がみられたが、これもこれまでの支配的な常識を覆し、経済的平等の一連の要求全般、新しい社会権の主張に正統性を与えるようになった。さらにパイヴェンやクロウォードが研究したアメリカ合衆国における「福祉権運動」(16)のような運動がみられたが、これらは、市民的福祉に対する国家の責任がいったん受容されると、国家にむけられる権利要求がさらなる展開を果たすことを示す事例である。社会国家の出現に伴って変革されたのは、シティズンシップの概念そのものであった。すなわち、今や「社会権」は市民に帰属するものと受け止められるようになった。その結果、「正義」、「自由」、「衡平」、「平等」というカテゴリーは再定義されるようになり、自由民主主義の言説はこうした権利の範域の広汎化によって深遠な修正を被ることになった。

現在みられる社会的紛争性の拡大ならびにその結果としての新しい政治主体の出現を理解できるようにするには、両者を、社会関係の商品化と官僚制化の文脈において位置づける必要があると同時に、平等のための闘争の拡大に由来する自由民主主義のイデオロギーの再定式化の文脈において検討することが不可欠である。こうした理由により、敵対関係の拡大化ならびに従属関係への異議申し立ての増殖は、民主主義革命の深化の一契機として考えられるべきだ、と私たちは提言してきた。こうした趨勢は、戦後期のヘゲモニー的形成体を特徴づけてきた社会関係の変容の第三の枢要な局面、つまり、マス・コミュニケーション手段の拡大と関連づけられた新しい文化的諸形態によっても刺激を受けてきた。つまり、これらの文化的諸形態は、伝統的アイデンティティーを激しく揺さぶる新しい大衆文化を可能にするはずのものであった。ここでもまた、コミュニケーション手段の影響力は両義的である。というのも、こうしたメディアを土台とする文化は、大量化と画一化という無視できない影響力とともに、不平等を覆す強力な諸要素を含んでいるからだ。すなわち、消費社会における支配的諸言説は、消費社会それ自体を、一つの社会進歩および民主主義の前進として提示するのである。というのも、消費社会は、かなりの程度、大多数の人々に一連の広汎な財と商品へのアクセスを可能にさせるからである。

ところで、ボードリヤールは、私たちが「モノに対しての平等からははるかに隔たったところにいる」[17]と述べている点では適切である。他方、この平等と文化の民主化——メディア機能の不可避性の結末である——という圧倒的な外見は、旧来の地位に根ざした特権を問い直すことを可能にしている。消費者としての権能においては平等者であるという説明を付されることによって、以前よりもはるかに多くの集団が、持続する現実の不平等を否認するように駆り立てられる。こうした「民主主義的消費文化」が、新しい闘争の出現に刺激を与えたことは明白である。これらの新しい闘争は、アメリカ合衆国における黒人たちの公民権闘争にみられたように、旧来の従属化の形態の拒否において重要な役割を果たした。若者の現象はとりわけ興味深く、彼らこそ、敵対関係の出現のための新しい枢軸を構成することになるのは何も驚くに値しない。新しいニーズを作りだすために、彼らは次第に消費者という特有のカテゴリーとして構築される。こうしたカテゴリーに種別化された若者は金銭的な自律を追求することになるが、しかし社会はそうした自律を提供する状況にはまったくない。それどころか、経済危機と失業とは彼らの状況をさらに困難なものとする。こうした事態に加えて、私たちは、家族という基本組織の解体ならびに純然たる消費という機能への家族の漸次的還元について指摘したい。それらの要因に上乗せするものとして、既存の階層的関係への全般的な異議申し立ての衝撃を受けたこれらの「新しい主体」を新たに統合化していく、社会形態の不在をも考慮する必要がある。これらの要因を重ね合わせるならば、私たちは、若者の反乱が産業社会においてさまざまな形態をとらざるをえなかった必然を容易に理解するであろう。

これらの「新しい敵対関係」は、社会生活それ自体の商品化、官僚制化、漸次的同質化への抵抗を示す表現形態にほかならない。この事実は、それらの敵対関係がしばしば諸種の個別主義の拡散を通じてみずからを表現しようとし、また自律それ自体の要求へと収斂されていく理由をよく説明してくれる。さらに同じ理由から、さまざまな「差異」を過大に賞賛し、新しいアイデンティティーの創造に向かう明確な趨勢が見出される。後者の新しいアイデンティティーの創造についていえば、「文化的」規準（服装、音楽、言語、地域の伝統など）を特権化する傾向が見られる。民主主義的想像力の偉大な二つの主題——自由と平等——に関していえば、これまで伝統的に優勢であったのは平等の主題であった。だが、今日では自律への要求が次第により中枢的な役割を自由に対して付与するようになってきている。こうした理由により、抵抗のこれらの形態の多くが、集団闘争ではなく、むしろ次第に肯定されるようになった個人主義を通じて表現されるようになった（もちろん、左翼は、今日でもこれらの闘争を「自由主義的である」として無視する傾向にあり、それらを真剣に考慮する十分な備えができていない。それゆえに、これらの闘争は、右翼の言説、特権擁護の言説に節合される危険がある)。しかし、いずれの場合であっても、敵対関係が具現化する政治的方向性が何であれ（それは政治的方向性を決める等価性の連鎖に依存している)、敵対関係の形態そのものはすべての場合において同一である。詰まるところ、そうした敵対関係の形態はつねに、社会的アイデンティティー——重層的に決定づけられた主体位置——の構築にある。こうした社会的アイデンティティーの構築は、一連の価値のあいだの等価性の基盤のうえでなされ、その際、それらの諸価値は対立する諸価値を排除するか、または外部化するか、そのいずれかである。ふたたび、私たちは社会的空間の分断とみずから直面していることを発見する。

これらの「新しい社会運動」の時節の最後に現われたもので、現時点では紛れもなく最もアクティヴな運動の一つは、平和運動である。平和運動は、私たちが提起した理論的枠組みに完全に適合しているように思われる。E・P・トムソンが「絶滅主義の論理」(logic of exterminism) と呼んだところのものの膨張によって、すべての権利のなかでももっとも基本的と思われる権利、すなわち生命権が疑問に付され始めている、と次第に多くの人々が感じ始めている。これに加えて、数多くの国々において外国の核兵器施設の配備が国民の管理下の圏外で進められている事態を顧慮して、民主的統制の原則を国防分野にも拡充すべきだとする新しい要求が生まれてきている。ここでは市民こそ、政治的領域においてこうした民主主義的統御の権利を保持していることが前提とされている。防衛政策に関する言説は、伝統的には一部の軍事的・政治的エリートの閉鎖的な領分と考えられてきたが、民主主義的管理の原則がその核心にみずからを位置づける場合には、それは覆されることになる。

私たちがこれまで擁護してきた中心的な考え方は、新しい闘争――そして女性やエスニック的少数派《マイノリティ》といった旧来の運動の急進化――を理解すべきものとして、二重のパースペクティヴからのアプローチが必要だ、ということである。ここで二重のパースペクティヴとは、まず一つには戦後期の新しいヘゲモニー的形成体に特徴的な社会関係の変容に関わる観点であり、さらにもう一つは自由民主主義の言説の周囲に構成される平等主義的想像力が社会生活の新たな領域へと組み替えられていくことの影響に関する観点にほかならない。まさにこの考え方こそ、多種多様な従属関係に異議申し立てをなし、新しい諸権利を要請していくのに必要な枠組みを提供するものであった。民主主義的想像力は、一九六〇年代以降の新しい要求の噴出において基本的な役割を果たした。この事実はアメリカの新保守主義者たちによってよく理解されたのであり、彼らは西欧諸国の政治体制に過剰な負荷をかける原因となった「民主主義の行き過ぎ」および「平等主義」のうねりを非難したのである。サミュエル・ハンチントンは、一九七五年の日米欧三極委員会報告において次のような議論を提起していた。つまり、一九六〇年代のアメリカ合衆国における一層の平等化と参加を求めた闘争は、「民主主義的高揚」をひき起こしたが、それは社会を「統治不可能」にした、というものである。彼は、「民主主義的理想の強さが、民主主義の統治可能性に対して問題を突きつけている」と結論づけたのである。[18] 新保守主義者によれば、実際の平等の実現へのとどまることを知らない要求は、社会を「平等主義の絶壁」の端に立たせるようなものであると指摘された。彼らの意見では、ここにこそ、平等の理念が受けた二重の変容――つまり、機会の平等から結果の平等へ、また個人間の平等から集団間の平等への変容――の起源を見ることができるとされた。ダニエル・ベルは、この「新平等主義」によって真の平等の理想は危機に曝されると考えた。というのも彼は、平等の真の目的が、結果の平等にあるのではなく、「適正な業績主義（meritocracy）」以外にはないと考えたからである。[19] そうであれば、現在の危機は「価値の危機」にほかならず、「対抗文化」および「資本主義の文化的矛盾」の発展の結果として理解されたのである。

これまで私たちは、新しい敵対関係と政治的主体の出現を、民主主義革命の展開および一般化に結びつけて問題提起をしてきた。実際には、それはまた、私たちの分析を通じてしばしば遭遇した他の多様な政治的影響の延長として理解することも可能である。とりわけ、これらの敵対関係の拡大は、社会闘争の「一元的な」主体の断片化の問題――マルクス主義が一九世紀末にその最初の危機において直面した問題――を新たな光において見ることを可能にする。歴史的パースペクティヴにおいて見た場合、労働者階級の統一の再組織化のための戦略に関連する議論はことごとく、社会的なものの複数性およびすべての政治的アイデンティティーの非縫合的性格に関して最初に認識した試み――たしかに気のすまないものであった――以外の何ものでもなかった。私たちがローザ・ルクセンブルク、ラブリオーラ、カウツキー自身のテクストを、抹消された箇所に基づいて（sous rature）読むならば、この回収不能な複数性の契機がなんらかの仕方で彼女らの言説のなかにみられ、彼女らの用いる諸カテゴリーの首尾一貫性を掘り崩しているのがよく理解できよう。

こうした複数形態性（multiformity）は、第二インターの理論家たちが考えたようには、必ずしも資本主義の論理から生じる分断という否定的契機でも人為的分断でもなく、むしろ民主主義革命の深化を可能にする地形そのものであったことは明白である。後に見るように、この民主主義の深化は、節合と再統合のすべての実践が直面しなければならない両義性と困難性とにおいてすら開示されるのだ。単一的で透明かつ縫合された実体としての主体のカテゴリーの廃棄は、さまざまな主体位置の基盤に構成される敵対関係の特有性（specificity）の認識に道を開くものであり、したがって複数主義的かつ民主主義的な構想の深化に道を開くものともいえよう。それゆえに、統一化された主体のカテゴリーの批判、ならびにそのなかであらゆる主体位置が構成される言説的分散の認識は、一般的な理論的立場の表明以上のものを意味している。それらは、民主主義の革命が一定の段階を超えて進展した社会で、敵対関係が出現してくる複数性について考えるためにはなくてはならないもの（sine qua non）である。このことは、私たちに一箇の理論的地形を供給するものであり、その地形のうえに立つことこそ、ラディカルで複数的なデモクラシー（radical and plural democracy）の観念——ここからの本書の議論の中心的テーマとなる——の十全の理解をうるための第一義的条件となるのである。主体的位置は、実定的かつ統一的な定礎的原理には引き戻されることはできない。そのことが受容されさえすれば、複数主義はラディカル（根源的）だと考えることができる。複数主義がラディカルであるのは、この複数性のアイデンティティーのおのおのの構成契機が、それ自体の妥当性の原理をみずからの内部に見出す限りにおいてのみである。またそのためには、そうした妥当性の原理を、それらすべての構成契機の意味の階層制を保証したり、またそれらの正統性の源泉および保証となったりするための超越的ないし基礎的な実定的根拠のなかに求められないことが重要である。そして、こうしたラディカルな複数主義が民主主義的であるのは、それらの構成契機のうちのおのおののもつ自動構成性が平等主義的想像力の組み替えの結果である限りにおいて妥当する。それゆえにラディカルで複数主義的なデモクラシーの課題とは、第一義的意味で、等価性－平等主義的論理の一般化に依拠した諸領域の最大限の自律化のための闘争以外の何ものでもない。

このアプローチは、労働者の諸種の闘争それ自身を再定位し、それらの闘争を適正に評価することを可能にする。とりわけ、労働者の闘争の性質は、とくにそれらが「一括」して「新しい政治的主体」の闘争と対比される場合に、歪曲されて理解されるからである。「普遍的階級」としての労働者階級の観念がひとたび拒否されるならば、多くの敵対関係の複数性を認識できるようになり、さらに民主主義的プロセスの深化に対するこれら大多数の敵対関係の計り知れない重要性を認識できるようになる。というのも、これまで数多くの敵対関係が、「労働者の闘争」というレッテルのもとで恣意的に括られる傾向にあったからである。労働者の闘争は無数にあり、途方もなく多種多様な形態をとってきた。というのも、過去数十年にわたって、国家の役割、諸種の労働者の職種区分に基づく労働組合の慣行、工場内外での敵対関係、既存のヘゲモニー的等価性において、大きな変容が生じた結果、その関数として労働者の闘争も大きく変化したからである。このことを示す卓越した事例として、いわゆる「新しい労働者闘争」がある。これらの闘争は、一九六〇年代の終わりにフランスやイタリアで起こった。これらの闘争が如実に示しているのは、工場内部での闘争形態が、単純な生産関係よりもはるかに広汎な言説的文脈にどれほど多く依存しているかという事実である。さらにもう一つの好箇の事例としては、学生運動の闘争と標語がもった明白な影響力がある。加えて、一昔前の労働者とはまったく異なる文化背景をもった青年労働者が果たした中枢的役割がある。フランスにおける移民労働者およびイタリア南部の労働者の事例も重要である。これらの事例が私たちに明らかにしてくれているのは、労働者が参与する他の社会関係の数々が、彼らが工場内で採用する抵抗の様式を決定づけているという事実である。その結果、これらの関係にみられる複数性は、魔法で消し去ることのできる類いのものではなく、したがってそこに単一の労働者階級の構成を確認することは不可能である。さらにまた、労働者の要求は、その他の社会的および政治的主体が直面している敵対関係とは存在論的に性質を異にしているという理由で、一箇の独自の敵対関係である、と還元主義的に認識することは不可能である。

これまで私たちは敵対関係の多種多様性について語ってきたのであり、それらは重合したり重層的に決定づけられたりしながら、私たちが「民主主義の革命」と呼んだところの枠組みのなかで一括されてきた。だがここで、民主主義の革命について次のことを明らかにする必要がある。すなわち、民主主義の革命とは、端的に平等主義的想像力によって支持される組み替えの論理がそこに作動する地形ではあるが、しかしそれがこの平等主義的想像力が作動する方向性を前もって決定づけるものではない、ということである。もし方向性が前もって決められるものであるならば、私たちは端的に新しい目的論を構築すべきであったであろう。もしそうであれば、私たちはベルンシュタインの「発展」(Entwicklung)の目的論に類似した地形のうえに立ったであろう。しかし、そうした場合には、ヘゲモニー的実践がなされる余地はまったくなかったであろう。なぜ事態はそのようではないのか、またなぜどんな目的論も社会的節合を説明しえないのかといえば、民主主義の革命の言説的羅針盤は、一方では右翼的ポピュリズムや全体主義、他方ではラディカル・デモクラシーという風に、多種多様な政治的論理に道を開くものだからである。それゆえに、もしラディカル・デモクラシーの方向に私たちを定位しえるヘゲモニー的節合を構築したいのであれば、民主主義それ自体の地形のうえに開示される可能性の範囲を、それら一切の根源的異質性を加味したうえで理解しなければならない。

新しい敵対関係と「新しい諸権利」の拡散が戦後期のヘゲモニー的形成体の危機に連動していくことは、疑うことができない。しかし、この危機が克服されていく形態は、前もって決定づけられる類いのものではまったくない。というのも、諸権利の規定の仕方や従属化に抗する闘争形態は、けっして画一的に確立されるものではないからである。私たちはここにおいて、紛れもない多義性に直面している。たとえば、フェミニズムやエコロジーは数多くの形態において存在することが可能であり、どのような形態をとるかは敵対関係が言説的に構成されていく仕方に依存している。たとえば、男性を彼ら自身の男性性において攻撃するラディカル・フェミニズムがある。また「女性性」の高い再評価を追求する差異派フェミニズムがある。さらにマルクス主義的フェミニズムもあり、その基本的な敵は家父長制と不可分に結びついた資本主義である。このように女性の従属化の多様な様式を背景として、敵対関係を構築する複数の言説的形態が共存している。エコロジーも同様に、反資本主義、反産業主義、権威主義、解放主義、社会主義、反動など、多様な形態を示している。したがって、敵対関係の節合の形態は、前もって決定づけられているどころか、それこそヘゲモニー闘争の結果であることが分かる。

こうした事実の確認は一定の重要な結果をもたらす。たとえば、このことが含意するのは、これらの新しい闘争が必ずしも革新的性質を保持してはいないこと、またそれゆえに、数多くの人々が考えるように、これらの闘争が自然発生的に左翼政治の文脈に位置づけられていると見なすのは、誤りであるということである。一九六〇年代以降、数多くの人々が新たな特権化された革命主体を熱心に探し求めていた。というのも、労働者階級は解放というそのみずからの歴史的使命に挫折したと見られていたからであり、労働者階級に取って替わる新しい特権的な革命主体が求められていたからである。エコロジー運動、学生運動、フェミニズムと周縁化された大衆こそ、こうした新しい役割を遂行していくもっとも嘱望された候補であった。しかし、明らかなのは、そのようなアプローチが、伝統的問題性を回避するものとはいえず、ただそれを別次元に置き換えたにすぎないということであった。

画一的な影響力の継続性を保証しつつ、社会全体の変革を結論づけるような特権的かつユニークな場というのは、どこにもない。すべての闘争は、労働者の闘争であれ、他の政治主体のそれであれ、部分的な性質を保持しており、諸種のまったく異なる言説と節合することが可能である。これらの闘争に独自の性質を与えているのは、それらが派生した場というよりは、むしろそれらの節合なのである。したがって、絶対的にラディカルであって、支配的秩序に回収されえない主体というのはどこにも存在せず、さらにいかなる「必然」も存在しない。それだけでなく、全体的変革のための絶対的に保証された出発点を構成する主体も、存在しない(同様に既存の秩序の安定性を永続的に保証するものも、何もない)。

まさにこの点において、私たちは、アラン・トゥレーヌやアンドレ・ゴルツの分析に代表される、いくつかのきわめて興味深い試みも、伝統的問題性との決別において十分ではないと考えている[20]。たとえばゴルツは、労働者階級に彼が拒否する特権を、「非労働者の非階級」には付与しているが、彼はこうすることで、実にマルクス主義の伝統を転倒させるのと同等のことをしているのだ。ゴルツの場合のように、生産諸関係への革命的主体の関与の不在によって規定される場合ですら、革命的主体を規定しているのは、依然として生産諸関係のレヴェルにおける位置づけなのである。トゥレーヌに関していえば、彼は「計画された社会」において労働者階級の果たした役割を担える社会運動を探究するわけである。その場合、この試みが示しているのは、彼もまた、特定社会において根源的変革を惹起することのできる社会的勢力のユニークさの観念について、いっさい問い直しを行なっていないという事実である。

新しい従属化の諸形態に対する抵抗形態は多義性に富んでおり、場合によっては一箇の反民主主義的言説にすら完璧な仕方で節合することも可能である。この事実は、近年の

「新右翼」の前進によってはっきりと証明されている。「新右翼」の新しさは、社会的諸関係の変革に対する一連の民主主義的抵抗が、新自由主義的言説へと節合されたことに見ることができる。福祉国家の解体にむけたレーガンとサッチャーの企図への一般民衆の支持を説明しているのは、彼らが新しい形態の国家組織の官僚制的性質に抗する一連の抵抗を、福祉国家に対して動員し、福祉国家の非難に成功した事実にほかならない。おのおののヘゲモニー的節合が形成する等価性の連鎖は、相互に大幅に異なる性質をもつ可能性が高い。そのことは、この新保守主義的言説によってはっきりと証明されている。つまり、官僚制化をめぐる諸種の敵対関係は、性と人種の伝統的不平等の擁護に節合されるのである。白人男性の優位性に依拠した既得権の擁護は、保守反動を助長し、それによってみずからのヘゲモニー的効力の領域を拡げてきた。こうして二つの極のあいだに敵対関係が構築される。つまり、一方の極には伝統的価値と企業の自由とを擁護するすべての人々を含む「民衆」(people)が存在し、他方の極には彼らの対抗者(adversaries)として国家とすべての体制転覆志向の諸勢力(フェミニスト、黒人、若者、あらゆるタイプの「許容主義者」[permissives])が存在することになる。こうして新しい歴史的陣営を構築する試みがなされたが、その陣営内では複数の経済的・社会的・文化的局面が節合されていた。たとえば、これはスチュアート・ホールが指摘したことだが、サッチャー主導のポピュリズムは、「有機的トーリー主義の基本的主題(国民、家族、義務、権威、基準、伝統主義)と、再興した新自由主義の攻撃的主題（自己利益、競争的個人主義、反国家主義）とを結合しようとした」試みであった[21]。アメリカ合衆国の場合、福祉国家に対する新右翼の攻撃は、文化的批判と経済的批判とが結びつくまさにその地点で行なわれたことを、アレン・ハンターは明らかにした。これらの批判は双方ともに、国家の介入が「見せかけの平等主義の名において市場の経済的および倫理的特徴に対して」なされると主張する。また、「これらの批判による福祉型自由主義への攻撃は、子供たちの社会化や両性間の関係といった領域で、人々の私生活や社会の道徳的構造への国家の介入に向けられている[22]」。

まさにあらゆる敵対関係のこうした多義的性質こそ、敵対性の意味をヘゲモニー的節合に依存させている当のものである。つまり、そうであるのは、私たちがすでに見たように、ヘゲモニー的慣行の地形が、かなりの程度、社会的なものの基本的両義性から構成されているからであり、同時にまた、関係的体系からの孤立において考慮される場合であれ、それへの固定化において考慮される場合であれ、規定的な仕方ですべての闘争の意味を立証することの不可能性から構成されているからである。既述したように、ヘゲモニー的慣行が存在するのは、この根源的な非固定性が、政治的闘争を一種のゲーム――敵対する諸勢力のアイデンティティーが最初から構成されているゲーム――として考えるのを不可能にしているからである。

つまり、このことが意味するのは、ヘゲモニー的希求をもったどんな政治も、みずからを反復として考えることはいっさいできないということである。したがっていかなる政治も、純粋な内面性を規定する空間内で生起するものとして考えることはできず、むしろつねに諸次元の複数性を基盤にみずからを動員していかねばならない。こうしておのおのの意味が最初から与えられないとすれば、その意味するところは、おのおのの闘争は――部分的にしか――固定化されていないということである。すなわち、闘争は、みずからの外部へと移行し、等価性の連鎖を通じて、構造的に他の諸種の闘争と関連づけられる程度においてのみ、固定化されるのである。あらゆる敵対関係は、みずから放任された場合、浮遊する記号表現（signifier）にすぎず、「野性的な」敵対関係である。つまり、その敵対関係は、社会形成体においてみずからが他の諸要素と節合されうる形態を前もって決定するものではない。このことによって私たちは、現在流布している社会闘争と民主主義革命以前に生起したかつての社会闘争との根本的差異を立証することができる。かつての社会闘争はつねに、所与の文脈において、また相対的に安定したアイデンティティーを拒絶する文脈において生起した。その結果、敵対関係の境界はきわめて可視的であり、構築される必要すらないものであった。したがって政治のヘゲモニー的次元は、結果として不在であった。しかし、現在の産業社会においては、きわめて多様な決裂点の拡散そのものが、またすべてのアイデンティティーの不安定な性質が、敵対関係の境界の不分明さに拍車をかける。その結果として、決裂点は構築されたものという性質をより色濃く示し、そうした性質は境界の不安定性の増大によってさらに明白になる。さらに境界の組み替えと社会的なものの内的分断は、より一層根本的なものとなる。新保守主義の企図がすべてのヘゲモニー的次元を獲得するのは、この領域においてであり、またこうしたパースペクティヴからである。

反民主主義的攻撃

新保守主義的ないし新自由主義的な「新右翼」が疑問符を付したのは、民主主義的自由主義を促して、不平等に抗する闘争において国家の介入および福祉国家の確立を正当化した節合のタイプであった。こうした変容への批判は、近年になって初めてなされたものではない。一九四四年の昔に『隷従への道』においてハイエクは、介入主義国家および当時具現化されつつあった諸種の経済計画への激しい攻撃に着手した。彼の説明によれば、西欧諸社会は集産主義的になりつつあり、こうして全体主義の方向にすでに踏み出し始めた。集産主義への入り口を越えたのは、法が行政を管理する手段である代わりに、行政自体に新しい権限を付与し、官僚制の拡大を後押しするために運用されだした時点においてであったとされる。この時点から、不可避的に法の力は下降し始め、官僚制の力は増大し始めた。実際、この新自由主義的批判において槍玉に挙げられたのは、一九世紀を一貫してみられた自由主義と民主主義との節合それ自体であった(23)。この自由主義の「民主化」は、数多くの闘争の結果であったが、やがて自由の観念それ自体が構想された形態に深刻な衝撃を与えることになる。ロックの伝統的な自由の定義――「自由とは他者からの抑制や暴力から免れていることである」――から、ジョン・ステュアート・ミルを介し、自由の重要な構成要素として「政治的」自由および民主主義的参加の受容へと進んできたのである。近年では社会民主主義の言説において、自由とは一定の選択をなし、一連の選択肢を自由に保持する「能力」という意味を付帯するようになった。こうして貧困、教育の欠如、生活の諸条件における大きな格差は、今日、自由に対する侵害であると受け止められている。

　こうした変容は、新自由主義が疑問に付したいと願っている当のものである。疑いなくハイエクこそ、自由の拡大と深化を許容したこれらの意味転換と闘うために、自由主義の諸原理の再定式化にもっとも精力的に献身した思想家であった。彼の提言は、個人の自由という中枢的な政治目標を最大化するために、国家権力を最小限に縮減していく課題を追求する教理として、自由主義の「真なる」本性を再確認することであった。自由はここでふたたび消極的に定義されることになり、「社会において他者による強制ができる限り減少している人間の状態[24]」として理解される。この定義からは、政治的自由は明白に排除されている。ハイエクによれば、「民主主義とは、内面的平和と個人の自由とを保護するための手段、功利的な装置（である）[25]」。こうした試みは、自由の特徴を無制限の占有権および資本主義的市場経済のメカニズムへの不干渉として捉えてきた自由の伝統的観念への還帰を意味していた。それはまた同時に、潜在的に全体主義的だとして、すべての「積極的な」自由観念の信用剝奪を強く主張するものであった。その主張にしたがえば、自由な政治的秩序は資本主義の自由な市場経済の枠組みにおいてのみ存在することができる。『資本主義と自由』においてミルトン・フリードマンは、自由な市場経済の枠組みこそ、個人の自由の原理を尊重する唯一の社会組織のタイプであると宣言している。というのも、資本主義的市場経済の枠組みこそが、強制に依存することなく、大多数の人々の行動を調整しうる唯一の経済システムを構成しているからである。市場によって規制できない事項を除いて、国家の介入はすべて、個人の自由に対する攻撃であると考えられる。社会的および再配分的正義の概念は、それが国家の介入を正当化するためにもち出される限りにおいて、新自由主義者たちの格好の標的の一つになったのである。ハイエクによれば、社会正義および再配分的正義の概念は、自由な社会においてはまったく理解不可能なものである。その理由は次のように説明されている。

各人が自分自身の目的のためにみずからの知識を用いることを許容されているそのようなシステムにおいて、「社会正義」の概念は、必然的に空虚で無意味である。というのも、そうしたシステムでは、いかなる人の意志も、他の人々の相対的な所得を決めるわけではないし、また所得には部分的に偶然の面があるのを妨げられるわけでもないからである。[26]

「自由放任主義的（libertarian）」なパースペクティヴからロバート・ノージックは同様に、国家が供給すべき配分的正義といったものが存在しうるという考え方に疑問を呈した。[27]彼の見方によれば、自由と整合する唯一の国家の機能とは、私たちに正統的に帰属しているものを保護することである。同時に国家は、警察の公安活動の展開に必要な限度を越えて課税する権利をもっていないとされる。国家の介入をいっさい拒否するアメリカの超自由放任主義者たち[28]との対比において、ノージックは最小限国家の存在、すなわち法と秩序を正当化している。しかし、その限度を越えてしまう国家は正当化されえないとする。というのも、そうした場合に国家は、諸個人の権利を侵害することになるからである。いずれにせよ、ノージックの主張するところによれば、国家が合法的に配分できるものは何もない。なぜならば、存在するものはすべて、諸個人によって保持されているか、あるいは彼らの正統的管理のもとにあるものだからである。

　自由主義と民主主義との節合の破壊的機能を攻撃するもう一つの方法は、新保守主義的手法による民主主義の概念それ自体の再定義の試みである。こうした方法を通じて、民主主義の適用の領域は限定され、政治参加はより一層狭隘な領域へと制限されてしまう。こうしてブルゼジンスキーの提言によれば、必要なのは、「徐々に政治システムを社会から分離し、両者を分離された実体として把捉し始めること」である。[29] その目的は、民主的な政治的管理から公的決定をさらに隔離させ、公的決定を専門家の排他的な責任事項にしていくことである。そうした場合、その結果、社会的および政治的レヴェルのみならず、経済的レヴェルにおいても基本的決定の脱政治化が必ずもたらされるようになる。彼の見解によれば、そうした社会は「自由放任主義的な意味で」民主主義的なものである。つまり、「それが民主主義的であるのは、政策作成において基本的選択権を行使できるという意味においてではなく、むしろ個人の自己表現に対して特定の自律性の領域を維持するという意味においてである」。[30] ここでは、民主主義的理想は公然とは攻撃されてはいないが、そこからすべての実体を奪い取り、民主主義の新しい定義を提案しているのである。つまり、ここで民主主義は、政治参加が実際にはまったくみられない体制を正統化するように機能するのである。

フランスにおいては、新右翼の理論家たちのあいだで、民主主義に対してきわめて大胆かつ真正面からの批判が浴びせられてきた。その主たる唱道者であるアラン・ド・ブノアは、フランス革命こそ、西洋文明の堕落の基本的段階の一つであった――この堕落は「古代のボルシェヴィズム」としてのキリスト教をもって始まった――と公然と主張している。彼のさらなる議論によれば、拒否されねばならないのは、一七八九年の人権宣言の精神それ自体である。アラン・ド・ブノアは、一九六八年の運動に由来する一連の自由放任主義的な主題を巧みに跡づけながら、次のような考えを示している。すなわち、普通選挙権に基本的役割を付すことによって民主主義は、すべての個人を同一レヴェルで捉えることで彼らのあいだの主要な差異を認識するのに失敗したのだ、とされる。そこから市民層の画一化と大衆化が生じるが、その基盤に立って民主主義の必然的な全体主義的性質を表わす単一の規範が市民層に押しつけられたのである。平等＝アイデンティティー＝全体主義といった等価性の連鎖に直面して、新右翼は「差異への権利（right to difference）」を高唱し、差異＝不平等＝自由といった連動を擁護する。ド・ブノアは次のように記している。「私が「右翼」と呼んでいるのは次のような態度なのである。すなわち、世界の多様性を考慮し、それゆえに不平等を善と考える態度、そして全体主義的イデオロギーの二〇〇〇年におよぶ言説によって支持され実現された世界の進歩主義的同質化を悪と考える態度である」(31)。

「自由」、「平等」、「正義」、「民主主義」といった諸概念を再定義しようとするこれらの試みの重要性を過小評価するのは、間違いである。左翼の伝統的教条主義は、政治哲学の中枢にある諸問題には二次的重要性を付与するだけであり、そうした諸問題は「上部構造的」性質のものとして軽視していた。最終的に左翼がみずから関心を寄せたのは、他方、下部構造に関連づけられた狭い範囲の諸問題およびその内部の諸主題のみであった。他方、文化という法外に広汎な領域全体、その基盤のうえに構築された現実の定義、多種多様な言説的構成のヘゲモニー的再節合という全体的努力の課題は、右翼のイニシアティヴに全面的に任されることになってしまった。その結果、国家の自由民主主義的構想の全体が、右翼と関連づけられたがゆえに、ブルジョアジーの支配として単純に見なされることとなり、それゆえに粗野な機会主義に堕落することなく、異なる可能な対応を考慮することは困難であった。しかしながら、ひとたび上部構造と下部構造との区別を捨象し、解放的な政治実践をスタートさせることのできる特権化された諸観点があるという見方を拒否したとするならば、次のことが明らかとなる。つまり、左翼のヘゲモニー的な対抗措置の構成は、諸種のヘゲモニー的節合の連携と政治的構築の複雑な過程――そうした過程に対しては、社会的現実のすべての領域において構築されるヘゲモニー的節合のいずれも無関心ではありえない――より生じることになる、ということである。自由、平等、民主主義、正義について政治哲学のレヴェルで定義される形態は、他の多様なレヴェルの言説においても重要な帰結をもたらすだろうし、大衆の常識を作り出すうえで決定的な影響を与える可能性がある。明らかにこうした啓発的効果は、「観念」のレヴェルでの哲学的観点のたんなる採択として考えられてはならず、むしろ一連のより複合的な言説的－ヘゲモニー的作用として理解されるべきである。これらの言説的－ヘゲモニー的作用は多種多様な制度的かつイデオロギー的局面を包摂しており、それらを通じて特定の「諸主題」は言説形成体（すなわち、歴史的ブロック）の結節点を構築するものへと再編成されていくのである。かりに新自由主義的な思想が明白な政治的共鳴盤を獲得したとするならば、その理由は、その思想が既述した社会的諸関係の官僚制化の増大に対するさまざまな抵抗の節合を可能にしたからである。

こうして新しい保守主義は、抑圧的国家に対して個人的自由を擁護するものとして、その福祉国家解体の企図に成功したのである。しかし、哲学が「有機的イデオロギー」となるためには、それが構築する主体のタイプと他の社会関係レヴェルで構成される主体位置とのあいだに、ある種の類比が存在しなければならない。かりに個人的自由の主題が効果的に動員されうるとすれば、その理由はまた次の事情による。つまり、民主主義的想像力との節合にもかかわらず、自由主義は、マクファーソンが「所有的個人主義」(possessive individualism) と呼んだところのものを、個人の創出の母型として持続的に維持してきたからにほかならない。この考え方こそ、諸個人の権利を、社会に先行するもの、さらにはしばしば社会と敵対するものとして構築してきたのである。民主主義革命の枠組みにおいてますます多くの無数の主体がこれらの権利を要求するにつれて、所有的個人主義の母型が破壊されることは不可避であった。というのも、ある人々の権利は他の人々の権利と衝突することになるからであった。こうした民主主義的自由主義の危機の文脈においてこそ、自由主義と民主主義との節合の破壊的潜在力を解消しようとする攻撃を位置づける必要が生まれる。こうした攻撃はさらに、国家のすべての介入に対して個人的自由を擁護するものとしての自由主義の中枢性を再確認しつつ、平等権と人民主権に基礎づけられた民主主義の構成要素に反対する。しかし、民主主義的闘争の地形を制約し、多数の社会関係における既存の不平等を維持しようとするこのような努力は、自由主義それ自体によって危機に陥った階層的かつ反平等主義的原理の擁護を要請するものでもある。こうした理由から、自由主義者たちは、保守主義的哲学に由来する一連の主題にますます依拠するようになっていった。彼らはそこに不平等を正当化するのに必要な素材を見つけたからである。このように私たちは、新しいヘゲモニー的企図――つまり、自由－保守主義的（liberal-conservative）言説の企図――の出現を目撃しつつある。この新しい企図は、自由市場経済の新自由主義的擁護を、顕著な反平等の旗を掲げる保守主義の文化的および社会的伝統主義に節合することを追求している。

ラディカル・デモクラシー――新しい左翼にとってのオルタナティヴ

このように保守主義的反動は、明白にヘゲモニー的性質を保持している。それは、政治的言説の基本条件の深遠な転換ならびに新しい「現実の定義」を追求している。こうした試みは、「個人的自由」の擁護という装いのもとで不平等を正統化し、数十年の闘争を通じて粉砕された階層的諸関係を復権しようとする。実際上、ここで重要なのは、新しい歴史的ブロックの創造なのである。自由－保守主義（liberal-conservatism）は、有機的イデオロギーに転換することによって、等価性の体系を通じて新たなヘゲモニー的節合を構築しようと必死である。こうしてその試みは、権利の個人主義的定義および自由の消極的構想を基軸として、多種多様な主体位置を統合しようとする。私たちはここでふたたび、社会的なものの最前線の組み替えに直面することになる。福祉国家に対応するヘゲモニー的構成において正統的な差異として受け容れられていた一連の主体位置は、社会的実定性の領域から放逐され、否定性――社会保障に寄生する者（サッチャー夫人の言う「たかり屋」）、労働組合の特権と結びついた非効率、国家補助金など――として解釈されるようになる。

したがって、左翼にとってのオルタナティヴは、明らかに社会的分断を新たな基盤のうえに築き上げる自由-保守主義とは異なる等価性の体系を構築することにおいてのみ可能となる。階層的社会の再構築の企図に直面して、左翼にとってのオルタナティヴは、みずからを民主主義革命の領域に全面的に位置づけ、抑圧に抗するさまざまな闘争のあいだに等価性の連鎖を作り上げていくことにこそある。それゆえに左翼の課題は、自由民主主義的イデオロギーを否認することにあるのではなく、むしろ逆にラディカル（根源的）で複数主義的なデモクラシーの方向にそれを深化させ拡充していくことにある。私たちは、この課題の諸次元について以下で説明したいと思う。だが、そうした課題が可能であるという事実それ自体は、個人の諸権利に関する自由主義的言説の意味が、決定的な仕方では固定されてはいないという事実に由来している。この非固定性こそが保守主義的言説の諸契機との節合をまさに許容したように、それはまた同様に、民主主義的契機を強調する異なった形態の節合および再定義を許容するものでもある。要するに、いかなる他の社会的要素と同様に、自由主義的言説を構成する諸契機は、けっして結晶化したものとして現われるわけではなく、流動的でそれ自体がヘゲモニー的闘争の現場そのものでありえる、ということだ。左翼のヘゲモニー闘争の戦略にとって可能性が存在するとすれば、それは民主主義的地形の放棄にあるのではなく、それとは逆に民主主義的闘争の場を市民社会全体および国家へと拡充していくことにある。それにもかかわらず、重要なのは、左翼の政治的想像力において必要とされる根本的変革の射程を十全に理解することである。とりわけ、それが重要になってくるのは、左翼が民主主義革命の領域に完全に位置づけられた政治的実践の基礎づけに成功したいと願う場合であり、また現在要請されるヘゲモニー的節合の深化と多様性とを自覚する場合である。こうした課題における基本的障害は、本書の初めから読者の注意を促してきた問題、すなわち、本質主義的な先験主義（essentialist apriorism）である。要するにそれは、社会的なものとはある観点から縫合されたものであり、またその観点からはすべての節合的実践から独立した出来事の意味を確定することは可能だとする確信である。そうした先験主義的な確信は、社会形成体を組織化する結節点の不断の置換を理解することの失敗につながった。それはまた、左翼の「先験的な特権化された地点」の論理に照らされた言説の組織化に結びついていったが、これは左翼の行動力および政治的分析力を深刻に制約する結果となった。

特権化された地点にかかわるこうした論理は、多種多様な方向に展開されていった。根本的な敵対関係を決定づけるという観点からすれば、すでに見たように、基本的な障壁は、階級主義（classism）であった。階級主義とは、つまり、労働者階級こそ、社会変革の根本的衝動の担い手とされる、特権化された主体を代表するという考え方である。この考え方は、労働者階級の方向づけそのものが、諸勢力の政治的バランスならびに複数の民主主義的闘争の急進化――それらは、この階級それ自体の外部でかなりの部分決定づけられている――に依存していることを十分に認識していない。変革の具現化の可能性が集中している社会的レヴェルの観点からみれば、根本的な障壁は、国家主義（statism）と経済主義（economism）であった。まず国家主義であるが、それは国家の役割の拡大こそ、すべての問題の解決のための万能薬であるという考え方に示されている。他方、経済主義の方は、（とくにそのテクノクラシー的形態では）経済戦略の成功から、はっきりと同定可能な一連の政治的効果が必然的に生み出されてくるという考え方に表わされている。

しかし、もし私たちがこの本質主義的固定化の究極の核心を探求するならば、左翼の政治的想像力を刺激してきた基礎的な結節点において、それを見出すことになろう。すなわちそれは、ジャコバン派的鋳型の刻印を帯びた「革命」に関する古典的概念である。もちろん、「革命」の概念に対して、反論を加えるべき筋合いのものは何もない。とりわけ、革命によって理解されているものが、政治的分裂（rupture）という到達点にいたる一連の闘争による重層的決定であり、さらにその到達点から社会構造の総体を横断して拡充していく一連の影響である場合は、そうである。もし革命によって意味されることが以上の事柄であるとすれば、抑圧的体制の暴力的な転覆は、あらゆる民主主義的前進の条件であるといえよう。しかし、革命の古典的概念は、それ以上のことを意味していた。その意味は、革命的行為の基礎定立的な性質を含意するもの、つまり、社会の「合理的」再組織化を可能にさせる権力の収斂地点の制度化である。これは、ラディカル・デモクラシーが要請する複数性と開放性とは相容れないパースペクティヴである。

ここにおいてふたたび、私たちはグラムシの特定の諸概念をラディカル化することによって、革命的行為それ自身をふたたび位置づけ直すことが可能となる。「陣地戦」という概念が意味しているのは、まさにいっさいのラディカルな行為のもつプロセス的性質である。すなわち、革命的行為とは、端的にこのプロセスの一つの内的契機でしかない。そうであれば、政治的空間の増幅および権力の一点集中の防止は、社会のあらゆる真なる民主主義的変革の先決条件である。社会主義の古典的な考えにしたがえば、生産手段の私的所有の消滅は、一つの歴史的時代を経て一連の結果をもたらし、最終的には従属化のあらゆる形態の消失に帰結すると想定されていた。今日では私たちは、そのようにはならないと認識している。たとえば、反セクシズムと反資本主義とのあいだには必然的関連はないのであり、両者の結合はヘゲモニー的節合の結果としてのみ可能である。そこから明らかなのは、個別の複数の闘争を基礎としてのみ、このような節合の構築が可能とされる、ということである。それぞれの闘争が、社会的なものの特定の領域において、等価的かつ重層決定的な効果をもたらす。このことは闘争の諸領域の自律化および政治的空間の増殖を要請するのであり、その点で古典的ジャコバン主義やその異なる社会主義的変種が含意するような権力と知識の集中とは相容れない。

もちろん、ラディカル・デモクラシーを追求するすべてのプロジェクトは、社会主義の次元を含意している。というのも、無数の従属的関係の根本にみられる資本主義的生産関係に終止符を打つことが必要とされるからである。しかし、社会主義は、ラディカル・デモクラシーのプロジェクトを構成している諸要素の一つであり、その逆ではない。まさしくこの理由により、ラディカルで複数主義的なデモクラシーの戦略の一要素として生産手段の社会化について語るとき、このことは労働者の自主管理のみを意味するものではありえない、ということを主張しなければならない。というのも、ここで重要なのは、何が生産されるべきか、どのように生産されるべきか、さらには生産物がどのような形態において配分されるべきかに関する決定に対して、あらゆる主体が本当の意味で参加することは可能か、という問題だからである。そうしたいっさいの主体の真なる参加の条件においてのみ、生産の社会的領有がありえるのだ。この問題を労働者の自主管理の問題に還元することは、以下の事実を無視することにつながる。つまり、無視されるのは、労働者の「利益」という場合、通常、みずから生産者ではなく、ただ生産分野での決定によって影響を受けることになる他の諸集団の要求やエコロジーの要求が、考慮に入れられることはない、という事実である。(32)

そうするとヘゲモニー的政治の観点からいえば、伝統的な左翼のパースペクティヴには決定的限界があるということになる。その決定的限界は、変革の行為主体、社会的なものの領域における有効性のレヴェル、および分裂の特権的地点と瞬間を、先験的に決定づけようという試みにあるといえよう。これらのすべての障害は、結局のところ以下の共通の核心に辿りつくのである。すなわち、縫合された社会という想定を放棄するのを、伝統的な左翼のパースペクティヴが拒否していることに行き着く。しかしながら、いったんこの問題が捨象されたとしても、そこには一連の新しい問題が生じるのであり、私たちはこれらの問題とただちに取り組む必要がある。つまり、これは次の三つの問いにおいて要約することが可能であるが、以下において順番に見ておくことにしたい。

(1)ラディカル・デモクラシーのプロジェクトが受容すべき諸種の敵対関係にかかわる「出現の表層」と「節合の形態」とを、どのように決定づけるのか。(2)ラディカル・デモクラシーに固有の複数主義と、既述したような、あらゆるヘゲモニー的節合に特徴的な等価性の効果とは、どの程度、調和的であるといえるのか。(3)民主主義的想像力の転換に含意されている論理は、どの程度、ヘゲモニー的プロジェクトを規定するうえで十分であるといえるのか。

第一点について明白なのは、社会的なものの地勢学において含意された先験主義は維持不可能であることが判明したように、敵対関係が構成される表層を先験的に規定することは不可能である。このように、いくつかの型の左翼政治が特定の文脈で構想され特定化されうるとしても、その内実がすべての文脈上の参照点から孤立した形で決定づけられる単一の左翼的政治というものがあるわけではない。このような理由により、先験的な仕方でそのような決定に突き進むすべての試みは、必然的に一方的かつ恣意的なものであり、大多数の状況において妥当性をもたないできた。政治的なものの意味のユニークさの破裂は、複合的で不均等な発展の現象と関連しているが、記号内容（the signified）を左翼と右翼との分裂の図式に固定化する可能性をことごとく解消するものといえよう。かりに左翼という言葉が使用されてきたすべての文脈に見出される、左翼なるものの究極の内実の定義を試みたとしよう。結果はといえば、例外を示さない事例は見つからないであろう。私たちはまさに、ヴィトゲンシュタインの言語ゲームの分野にいるのである。ここでせいぜいできることは、「家族的類似性」を発見することである。

いくつかの事例を検討しておこう。近年、国家と市民社会との分割線をさらに強化する必要性について多くの議論がなされてきた。しかしながら、この提言が、一定の限界づけられた状況を越えて一般化できる理論、敵対関係が出現する表層に関する理論を左翼に提供するものではなかった、ということを認識するのはそう難しいことではない。この提言は、いっさいの支配形態が、国家のレヴェルで受肉化されていることを含意しているように思われるであろう。しかし、市民社会もまた、数多くの抑圧関係の病巣を抱え込んでおり、その結果、数多くの敵対関係と民主主義闘争の場であることも明らかである。結果における自明性の多寡の問題はあるものの、「イデオロギー的国家装置」に関するアルチュセールの分析などの諸理論は、一種の概念上の枠組みを生み出すことを追求し、それによって支配の領域におけるこれらの置換現象を考察する貴重な試みを示していた。フェミニズムの闘争の場合、国家は、しばしば市民社会に抗して、性差別と闘う立法化を通じて、その大義の前進を実効化する重要な手段であった。数多くの途上国において中央政府の機能の拡大は、土地所有の寡頭制的支配者による極端な搾取形態に抗する闘いの最前線を構築する手段であった。さらにまた国家は、なんらかの溝によって市民社会から隔離された同質的な媒体ではなく、むしろ一連の不均等な諸部門や諸機能の束であり、そのなかで生起するヘゲモニー的実践によってただ相対的に統合化されているにすぎない。そして何よりもまず国家は、数多くの民主主義的敵対関係の場でありうるということを、忘れてはならない。つまり、国家内部の一連の機能は、ある程度、たとえ職務的なものや技術的なものであろうとも、権力中枢——国家それ自体の内部でそれらの機能を制限したり変形させたりする——と敵対関係にはいることもありえるのだ。もちろん、このことはいずれも、ある特定の場合には国家と市民社会との分離が、差異化の基本的な政治的境界線を構成することなどありえない、と言っているわけではない。こうしたことは実際に起こりうるのであり、軍隊機構によって維持された独裁政治であった東ヨーロッパやソモサ一族の支配下のニカラグアのように、国家が官僚制的異常装置へと変容し、それが社会全体に強制的に押しつけられたような場合がそうである。

いずれにもせよ、民主主義的敵対性が出現するその表層そのものとして、国家か市民社会かのいずれかを先験的に同定することは、明らかに不可能である。同様のことが、左翼の政治の観点からみた場合に、特定の組織的形態の性質を肯定的に評価すべきか、あるいは否定的に評価すべきか、を決定づける問題に関してもいえるであろう。たとえば、「政党」形態について考慮してみよう。政治制度としての政党は、特定の状況では大衆運動を制御する機能を果たす官僚制的結晶化の事例でありえる。しかし、他の状況では政党は、拡散した、政治的にうぶな大衆を組織化し、こうして民主主義的闘争の拡充と深化のための道具として重要な寄与をもなしえる。ここで重要な点は、「社会一般」という領域が政治分析の妥当な枠組みとして消滅した以上、同時に地勢学的カテゴリーに基づいて政治の一般理論を確立する可能性も消滅したということである。つまり、ここで地勢学的カテゴリーというのは、特定の内実の意味を、永続的な仕方で複合体の内部に位置づけられうる差異として、固定化するカテゴリーのことを意味している。

以上の分析から引き出される結論があるとすれば、それは敵対関係の現れる出現の先験的な表層を特定化することは不可能だということである。というのも、他の諸領域の重層決定的な影響力によってつねに転覆されないような表層というものはないからであり、さらにまた、その結果、他の領域に対する特定の領域に特徴的な社会的論理の不断の置換がそこには見られるからである。このことは、一つには民主主義革命の場合に実際に作動するものとしてみなした「デモンストレーション効果」にほかならない。民主主義的闘争は、みずからが内部で展開する特定の一定の空間を自律化させ、異なる政治的空間における他の闘争と等価性の効果を創出することができる。ラディカル・デモクラシーのプロジェクトが関連づけられているのは、まさにこうした社会的なものの複数性である。そしてその可能性は、社会的行為主体の脱中心化した性質、主体としての彼らを構成する言説的複数性、またそうした複数性の内部で生起する諸種の置換から直接的に派生するものといえよう。民主主義思想の原初的形態は、人間本性の一箇の実定的かつ統一的な構想に関連づけられていた。その限りにおいてそれは、人間本性がその根源的自由と平等の効果を開示していく場として、単一の空間を構成していく傾向を示した。このようにして、シティズンシップの思想に関連づけられた公共空間が構成されていったのである。

公と私の区別は、市民の普遍的等価性を通じて差異が消去された空間と、それらの差異が全面的に保持された複数の私的空間との分離を構成するものであった。この時点において、民主主義の革命に関連づけられた諸効果の重層的決定は、公的なものと私的なものとを隔離する境界線を置換させ始め、社会的諸関係を「政治化」し始めたのである。すなわち、ここでは等価性の新しい論理によって社会的なものの差異的実定性が消去されていく諸種の空間が、増殖されていったのである。この動きは長大な過程を辿ることになるが、一九世紀の労働者たちの闘争から、二〇世紀における女性たちの闘争、さまざまな人種的少数派《マイノリティ》、性的嗜好少数派《マイノリティ》、多様な仕方で周縁化された諸集団、新たな反制度的諸闘争にいたるまでの拡がりを示したのである。こうしてその結果、打破されたのは、政治的なものを構成するユニークな空間という観念、ならびにそうした現実そのものであった。私たちが目撃しているのは、過去において知りえたいかなるものよりも、はるかに根源的な政治化であるといえよう。というのも、それは公的なものと私的なものとの区別を消失させる傾向を示したからだが、それは統一化された公共空間によって私的なものが浸食されたという意味においてではなく、根源的に新しく異なる政治的諸空間が増殖していくという意味でそうなのである。私たちは、主体の複数性の出現に直面しているのであり、その構成の形態と多様性については、統一化され統一化する本質としての「主体」のカテゴリーを手放す場合にのみ、考察可能となるのである。

しかしながら、こうした政治的なものの複数性は、私たちが認識しているように、敵対関係の条件である等価性の効果から派生してくる統一化と矛盾しないのだろうか。あるいは、換言すれば、ラディカル・デモクラシーに固有の政治的空間の増殖と、等価性の論理によって基礎づけられた集合的アイデンティティーの構築とのあいだに不適合はないのであろうか。ここでふたたび、私たちは、前章ですでに言及した自律性／ヘゲモニーの明白な二分法の問題に直面することになる。ここでその政治的含意と影響について考察しておきたい。この問題を二つのパースペクティヴから考察してみたい。第一は、(a)その二分法がみずからを排他的なものとして提示しているその地形の観点からであり、第二は、(b)そうした排他性の地形の出現を促す可能性および歴史的条件の観点からである。

それでは、等価性の効果と自律性との適合不可能性の領域を考察することから始めてみよう。最初に等価性の論理である。すでに指摘したように、敵対関係が生じるのはそれを構成する分裂した空間においてのみならず、そうした空間をつねに覆う社会的なものの複数性の領野においてでもある。そうである限り、敵対関係にある二つの極のアイデンティティーの連携が起こりえるのは、敵対関係がみずからを超え出ると同時に、外在的諸要素をヘゲモニー化していく場合においてのみである。それゆえに、諸種の個別的な民主主義的闘争の強化は、他の諸闘争にまで拡充していく等価性の連鎖の拡大を要請している。たとえば、反人種主義、反セクシズム、反資本主義は、それらの闘争のそれぞれが相互に連携していく条件でありえるようなヘゲモニー的構築を必要としている。そうなると、等価性の論理は、その究極の諸帰結にまで突き詰められた場合、これらの闘争のそれぞれが構成されている諸空間の自律性の消失を含意することになろう。そうなるのは、必ずしもこれらの闘争のいくつかが他の諸種の闘争に従属することになるという理由からではなく、それらの闘争が、厳密にいえば、ユニークで不可分の闘争の等価的象徴となるからである。こうして敵対関係は、すべての不均等が除去される限りで、全面的な透明性の諸条件を達成することになる。こうして、それぞれの民主主義的闘争が構成される諸空間の差異ある個別性は、消滅してしまうのである。

　第二に自律性の論理である。これらおのおのの闘争は、他の諸闘争に対してその差異ある個別性を維持している。それぞれの闘争が構成されている政治的諸空間は相互に異なっており、相互に交流し合うことは不可能である。しかし、こうした外見上の自由放任主義的な論理は、新しい閉域化を基盤にしてのみ維持されている。というのも、もしそれぞれの闘争がその個別性の契機をアイデンティティーの絶対的原理へと変容させるのであれば、これら一連の闘争は絶対的な差異体系として把捉されるのみであり、またこの体系は閉塞された全体性としてのみ想定されうるからである。すなわち、社会的なものの透明性は、端的に等価性の体系が保持するユニークさと明確性から、差異体系のユニークさと明確性へと移行したのである。しかし、いずれの場合でも、私たちが取り扱うのは、それらのカテゴリーを通じて社会的なものを一箇の全体性として支配することを求める言説である。それゆえに、いずれの場合でも、全体性の契機は、一箇の地平であることをやめ、一箇の基礎定立となる。こうした合理的かつ同質的な空間においてのみ、等価性の論理と自律性の論理は矛盾を来すのである。なぜなら、そこにおいて社会的アイデンティティーは、もっぱらすでに獲得され固定化されたものとして提示されてしまうからである。またそれゆえに、そこにおいてのみ、二つの究極において矛盾する社会的論理は、これらの究極的な結果が完全に発達しうるような領域を見出すのである。しかし、定義からして、こうした究極的な瞬間が到来することはけっしてないので、等価性と自律性との不適合性は消失してしまう。おのおのの論理の地位は変移する。つまり、あらゆる社会的アイデンティティーの構成にさまざまな程度で介入し、またそれら相互の影響を部分的に制限するのは、もはや社会的秩序の基礎定立ではなく、社会的論理の方である。ここから私たちは、政治に関する根源的に解放的な構想への基礎的な先決条件を導出することが可能となる。すなわち、ここでいう先決条件とは、社会的なものに関するあらゆる想定上の「究極的基礎定立」を、知的にもまた政治的にも支配することへの拒否にほかならない。こうした基礎に関する知識にみずからを依拠せしめようと努める構想はすべて、遅かれ早かれ、それ自体、ルソー的逆説――それによれば、人々は自由であるように強制されるという事態――に直面しているのを見出すのだ。

特定の諸概念の地位の変化は、以前には基礎定立であったものを社会的論理へと変容させるが、同時に民主政治が依拠する多種多様な次元の理解を可能にしてくれる。何よりもまずそれは、私たちが「民主主義的等価性の原理」と呼称するところのものの意味と限界を精確に同定することを可能にしてくれる。私たちはその意味を特定できるようになる。というのも、平等主義的想像力のたんなる転換だけでは、こうした転換が作動する諸集団のアイデンティティーの変革を創出するには不十分だということが明らかになるからである。平等の原理に依拠しつつ、組織的に構成された集団は、他の諸集団に対してみずからの平等権を要求することができる。しかし、さまざまな集団の要求はそれぞれ異なっており、多くの場合相互に適合不可能である限りにおいて、このことは、さまざまな民主主義的要求のあいだの何らかの現実的な等価性に導くものではない。所有的個人主義という問題編成が、異なる諸集団のアイデンティティー創出の母型として維持されてしまうすべての場合において、この結果を避けることは不可能である。つまり、「民主主義的等価性」がありうるためには、他の何ものかが必要なのである。要するに、新しい「共通感覚」の構築が必要であり、それによって異なる諸集団のアイデンティティーの変革が可能となるのである。そうすることによって、それぞれの集団の要求は他の諸集団のそれと等価的に節合することになり、マルクスの言葉を用いれば、そこには「各人の自由な発展が万人の自由な発展のための条件である」という状況が生まれる。すなわち、等価性が所与の利益間の「同盟」を構成するだけのものではなく、そうした同盟関係に参与している諸勢力のアイデンティティーそのものの修正を促す限りにおいて、等価性はつねにヘゲモニー的なのである。労働者の利益の擁護が、女性、移民、消費者の権利の犠牲によってなされないためには、これらの異なった闘争間に等価性が構築される必要がある。こうした条件に依拠してのみ、権力に対抗する闘争は真に民主主義的なものとなり、さらに権利の要求は個人主義的な問題編成の基盤のうえでなされるのではなく、他の従属化された諸集団の平等権の尊重という文脈においてなされるようになる。

しかし、もしこれが民主主義的等価性の原理の意味であるならば、その限界もまた明らかである。こうした全面的な等価性は、どこにも実在しないものである。あらゆる等価性は、社会的なものの不均等性から派生する構成的不確実性によって浸食されている。この限りにおいてあらゆる等価性の不確実性は、それが自律性の論理によって補完され／制限されねばならないことを要請する。こうした理由から、平等への要求は十分ではなく、自由への要求によって均衡化される必要があるのだ。そして両々相俟って、私たちはラディカルで複数主義的なデモクラシーについて語ることを許されるのである。ラディカルで非複数主義的なデモクラシーとは必然的に、等価性の論理の無制限の運用を基礎にした、平等の単一の空間を構成するデモクラシーでしかない。それは諸空間の複数性という還元不可能なモメントを認識することのないデモクラシーである。こうした諸空間の分割の原理は、自由への要求の基盤である。複数主義の原理が存在するのはまさにここにおいてであり、また複数主義的デモクラシーのプロジェクトが自由主義の論理と連携するのもまさにここにおいてである。疑問視されるべきは、自由主義それ自体ではない。というのも、自由主義は、男女を問わずみずからの人間としての能力の実現を許容し、個人の自由を擁護する倫理的原理として、過去のどの時代よりも今日、より妥当視されてしかるべき政治的立場だからである。しかし、たとえ自由のこの次元があらゆる民主主義的かつ解放主義的プロジェクトを構成するものだと認めるとしても、私たちは、特定の「全体論的」過剰への反動として、「ブルジョア的」個人主義の擁護へと純粋にまた単純に立ち戻るように促されるわけではない。

ここで意味されているのは、別個の個人の創出、つまり、もはや所有的個人主義の母型から構築されることのない個人の創出なのである。社会に先行する「自然」権の観念、実際に個人／社会という誤った二分法の全体は、放棄されねばならず、また権利の問題を提起する別個の様式によって代替されねばならない。個人の諸権利を孤立した形で定義することはけっして可能ではなく、確定的な主体位置を規定している社会的諸関係の文脈においてのみ定義可能である。その結果、権利の問題は、つねに同様の社会的関係に参加する他の諸主体を巻き込む問題としてのみ提起されうる。この意味で「民主主義的権利」とは、集合的にのみ運用できる権利として、また他者にとって平等の権利の存在を前提とする権利として理解されねばならない。相互に異なる社会的諸関係から構成される諸空間は、その関係が生産関係であるのか、シティズンシップの関係であるのか、あるいは近隣の関係、あるいはカップルの関係であるのかによって、大きく異なってくるであろう。それゆえに、民主主義の形態も、それが当該の社会的諸空間に順応できるためには、複数性に基づく必要がある。直接民主主義は、縮減された社会的空間にのみ適応可能であるので、唯一可能な組織的形態であるはずはないのである。

それゆえに民主主義的諸権利の運用の範域を、「シティズンシップ」という限界づけられた伝統的領野を越えて拡大していくのは必須となる。古典的な「政治的」範域を経済のそれにまで拡充していく課題についていえば、これこそ、明示的な反資本主義的闘争の領域にほかならない。経済こそが「私的なもの」の領域であり、自然権の拠点であると主張し、民主主義の規準がその領域内部には適応されるべき理由はないと主張する経済的自由主義の擁護者たちに対して、社会主義理論は、市民としてだけでなく、生産者としての社会的行為主体の平等と参加への権利も擁護している。ダールやリンドブロム[33]といった多元主義学派の理論家たちによって、この方向でのいくつかの前進がはかられてきた。彼らは今日、多国籍企業の時代に経済を私的なものの領域として語ることは無意味であるとし、それゆえに企業経営に労働者が参加する何らかの仕組みを受容することが必要だと認識している。私たちのパースペクティヴは、もちろんこうした見地とは随分と異なっている。

というのも、「私的」なものという自然的な範域がありえるという考え方それ自体を、私たちは疑問視したいと願うからである。公／私、市民社会／政治社会といった区別は、ある特定の型のヘゲモニー的節合の結果にすぎないし、それらの境界線は所与の時点における既存の諸勢力の関係によって変化するのである。たとえば、今日、新保守主義的な言説は、政治的なものの範域を制限すべく、みずから強く働きかけている。それはまた、さまざまな民主主義的闘争の衝撃のもとで、この数十年縮減を余儀なくされてきた私的なものの領域を、再確立しようと躍起になっている。

ここでふたたび、等価性と自律性との相互的かつ必然的な限界づけに関する私たちの議論を取り上げてみよう。政治空間の複数性に関する構想は、閉じられたシステムという仮定のうえでのみ等価性の論理と不適合を起こすのである。しかし、この仮定を捨象した場合、諸空間の増殖および社会的なものの究極的な非決定性から、社会がみずからを一箇の全体性として指示したり、みずからをそのように想定したりすることの不可能性を導き出すことはできなくなり、またラディカル・デモクラシーのプロジェクトとこの全体化の契機との不適合性を導き出すこともできなくなる。等価的効果を伴った政治空間の構築は、民主主義的闘争と不適合でないだけでなく、むしろ多くの場合、そのためにこそ要請される。たとえば、新保守主義的攻撃に直面しての民主主義的等価性の連鎖の構築は、現在では、左翼のヘゲモニー闘争の条件の一つとなっている。したがって不適合性は、社会的論理としての等価性にあるわけではない。不適合が生じるのは、等価性の空間が他の諸空間のなかの一つの政治空間として考慮されなくなり、他のすべての空間を従属化し組織化する中枢として見られ始める瞬間からである。つまり、不適合が生じるのは、社会的なものの特定のレヴェルにおいて等価性の構築が行なわれる場合だけでなく、むしろこのレヴェルが一箇の統合的原理へと変容し、それによって他の諸次元をそれ自体に内在的な差異的契機へと還元してしまう場合である。その際に逆説的に見られるのは、今日の社会においては過去以上にはるかに根本的な閉域化の可能性を作り上げているのが、開放性の論理そのものであり、さらに差異の民主主義的破壊の論理そのものだということだ。差異の伝統的システムの抵抗が破壊される程度に応じて、また非決定性と曖昧性が社会のより多くの部分を「浮遊する記号表現（floating signifiers）」へと転換していく程度に応じて、一箇の中枢を制度化しようと試みる可能性が生じてくる。その場合、この中枢は、今度は自律性の論理を抜本的に除去し、それ自体の周りに社会体の全体性を再構築しようとする。かりに一九世紀にラディカル・デモクラシーへのあらゆる試図の限界が見出されたのは、社会的諸関係の幅広い領域を越えてみられた旧形態の従属化の残存においてであったと仮定しよう。現在ではそれらの限界を付与しているのは、民主主義の地形そのものにおいて生起する新しい可能性、すなわち、全体主義の論理にほかならない。

クロード・ルフォールが明らかにしたのは、「民主主義の革命」が、象徴のレヴェルでの深遠な変化を想定している新しい地形として、社会的なものの新しい制度形態を含意するようになったのか、ということであった。一種の神学的‐政治的論理にしたがって組織化されたそれ以前の社会においては、権力は神――すなわち、主権的正義と主権的理性――の代表としての君主の人格に具現化されていた。社会は身体として考えられていたのであり、その構成員たちの階層制は無制限の秩序の原理に依拠していた。ルフォールによれば、民主主義社会が導入する根本的差異は、権力の場が空虚な空間になったということである。つまり、超越的な守護者への参照点は消失し、それとともに社会の実質的統合の代表者も消失する。その結果、権力、知識、法といった諸審級のあいだに分裂が起こり、それらの基礎はもはや確実性を喪失する。こうして、止むことのない疑問が持続するプロセスが始まる。つまり、

その命令が争議の的になることがなく、またその基礎が疑問視されることのない法は、いかなる意味でも制定されることがない。詰まるところ、社会の中枢を代表するものはなく、統合はもはや社会的分裂を打ち消すことはない。たしかに民主主義は把捉されたり統御されたりすることのできない社会という経験を新機軸として打ち立て、人民は主権者として宣言されるであろう。しかし、そこにおいて人民のアイデンティティーはけっして確定的な仕方で付与されることはなく、隠されたままであろう。(34)

ルフォールによれば、全体主義の出現の可能性が理解されねばならないのは、こうした文脈においてである。すなわち、全体主義は、民主主義によって破壊された権力、法、知識といった諸地点のあいだにみられた統合を、再構築する試みによって成立しているからである。民主主義の革命を通じて社会的権力の外部のすべての参照枠がいったん廃棄されてしまうと、純粋な社会的権力が出現できるようになり、それ自体を全体的なものとして提示し、それ自体からのみ法の原理と知識の原理とを引き出してくる。権力は、空席になった場を明示するよりもむしろ、全体主義によってそれ自体を一箇の機関に具現化させ、一つに統合された人民の代表者として君臨することを求めるようになる。人民の統合を実現するという口実のもとで、民主主義の論理によって可視化されるようになった社会的分裂は拒否されることになる。こうした拒否こそが、全体主義の論理の中心点を構成しており、それは次の二つの動きにおいて実施されていく。つまり、「国家と社会との分裂の徴候の拒否ならびに社会内部における分裂の徴候の拒否」である。

これらのことが含意しているのは、政治社会の基本構造を支配している諸審級の差異化の拒否である。そこにはもはや権力とは隔絶した法および知識に関する究極的規準もそれぞれないことになる。(35)

私たちの問題構成に照らしてこれらの分析を検討するならば、これらの分析を、私たちがヘゲモニー的実践の領域として特徴づけてきたものと、これらの分析とを連携させることは可能である。というのも、ある特定の政治的諸空間をヘゲモニー的節合を通じて結合していくことは可能であり、必然的だからである。さらにまた、第一に超越的秩序から生じてくる確実な基盤というのもはもはやないからであり、第二に権力、法、知識を固く結びつける中枢というものがもはやないからである。しかし、こうした節合はつねに部分的で抗争の的になるものであろう。どこにも至高の守護者が存在しないからである。明確な縫合を成り立たせようとするあらゆる試み、さらに民主主義の論理が制度化する社会的なものの根本的に開放的な性質を拒否しようとするあらゆる試みは、ルフォールが「全体主義」として明示するものへと行き着いてしまう。「全体主義」とは、すなわち、政治的なものの構築の一箇の論理であるが、そこから社会が完全に支配され認識される出発点を構成するものにほかならない。これが一箇の政治的論理であり社会的組織の型でないことは、それが特定の政治的方向づけに帰せしめることが不可能であるという事実によって証明されている。全体主義とは、「左翼」の政治の帰結であるかもしれない。その場合、あらゆる敵対は除去され、社会は完全に透明なものとされるのである。あるいはまた、全体主義は、ファシズムの場合のように、国家によって制度化された階層制において社会的秩序を権威主義的に固定化することによる帰結であるかもしれない。しかし、双方の場合において国家は、プロレタリアートの名においてであれ、民族の名においてであれ、社会的秩序の真理の唯一の保持者という地位にみずから登りつめ、社会性のすべてのネットワークを支配しようと求める。民主主義が開く根本的な非決定性に直面して、この全体主義的企図は一箇の絶対的中枢を再度押しつけ、やがて統合を復位させることになる閉域化を再制度化しようと試みるのである。

しかし、一方において民主主義を威嚇する危険の一つが、敵対の構成的性質を超克し、統合を回復するために複数性を拒否しようと試みる全体主義的企図であるとすれば、他方、この統合へのすべての参照枠組みの欠如というもう一つの対称的で正反対の危険もある。というのも、たとえ可能性がないとしても、この統合は一つの地平としてとどまり、社会的諸関係のあいだの節合の不在という状況下では社会的なものの内破（implosion）およびあらゆる共通の参照点の不在を防止するために必要だからである。社会的構造のこうした解体は、象徴的枠組みの破壊によって引き起こされるが、それは政治的なものの消滅のもう一つの形態を示している。権威主義的な仕方で不変の節合を課してくる全体主義の危険との対比において、ここでの問題はむしろさまざまな社会的主体に共通する意味の確立を許容するこれらの節合の不在なのである。完全なアイデンティティーの論理と純粋な差異の論理とのあいだで、民主主義の経験は、それらの節合の必然性に即した形での社会的論理の多重性の承認から成立している。しかし、この節合は不断に再創造され再交渉されていくべき類いのものであり、一定の均衡が明確に保持されうる最終的時点はどこにもないのである。

こうして私たちは第三番目の問いに導かれるが、これは民主主義的論理とヘゲモニー的論理との関係にかかわる問いである。ここまで述べたことすべてから明らかなように、民主主義の論理だけではヘゲモニー的プロジェクトの定式化が十分だとはいえない。その理由は、民主主義の論理というのは無限に広汎な社会的関係へと平等化を拡大していくという意味で平等主義的想像力の等価的転換にほかならず、それゆえ従属化と不平等の関係を除去する論理でしかないからである。民主主義の論理は社会的なものの実定性の論理ではなく、それゆえに、社会的構造がその周囲に再構成される何らかの結節点を基礎づけることはできない。かりに民主主義の論理のもつ体制転覆的契機と社会的なものの制度の実定的契機とが、それらを単一のプロセスの前面と裏面へと変容させていくどんな人間学的基礎によってももはや架橋されなくなったと想定しよう。そうすると必然的に、両者間のいかなる可能な統合形態も偶発的で、したがってそれ自体、節合のプロセスの結果にほかならないことになる。もしこのことがその通りであれば、ヘゲモニー的プロジェクトはすべて民主主義的論理に排他的に依拠することは不可能となるだけでなく、さらにそれは社会的なものの実定的組織化のための一連の提言によって構成されることになる。もし従属化された集団の要求が純粋に一定の秩序を転覆する否定的要請として提示されるならば、その場合、社会の特定の諸領域の再構築のためのあらゆる有効な課題とも関連づけられることはなく、ヘゲモニー的に行為する能力は最初から排除されているといえよう。これは、「反対の戦略」とでも呼ばれるものと「新秩序建設の戦略」との相違である。前者の場合、特定の社会的ないし政治的秩序の否定の要素が支配する。しかし、この否定性の要素は、異なる結節点――そこから社会的構造の別種の実定的な再構築が試みられるはずである――を確立しようとするどのような現実的な試みとも結びつくわけではない。そしてその結果、その戦略は周縁的なものとして断罪されてしまう。これこそ、イデオロギー的であれ組織的であれ、多種多様な「孤立した政治（enclave politics）」の場合に適合するシナリオである。これとの対比で新秩序建設の戦略の場合、社会的実定性の要素が支配的であり、まさしくこの事実そのものが、民主主義の体制転覆的論理とのあいだに不安定な均衡と不断の緊張を作り出す。ヘゲモニーの状況とは、社会的なものの実定性と多様な民主主義的要求の節合とが最大限の統合を成し遂げた状況にほかならない。これと対蹠的な状況とは、社会的否定性が、諸種の差異から構成されるすべての安定的システムの解体を惹起する状況であるが、そこには組織的危機が対応している。このことを通じて私たちは、ラディカル・デモクラシーのプロジェクトを、左翼にとっての一つの選択肢として語りうる意味合いを認識することができる。これは、周縁性の位置からなされる一連の反システム的要請の肯定から構成されるわけではない。むしろこれとは反対にそれは、一方での広汎な諸領域にまたがる仕方で民主主義の革命にむけた最大限の前進と、他方、ヘゲモニー的な方向づけ、ならびに従属化された諸集団の側におけるこれらの諸領域の積極的な再構築とのあいだに均衡点を探求する試みにみずから依拠せねばならないのである。

それゆえにすべてのヘゲモニー的位置は、不安定な均衡のうえに成り立っている。建設は否定性から始まるが、しかしそれは、社会的なものの実定性を構成するのに成功する度合いに応じてのみ確固としたものとなる。これら二つの契機〔否定性と実定性〕は理論的に節合されはしない。それらは、異なる政治的接触点の個別性を構成している、矛盾した緊張をはらむ空間の輪郭を描くものだからである（すでに見たように、これら二つの契機の矛盾した性質は、私たちの議論における矛盾を含意するものではない。論理的な観点からみれば、二つの異なった、また矛盾した社会的論理の共存は、それらの影響力を相互に制約しあう形で存在することもあり、完全に可能だからである）。しかし、もし社会的論理のこうした複数性が緊張に特徴的なものであるとすれば、それはまたそれらの論理が構成されるはずの空間もまた複数あることが要請されることになる。新秩序建設の戦略の場合、社会的実定性への導入が可能な変革は、そうした戦略を追求する諸勢力の多少なりとも民主主義的性質に依存するだけでなく、国家装置や経済などのレヴェルにおける他の諸論理によって構築された一連の構造的制約にも依存している。ここで重要なのは、多種多様な形態のユートピアニズムに陥ることのないようにすることである。これらのユートピアニズムは、それらの構造的制約を構成している多様な諸空間を無視することを求めてしまうものである。また、多種多様な形態の非政治主義に陥ることも、避けなければならない。これらの非政治主義は政治的なものの伝統的領域を拒否するが、その理由はその内部から作り出す可能性をもつ変革に限界があることを顧慮してのことである。しかしながら、同時にもっとも重要なことは、政治的なものの領域を社会的実定性に限定しないことであり、また現時点で履行可能な変革のみを受容し、それを越えていく否定性の負荷をすべて拒否することである。たとえば近年、「政治の平常化（laicization of politics）」の必要性についての議論がなされてきた。もしこうした表現によって伝統的左翼の本質主義の批判を意味するのであれば、それに異論はないであろう。たとえば伝統的左翼は、大文字の「政党」や「階級」または「革命」といった型の絶対的カテゴリーを用いて議論を展開していったからである。その意味でこの批判は妥当である。しかし、そうした「平常化」によって意味されたことは、しばしばこれとは大変異なるものであった。それは、政治的なものの領域からユートピアを全面的に排除することであった。さて、「ユートピア」がなければ、また私たちが威嚇しえる地点を超えて秩序を否定する可能性がなければ、民主主義的なものであれ、他のいかなる型のものであれ、ラディカルな想像力の構成はまったく不可能である。否定性としてある特定の社会的秩序を全体化する一連の象徴的意味としての想像力の現存は、すべての左翼思想の構成にとって絶対的に本質的なことなのである。

私たちがすでに指摘したように、政治のヘゲモニー的形態は、こうした想像力と社会的実定性の管理との不安定な均衡をつねに想定している。しかし、この緊張こそ、透明な社会の不可能性が表明される諸形態の一つであり、したがってそれは肯定され擁護されねばならない。ラディカル・デモクラシーの政治はすべて、全体主義的神話によって表現された二つの極端を回避しなければならない。その一つは〈理想都市〉という極端であり、いま一つはプロジェクトを欠如した改良主義者の実証主義的プラグマティズムという極端である。

こうした緊張と開放性の契機こそ、社会的なものに対してその本質的に未完で不安定な性質を付与する当のものである。それはまた、すべてのラディカル・デモクラシーのプロジェクトが制度化しようと努力するところのものである。

民主主義社会を特徴づけている制度的多様性と複雑性とは、複雑な官僚制的システムに固有の諸機能の多様化とはきわめて異なる仕方で把握されるべきである。後者において問題はつねに専一的に実定性としての社会的なものの管理であり、その結果、すべての多様化は一連の諸領域と諸機能全般を支配している合理性の枠内で生じるのである。普遍的階級としての官僚制に関するヘーゲル的構想は、こうしたパースペクティヴの完全な理論的明晰化の事例である。このヘーゲル的構想が社会学的次元に移入されると、そこでは社会的なものの内部における諸次元の多様化――機能主義、構造主義もしくは他のあらゆる類似したパースペクティヴによる――は、一つの理解可能な全体性の諸種の契機を構成しているそれぞれのレヴェルに関する構想と連動している。その構想において、この理解可能な全体性は、それを構成している諸種の契機を支配し、またそれらに意味を付与しているのである。しかしながら、ラディカル・デモクラシーに固有の複数主義の場合、多様化(diversification)は多様性(diversity)へと変容してしまっている。というのも、これらの多様な諸要素と諸レヴェルはそれぞれ、もはやそれを超越する全体性の表現ではないからである。諸空間の増殖とそれに伴う制度的多様化は、もはや諸機能の合理的展開から構成されるものではなく、またすべての変革の合理的原理を構成している体制転覆的論理に従うものでもない。むしろそれらは、正反対のことを表現しているのだ。この多様性と複数性との還元不可能な性質を通じて、社会はそれ自身の不可能性に関するイメージを構築し、またそうした不可能性の管理を遂行していくのである。妥協、あらゆる装置化の不安定な性質、敵対は、第一義的な事実であり、こうした不安定性のなかにあってのみ、実定性とその管理の契機が生じるのである。それゆえに、ラディカル・デモクラシーのプロジェクトの前進が意味するのは、一箇の合理的かつ透明な社会の神話が、社会的なものの地平へと革新的に後退させていくことなのである。

　しかし、まさにこうした理由によって、左翼の統合化された言説の可能性はふたたび消去されることになる。さまざまな主体位置、そして多様な敵対と決裂点が多様化ではなく多様性を構成するのであれば、それらすべてが唯一の単元的言説によって網羅され説明されうる一点に、あらゆるものが還帰されることの不可能性は明らかである。言説的不連続は第一義的かつ構成的なものとなる。ラディカル・デモクラシーの言説は、もはや普遍的なものの言説ではなくなる。というのも、「普遍的」階級と主体がそこから語りかけた認識論的最適地点は根絶されたからであり、各声音がそれ自身の還元不可能な言説的アイデンティティーを構築している多声音（ポリフォニー）の音楽によって取って替えられたからである。この点は決定的である。普遍的なものの言説ならびにそれが暗に想定している「真理」への接近のための特権的地点——少数の主体によってのみ到達できる——を放棄することなしには、ラディカルで複数的なデモクラシーは存在しないのである。

政治的文脈においてこのことが意味しているのは、敵対の出現のために先験的に特権化されている表層がないのと同様に、ラディカル・デモクラシーの試みが、闘争の可能な領域として先験的に排除する言説的領野というものもないということである。司法上の諸制度、教育システム、労働関係、周縁化された住民の抵抗の言説は、元来の還元不可能な社会的抗議の諸形態を作り上げている。それらはそうすることによって、すべての言説上の複雑性と豊かさとを提供してくれるが、まさにラディカル・デモクラシーの試みは、当然のことながらこれらの言説上の複雑性と豊かさに基礎づけられているのだ。社会主義の古典的言説は、これとはまったく異なる型に属していた。それは普遍的なものの言説であったのであり、特定の社会的カテゴリーを政治的および認識論的特権の貯蔵所へと移し替えていったのである。社会主義の古典的言説は、社会的なものの内部での差異化された有効性のレヴェルに関する先験的な言説であった。そのようなものとしてそれは、運用が可能で正統的であるとみずからが想定した言説的表層の場を縮減してしまったのである。最後に社会主義の古典的言説は、歴史的変革がそこから創始されるはずの特権的地点に関する言説であった。それらの特権的地点とは、たとえば、〈革命〉、〈ゼネスト〉、あるいはまた諸種の部分的前進の累積的かつ不可逆的性質に関する統一的カテゴリーとしての「進化」などである。ラディカル・デモクラシーのすべてのプロジェクトは、既述したように、社会主義的次元――すなわち、資本主義的生産諸関係の廃止――を内包している。しかしそれは、こうした廃止からその他の不平等の除去が必然的に生じるという考え方を拒否するのである。その結果として、さまざまに異なる言説および闘争の脱中心化と自律化、敵対の増殖、それらの敵対がみずからを肯定し発展させていくことを可能にする複数の諸空間の構築などが生み出されていくことになる。これらの事柄は、社会主義という古典的理想――これは当然のことながら拡充され再定式化されていった――の多種多様に異なる構成分子がそれぞれ実現されていく可能性を保証している実質的な条件そのものなのである。そして本書を通じて多彩に論じてきたように、諸空間のこの複数性は、特定のいくつかのレヴェルにおけるその諸効果の重層的決定ならびにその結果として生じるそれらのあいだのヘゲモニー的節合を拒否するのではなく、むしろ要請するものといえよう。

ここにおいて一つの結論を導き出したいと思う。本書の議論は、ヘゲモニーの概念、そのなかに含意された社会的なものの新しい論理、さらにレーニンからグラムシにいたるまでそのラディカルな政治的および理論的潜在力に関する理解を妨げてきた「認識論的障害」に関する変遷や移り変わりを軸に展開されてきた。こうした政治的および理論的潜在力が明確に可視化され、「ヘゲモニー」が左翼の政治的分析の基本的道具を構成するにいたりうるのは、まさに社会的なものの開放性と非縫合性が完全に受容される時のみであり、また全体性と諸要素にかかわる本質主義が拒否される時のみである。これらの諸条件は、私たちが「民主主義の革命」と名づけた領域において最初に生じるが、しかしそれらの諸条件がそのすべての脱構築的効果において最大限に実現されるのは、ラディカル・デモクラシーのプロジェクトの継続的遂行においてだけである。換言すれば、それが最大限の実現をみるのは、いかなる「社会的なものの本質」の教条的要請にも基礎づけられることなく、それとは逆にすべての「本質」の偶然性と曖昧性の肯定、さらには社会的分断と敵対の構成的性質に基礎づけられた政治の形態においてなのである。それが意味するのは、みずからの基本的性質を否定することによってのみ生存する「土台」の肯定であり、無秩序の部分的制限としてのみ実在する「秩序」の肯定であり、さらには意味喪失に直面しつつも過剰と逆説としてのみ構築される「意味」の肯定である。換言すれば、それは、「ゼロサム」ではけっしてないゲームが繰りひろげられる空間としての政治的なものの領域である。その場合、「ゼロサム」ではないというのは、そのゲームのルールとプレーヤーは完全には明示されていないからである。このゲームは概念では捉えきれないものだが、そのゲームは少なくとも名称を保持している。それはヘゲモニーという名称である。

【注】

（1） A. Rosenberg, *Democrazia e socialismo. Storia politica degli ultimi centocinquanti anni*（1789–1937）, Bari 1971.

（2） Ibid., p. 119.

（3） 厳密に考えるならば、こうした断言はもちろん誇張したものといえよう。フランス革命期の諸勢力の再編はヘゲモニー的操作を必要としたのであり、同盟関係の特定のいくつかの変化をも伴っていた。ヴァンデーのような事件を想起してみればよい。フランス革命の過程における基本的分裂と抗争の枠組みの相対的安定性を擁護する議論は、歴史的展望のもとで可能である。それはまた、ヨーロッパ史のそれ以降の諸種の局面を特徴づけることになったヘゲモニー的節合の複雑さとの比較によってのみ可能となる。

（4）「阻止」（interruption）の概念については、以下を参照。D. Silverman and B. Torode, *The Material Word*, London 1980, chapter one.

（5） F. Furet, *Penser la Révolution Française*, Paris 1978, p. 109.〔大津真作訳『フランス革命を考える』、岩波書店、一五一頁〕

（6） H. Arendt, *On Revolution*, London 1973, p. 55.

（7） G. Stedman Jones, 'Rethinking Chartism', in *idem, Languages of Class*, Cambridge, England, 1983.

（8） A. de Tocqueville, *De la Démocratie en Amérique*, Paris 1981, vol. 1, p. 115.

（9） C. Calhoun, *The Question of Class Struggle*, Chicago 1982, p. 140. 関連した議論としては、以下を参照。L. Paramio, 'Por una interpretación revisionista de la historia del movimiento obrero europeo', *En Teoria* 8/9, Madrid 1982.

（10） この主題については以下を参照。C. Sirianni, 'Workers Control in the Era of World War I', *Theory and Society*, 9:1 (1980), and C. Sabel, *Work and Politics*, Cambridge, England, 1982, chapter 4.

（11） M. Aglietta, *A Theory of Capitalist Regulation*, London 1979, p. 117.

（12） Cf. M. Castells, *La question urbaine*, Paris 1972.

（13） S. Bowles and H. Gintis, 'The Crisis of Liberal Democratic Capitalism', *Politics and Society*, vol. 2, no. 1 (1982).

（14） B. Coriat, *L'atelier et le chronomètre*, Paris 1979, p. 155.

（15） C. Offe, *Contradictions of the Welfare State*, edited by J. Keane, London 1984, p. 263.

（16） Cf. F. Piven and R. Cloward, *Poor People's Movements*, New York 1979.

（17） J. Baudrillard, *Le système des objets*, Paris 1968, p. 183.

（18） S. Huntington, 'The Democratic Distemper', in N. Glazer and I. Kristol (eds.), *The American Commonwealth*, New York 1976, p. 37.

（19） D. Bell, 'On Meritocracy and Equality', *The Public Interest*, Fall 1972.

（20） Cf. A. Touraine, *L'après-socialisme*, Paris 1980; A. Gorz, *Adieux au prolétariat*, Paris 1980. トゥレーヌの興味深い議論については、以下を参照。J. L. Cohen, *Class and Civil Society: The Limits of Marxian*

Critical Theory, Amherst 1982.

(21) S. Hall and M. Jaques (eds.), *The Politics of Thatcherism*, London 1983, p. 29. セクシズムの概念が、操作と動員によってサッチャー主義の民衆的支持基盤を創出していった経緯については、以下を参照。B. Campbell, *Wigan Pier Revisited: Poverty and Politics in the '80s*, London 1984.

(22) A. Hunter, 'The Ideology of the New Right' in *Crisis in the Public Sector. A Reader*, New York 1981, p. 324. アメリカ政治における現在の政治的難局に関する思慮深い分析については、以下を参照。D. Plotke, 'The United States in Transition: Towards a New Order', *Socialist Review*, no. 54, 1980 and 'The Politics of Transition: The United States in Transition', *Socialist Review*, no. 55, 1981.

(23) この節合については、C・B・マクファーソンによって以下の著作で分析に付された。C. B. Macpherson, *The Life and Times of Liberal Democracy*, Oxford 1977.

(24) F. Hayek, *The Constitution of Liberty*, Chicago 1960, p. 11.

(25) F. Hayek, *The Road to Serfdom*, London 1944, p. 52.

(26) F. Hayek, *Law, Legislation and Liberty*, vol. 2, Chicago 1976, p. 69.

(27) Cf. R. Nozick, *Anarchy, State and Utopia*, New York 1974.

(28) 彼らの立場の報告について、以下の著作を参照。M. N. Rothbard, *For a New Liberty. The Libertarian Manifesto*, New York 1973.

(29) 以下の著作におけるブルゼジンスキーの引用文を参照。P. Steinfels, *The Neo-Conservatives*, New York 1979, p. 269.

(30) Ibid., p. 270.

(31) A. de Benoist, *Les idées à l'endroit*, Paris 1979, p. 81.

(32) 私たちの考察がきわめて異なる理論的問題編成において位置づけられているという事実を別としても、主体位置の多数性に呼応する複数の形態の民主主義を節合する必要性を強調する私たちのアプローチは、「参加民主主義」の理論家たちのそれとは区別されて然るべきである。しかしそれにもかかわらず、私たちは彼らと数多くの重要な関心を共有している。「参加民主主義」については、以下を参照。C. B. Macpherson, op. cit., chapter 5. C. Pateman, *Participation and Democratic Theory*, Cambridge, England, 1970.

(33) Cf. R. Dahl, *Dilemmas of Pluralist Democracy*, New Haven and London 1982, and C. Lindblom, *Politics and Markets*, New York 1977.

(34) C. Lefort, *L'invention démocratique*, Paris 1981, p. 173.

(35) Ibid., p. 100.

解説

本書は以下の原著の邦訳書である。Ernesto Laclau and Chantal Mouffe, *Hegemony and Socialist Strategy: Towards a Radical Democratic Politics*, Second Edition (London and New York: Verso, 2001). 著者のエルネスト・ラクラウ（一九三五―二〇一四）は、南米と西欧のマルクス主義の伝統において育まれたアルゼンチン生まれの政治理論家である。彼は、A・グラムシを中心にしたネオ・マルクス主義、F・ド・ソシュールの言語分析、J・デリダ、M・フーコーなどのポスト構造主義、J・ラカンの精神分析などを参照しつつ、マルクス主義の再構成にコミットしてきた。もう一人の著者シャンタル・ムフ（一九四三―）は、ベルギー出身の政治理論家で、若き日にL・アルチュセールのもとで学び、ネオ・マルクス主義の薫陶を受けた。彼女は、グラムシ研究、ラディカル・デモクラシー、闘技的民主主義、政治的フェミニズムの諸分野における議論において大きな注目を集めてきた。

原著第一版の邦訳書は、山崎カヲル・石澤武訳『ポスト・マルクス主義と政治――根源的民主主義のために』（大村書店、一九九二年、復刻新版二〇〇〇年）としてすでに刊行され、広く親しまれてきた。本書第二版の邦題は、原著ならびに山崎・石澤訳とも異なり、『民主主義の革命――ヘゲモニーとポスト・マルクス主義』とさせていただいた。この題名を採用することにした理由は、フランス革命を嚆矢として、今日まで持続されていると理解される「民主主義の革命（democratic revolution）」の概念が、本書の大前提として存在するからである。[1] さらに副題を「ヘゲモニーとポスト・マルクス主義」としたのは、本書におけるこれら二つの概念の中枢性・重要性による。本書は、出版当初から諸方面で多大な関心を喚起し、今日では政治理論における現代の古典の一つとして受け止められている。その挑戦的意義は、主として三つの方向――マルクス主義思想史の一断面の描写、ポスト・マルクス主義、ラディカル・デモクラシー――において認められよう。

第一の意義であるが、1章は「ヘゲモニー――概念の系譜学」と題されている。この章は、ロシア社会民主主義に出自をもつヘゲモニー概念の系譜学と取りくんでいるが、期せずしてマルクス主義思想史の再検討という意味合いを帯びている。ここで取り上げられているのは、一つにはマルクス主義の諸前提にみられる本質主義へのR・ルクセンブルクの果敢な批判の試みである。さらにK・カウツキーらの単純化されたマルクス主義パラダイム（正統派）の批判的検討、ならびにこのマルクス主義正統派に対する「マルクス主義の危機」言説の考察などが、試みられている。こうした「マルクス主義の危機」言説には、オーストリア・マルクス主義、E・ベルンシュタインなどの修正主義、革命的サンディカリズムの系譜が入る。これらの系譜が、斬新な仕方で検討と再解釈に付されている。2章でとりわけ注目したいのは、ヘゲモニーの系譜学を継承しつつ脱構築し、批判的に乗り越えようとした「グラムシという分水嶺」に着目した点である。

著者たちのヘゲモニー概念の系譜学に関しては、共感と支持が数多く提示されてきたが、マルクス主義の遺産への不当な扱いであるとの論難もいくつか寄せられた。N・ジェラスは、著者たちがヘゲモニー概念を人間本性論との関連で議論する必然性を無視している点を、また社会主義と民主主義との節合を軽視している点を批判している。彼はまた、批判の対象に挙げられているマルクス主義理論家たちの理論や概念の内実に対するカリカチュア化と歪曲化が部分的に見られる点を指摘した[2]。これに対してラクラウとムフは、民主主義と社会主義の節合を無批判に当然視するジェラスをスターリニズムの事例を挙げて批判するとともに、「非難のパンフレットでしかない」と一蹴する反論を寄せている[3]。

本書の二つ目の意義として注目したいのは、「ポスト・マルクス主義」という本書の方法および目的である。この「ポスト」はいわば「マルクス主義」に対して連続と非連続を同時に意味する弁証法的関係を表現するものと理解できよう。第二版の序文によれば、ポスト・マルクス主義は、「一つの知的伝統を再専有していくプロセスと同時に、その伝統を超え出るプロセスの双方を意味している」(一四頁)。したがってその知的プロジェクトは、「ポスト・マルクス主義」であるとともに、明らかに「ポスト・マルクス主義」でもある（四二頁）。換言すれば、ポスト・マルクス主義は、従来のマルクス主義にみられた諸種の本質主義的な想定や概念――たとえば経済決定論（硬直型の史的唯物論）、歴史的必然論（固定的な階級史観）、解放の大きな物語、階級的主体としてのプロレタリアートの特権的位置づけなど――を脱構築することを目指すものと理解されている。

さらにポスト・マルクス主義は、マルクス＝レーニン主義が共有した革命に関するジャコバン派的構想――政治の友／敵モデル、大文字で単数形の〈歴史〉、一定の歴史的時点での「決裂（rupture）」（暴力的転覆）としての革命観など――を克服しようとする試みでもある。つまり、それは、従来のマルクス主義の諸種の問題点の脱構築を目指すものといえよう。しかし、この脱構築の課題は、その起源とこれまでの展開過程においてみられたマルクス主義の今なお受容可能な理論や概念や視座の数々を、批判的に継承し、他の諸潮流との「節合（articulation）」を果たしつつ再活性化することを模索している。(4)

本書の意義の第三番目の点として、ラディカル・デモクラシーへの視座と論点について触れておきたい。著者たちは、しばしば「ラディカル（根源的）で複数（主義）的なデモクラシー」という表現を使用している。著者たちがラディカル・デモクラシーの議論を紡ぎ出すのは、グラムシの磁場においてである。グラムシは、よく知られているように、下部構造による上部構造の基本的規定性（経済決定論）を相対化し、階級史観に基づく固定的な歴史的必然論を相対化した。マルクス主義の主要概念の相対化の作業は、具体的な歴史的・社会的「地形（terrain）」における「境界（frontier）」を媒介にして、言説や文化を基軸とした主導権の奪取という意味での、市民社会内部の諸領域におけるヘゲモニー闘争における重層的決定という概念に帰結していく。ヘゲモニー概念は、「陣地戦」や「地形」や「境界」といったグラムシの磁場から由来する諸概念によって説明されている。これらの概念については、注意を要する。というのも、それらは、軍事的戦略を想起させる「地政学（geopolitics）」の用語ではないからである。むしろこれらの概念は、社会内部において言説的・文化的アゴーンの主導権を握るうえで、重要な断層や亀裂を指し示す「地勢学（topography）」上の用語である。元来、グラムシにおいてそうであった。

ラクラウとムフのラディカル・デモクラシー論を成り立たせている主要なモメントは、ヘゲモニー概念のほかにもいくつかある。その一つは「敵対（ないし敵対関係）」の概念（第二版への序文、序論、3章と4章）である。さらにこの関連では、「主体位置の複数性」（3章）ならびに「民主主義的等価性」（3章と4章）の概念も重要である。まず敵対ないし敵対関係に関する議論であるが、現代の政治理論や社会理論において敵対を消去しようとする試みが多くみられるなかで、著者たちによる敵対の消去不可能性の議論は奇異に思われるであろう。著者たちの主張は、社会的生活および政治的生活における敵対を直視することによって、通常は隠蔽されている社会の「境界」が明らかになり、主要な政治的争点と対立が浮かび上がってくるというところにある。つまり、社会内部における敵対や紛争や分裂を直視することによって、複数主義的な民主政治は可能になると説明される。こうした前提からムフは、後の諸著作において「闘技的民主主義」の議論を展開していくことになる。しかしその場合、闘技とは、もはやシュミット的な「友／敵」関係に基づく闘争ではなく、相手を「敵（enemy）」ではなく「対抗者（adversary）」として捉えるアゴーンを意味することになる。[5]重要なのは、それぞれの具体的状況において「境界」をはっきりと認識し、「対抗者」を定義することであると指摘されている。

次に「主体位置の複数性」であるが、これは近代の本質主義的な単一的主体論、合理主義的な統一的主体論の見地を克服しようとする著者たちの試み――つまり、各人の主体内部における複数性――を示している。それはまた、複合的な自己論、アイデンティティーの重層性につながる概念でもある。だが、各人の内面における主体位置の多種多様性のみでは、デモクラシーの深化は望めない。主体位置の複数性は、複数の人々や主体や運動のあいだの連携をも示唆する概念である。著者たちは、数多くの政治主体や社会運動や民主主義闘争が、孤立したまま放置されるのではなく、相互に「節合」して、市民社会内部から、いわば下からいかに民主主義的へゲモニーの構築につなげていくのかという議論をしている。これがまさに「民主主義的等価性」の問題である。著者たちは、N・ボッビオの影響もあり、自由主義ないし自由民主主義の決定的重要性を承認し、その枠内でいかにデモクラシーの深化を追求していくのかを喫緊の課題として受け止める。その際、旧来の労働運動、ならびにフェミニズム運動、エコロジー運動、エスニック的少数者《マイノリティ》運動といった新しい社会運動が、相互に連携しつつ、民主主義的ヘゲモニーを確立していくことが要請される。期待されているのは、これらの新旧の民主主義的運動が、相互に節合されることによって、自由と平等の深化、差異と複数性の尊重、抑圧、搾取、排除といった従属化の諸形態の除去が、徐々にではあっても成し遂げられていくことである。また、市民社会はもともと、多声音（ポリフォニー）が奏でられる複数性の公共空間である。それを一枚岩の縫合社会に変質させる力学につねに抗していく必要があると指摘されている。

　ラクラウとムフのラディカル・デモクラシーの視座は、今日の社会状況や政治状況を理解するうえでも一筋の光を投げかけてくれていると思われる。ネオ・リベラリズム（新自由主義）に席捲された世界における構造的格差の拡大、日本における生活保障・社会保障・社会福祉の劣化は、まさに現代における危機の断層を示す「境界」にほかならない。さらにフクシマの危機は、社会内部の亀裂を地表に押し出した感があり、日本社会の寡頭制《オリガーキー》的支配構造を白日のもとに晒したという印象がある。こうしてフクシマの危機は一つの「境界」を明示している。そして沖縄問題はもう一つの「境界」を示している。今日、生活者市民が連携しつつ民主主義的ヘゲモニーの節合を求めていく「地形」とその輪郭が、少しずつ明らかにされてきたように思われる。

【注】

（1）民主主義革命は、ラクラウとムフが、A・ド・トクヴィル、C・ルフォール、H・アーレント、F・フュレの議論から紡ぎ出した本書の骨格をなす中枢概念の一つである。著者たちの理解によれば、民主主義革命の出発点は明らかにフランス革命にあり、そのデモクラシーの深化と徹底化は、今日なお民主政治の課題として引き継がれている。つまり、永久革命である。

（2）E.g., Norman Geras, 'Post-Marxism?' *New Left Review*, No. 163 (May/June 1987). 'Ex-Marxism without Substance,' *New Left Review*, No. 166 (November/December, 1987).

（3）E.g., Ernesto Laclau and Chantal Mouffe, 'Post-Marxism without Apologies,' in *New Reflections on the Revolution of Our Time*, ed. Ernesto Laclau (London: Verso, 1990). 以下をも参照。山本圭「E・ラクラウにおける主体概念の転回とラディカル・デモクラシー」（『現代社会学理論研究』第3号、二〇〇九年）。

（4）筆者は、「ポスト・マルクス主義」の「ポスト」の意味について説明を試みたことがある。以下を参照。大賀哲＋千葉眞「インタビュー／マルクスとデモクラシーの根源に立ち返る」（『情況』［特集・ラディカル・デモクラシー］所収、第3期第8巻第4号、二〇〇七年五・六月号）。

（5）Cf. Chantal Mouffe, *The Return of the Political* (London: Verso, 1993). 千葉眞・土井美徳・田中智彦・山田竜作訳『政治的なるものの再興』（日本経済評論社、一九九八年）。*The Democratic Paradox* (London: Verso, 2000). 葛西弘隆訳『民主主義の逆説』（以文社、二〇〇六年）。*On the Political* (London: Routledge, 2005). 酒井隆史監訳・篠原雅武訳『政治的なものについて』（明石書店、二〇〇八年）。

二〇一二年一〇月

千葉眞

訳者あとがき

ラクラウとムフの原著（初版、一九八五年）については、すでに日本語訳が存在している。山崎カヲル・石澤武訳『ポスト・マルクス主義と政治——根源的民主主義のために』（大村書店、一九九二年、復刻新版二〇〇〇年）である。ラクラウとムフの文体は、鈍い思考力ではついていけないようなスピードとリズムをもち、直接に読者の理性と感性を刺激し、想像力に訴えかけてくる。そうした独特な、さらには異様とすら言いうる力は、山崎・石澤版によって遺憾なく再現されている。私たちは訳業を進めるなかで、この山崎・石澤版を参照し、ときに大いに助けられた。しかし、すでに日本語訳が存在している原著を、新しい序文を加えられた第二版（二〇〇一年）であれ新たに翻訳する際に、私たちがとくに意図したのは、簡単に理解できるとはいい難い原文を、にもかかわらずできるだけ平易かつ精確な日本語に置き換えることであった。それ自体けっして容易ではないこの意図が、実際に果たされたかどうかは読者の皆様にご判断いただくほかはない。

私たちが本書の訳業に着手したのは、二〇〇九年九月頃であった。つまり、そのときの私たちは「アラブの春」や「フクシマ」を知らなかった。こう述べることによって、そのときの私たちが、あるいは私たちの生きていた世界が無邪気だったと言いたいわけではない。このことを想起するには、たとえば、小林多喜二『蟹工船』がふたたび脚光を浴び、湯浅誠『反貧困――「すべり台社会」からの脱出』(岩波新書)が出版されたのが、二〇〇八年であったことを指摘すれば十分であろう。だからこそ、その時点ですでに私たちは、本書を出版することの必要性を強く感じていたのである(そしてその必要性の認識は、いま、より強いものとなっている)。

それ以来、私たち訳者は、編集者の石島裕之さんとともに折を見つけては会合をもった。ほとんどの場合、その場所は東京であったが、一度は小樽で研究合宿(二〇一〇年二月末)を行なった。比較的に時間的余裕のあるなかで、訳者たちは石島さんとともに難解な本書に対する攻略法を練り、重要概念の訳語の確定をはかり、担当箇所の訳文を相互にチェックし、原文の意味内容について吟味検討し議論を重ねた。小樽での研究合宿は、今日の民主主義(デモクラシー)に関して縦横に語り合う知と情念を共有する得がたい饗宴(シンポジウム)でもあった。これによって本書の訳業に大きな弾みがついた。

それぞれの訳者が担当した箇所は次の通りである。千葉=第二版への序文、序論、第3章「「主体」のカテゴリー」以降、第4章。西永=第1章、第2章、第3章「節合と言説」まで。千葉と西永は相互の訳文を吟味検討し、訳文の改善につとめた。

いま、私たちは「〈私〉時代」(宇野重規)に生きていると言われる。平等意識の浸透とともに、他者との比較に忙しくなった人々の感情や理性は、ますます狭量なものになっている。したがって、自己中心的な枠を越えた、より広くかつ柔軟な想像力が私たちには求められているように思われる。本書が、そのような想像力、思考力、および行動力の養成に少しでも役立つことを、訳者たちは切に願っている。

山崎・石澤版の訳書は、現在では入手困難になってしまっているという。そうした状況において、本書を第二版への序文を含めた新訳によって改めて日本のより広範な読者に届けたいという熱意から、本書の出版を手がけたのは石島裕之さんである。彼の手による帯の惹句および内容紹介文に、一人の編集者の思いを感じとっていただきたい。

本書の題名を原題そのままではなく、『民主主義の革命――ヘゲモニーとポスト・マルクス主義』としたのは、今日の世界の、そして日本の情勢に鑑みて、石島さんと訳者たちで話し合った結果である。「民主主義（デモクラシー）」によって、またそれのために、あるいはそれをめぐって、戦争や内戦が勃発することもあれば、さまざまな抑圧や従属化への抵抗が生じることもある。それほどに曖昧な、しかし人々を強く動かす「民主主義（デモクラシー）」について、後者の方向において考えることを意図してのことである。

二〇一二年一〇月

西永亮／千葉眞

《著者紹介》

エルネスト・ラクラウ（Ernesto Laclau）――1935年アルゼンチン生まれ。2014年、イギリスにて逝去。政治学者。同国での政治活動のため、69年にイギリスへ亡命。ロンドン大学の教授等を経て、現在、エセックス大学教授。著書に『資本主義・ファシズム・ポピュリズム――マルクス主義理論における政治とイデオロギー』が、共著に『偶発性・ヘゲモニー・普遍性――新しい対抗政治への対話』等がある。

シャンタル・ムフ（Chantal Mouffe）――1943年ベルギー生まれ。政治学者。ロンドン市立大学の教授等を経て、現在、ウェストミンスター大学民主主義研究所所長。著書に『政治的なるものの再興』『民主主義の逆説』『政治的なものについて――闘技的民主主義と多元主義的グローバル秩序の構築』『左派ポピュリズムのために』等が、編著に『脱構築とプラグマティズム』等がある。

《訳者紹介》

西永亮（にしなが・りょう）――1972年生まれ。小樽商科大学准教授。政治思想史を専攻。共著に『憲法と政治思想の対話――デモクラシーの広がりと深まりのために』『悪と正義の政治理論』等が、論文に「ロマン主義批判と政治的形式――ルカーチとシュミット」（『政治思想研究』第１０号所収）、「革命における自由の創設と暴力――ルカーチのローザ・ルクセンブルク批判を手がかりに」（『2000年度 年報政治学』所収）等がある。

千葉眞（ちば・しん）――1949年生まれ。国際基督教大学教授。政治思想史を専攻。著書に『ラディカル・デモクラシーの地平――自由・差異・共通善』『アーレントと現代――自由の政治とその展望』『デモクラシー（思考のフロンティア）』『「未完の革命」としての平和憲法――立憲主義思想史から考える』等がある。

本書は「ちくま学芸文庫」のために新たに訳出したものである。

ちくま学芸文庫

民主主義《みんしゅしゅぎ》の革命《かくめい》
ヘゲモニーとポスト・マルクス主義《しゅぎ》

二〇一二年十一月十日　第一刷発行
二〇二四年　一　月二十日　第三刷発行

著　者　エルネスト・ラクラウ
　　　　シャンタル・ムフ
訳　者　西永亮（にしなが・りょう）
　　　　千葉眞（ちば・しん）

発行者　喜入冬子
発行所　株式会社　筑摩書房
東京都台東区蔵前二―五―三　〒一一一―八七五五
電話番号　〇三―五六八七―二六〇一（代表）
装幀者　安野光雅
印刷所　明和印刷株式会社
製本所　株式会社積信堂

ISBN978-4-480-09494-0 C0131